Safety Education Coursebook For College Students

大学生安全教程（第三版）

武汉大学保卫科学研究所　编

WUHAN UNIVERSITY PRESS
武汉大学出版社

图书在版编目(CIP)数据

大学生安全教程/武汉大学保卫科学研究所编 .—3 版.—武汉：武汉大学出版社,2021.8

ISBN 978-7-307-22492-6

Ⅰ.大…　Ⅱ.武…　Ⅲ.大学生—安全教育—高等学校—教材　Ⅳ.G641

中国版本图书馆 CIP 数据核字(2021)第 147627 号

责任编辑:詹　蜜　　责任校对:汪欣怡　　版式设计:马　佳

出版发行：**武汉大学出版社**　(430072　武昌　珞珈山)
(电子邮箱：cbs22@ whu.edu.cn　网址：www.wdp. com.cn)
印刷：湖北金海印务有限公司
开本:720×1000　1/16　印张:16.5　字数:294 千字　插页:2
版次:2010 年 3 月第 1 版　2015 年 7 月第 2 版
2021 年 8 月第 3 版　2021 年 8 月第 3 版第 1 次印刷
ISBN 978-7-307-22492-6　定价:46. 00 元

编委会

再版前言

由武汉大学保卫科学研究所邀请专家、学者编撰的《大学生安全教程》(以下简称《教程》)，2010 年 3 月首次出版，2015 年 7 月修订再版，连续 10 年面向全国高校大学生发行，已成为全国大学生安全教育和高校保卫干部培训的范本教材之一，为推进大学生安全教育及高校安全教育教材建设作出了突出的贡献。

党的十九大以来，党中央对做好高校安全稳定及大学生安全教育工作提出了一系列重要指示和要求。这些新思想、新要求，必将促进新时代高校安全管理理念和方法创新，同时丰富大学生安全教育内涵。因此，着眼形势任务的变化发展和与时俱进的时代要求，对《教程》(第二版)进行编修就势在必行。为此，我们于 2019 年 11 月 15 日正式启动了《教程》(第三版)的编修，经过一年多的努力，于 2021 年初完成了全部章节的编修工作并顺利出版发行。

这次编修再版，我们按照“体例不变、增新删旧，注重实例、强化实用”的编写思路和总体要求，在保持本书的组织形式不变的同时，也基本沿用了第二版的章目结构，仍为 13 章。并根据中央关于加强高校意识形态安全工作要求和大学生安全教育需要，将原有第二章政治安全，新编为意识形态安全。其他章节在总体结构上，没有作大的调整。

在编修过程中，我们严格遵循党的大政方针，牢牢把握大学生安全教育的政治方向，将党的十九大以来习近平关于高校安全稳定和大学生思想政治教育的一系列重要指示精神和最新理论成果体现编入《教程》。比如，在第二章意识形态安全和第三章文化安全中，大量导入党的十八大特别是十九大以来，习近平关于加强意识形态安全和文化安全的重要论述，体现了很强的政治意识和很高的政治站位。对于教育和引导新时代大学生自觉抵御西方意识形态和文化侵蚀和渗透，形成和树立强烈的意识形态安全和文化安全意识具有重要的现实意义和积极的推动作用。

同时，我们对本书引用中涉及近年来国家法律法规修改和与新时代大学生安全教育不适当的相关内容进行了相应修订和更新。比如，2017 年 10 月 7 日修改的《中华人民共和国道路交通安全法实施条例》，2019 年 4 月 23 日施行的新的《中华人民共和国消防法》等。这次编修各章节也一并对所涉引用内容进行了修订和调整。

此次编修我们突出实例性、强调实用性、彰显时代性，结合当前和今后一个时期大学生安全教育面临的新形势、新特点和新要求，突出重点地把大学生安全教育中的一些新理念、新做法、新经验编入《教程》。比如，鉴于网络及电信诈骗案件高发，已成为侵害大学生财产安全的新焦点和财产安全防范的新重点的现实状况，在新编第八章财产安全中，我们重点就其成因、特点、类型、案例和防范策略进行了较为全面的阐述和说明。这对指导大学生更好地应对网络及电信诈骗，保护好自己的财产安全提供了鲜活有益的防诈样本和可资借鉴的防骗方法。又如，在第七章人身安全中，将 2020 年起席卷全球的新型冠状病毒肺炎及预防措施列入“传染病的预防”重点内容。其他各章节也在修订过程中很好地体现了这一点。

总之，我们希望通过这次编修，能够使新版《教程》总体上更加紧贴中央精神，紧跟时代步伐，紧接教育需要，更好地体现《教程》与时俱进的时代特点、好学易用的指南特色、理例结合的教材特性，从而不断充实完善内容，提高质量水平，继续为推进大学生安全教育工作，提升大学生安全素养作出自己的贡献。

《大学生安全教程》(第三版) 编委会

2021 年 5 月 20 日

目录

第一章 绪论

安全教育是大学生健康成长过程中必不可少的一个重要环节。加强大学生安全教育，可以使其掌握一般安全知识和技能，增强安全意识，培养自觉防范的行为习惯，防止人身、财产遭到侵害，为个人的正常学习生活和校园的和谐安定提供保障。

第一节 大学生安全教育的概念

一、安全教育的历史沿革

安全是人类生存与发展的前提和保障，也是人类生存和发展的活动中永恒的主题。人类在不断发展进化的同时，也一直与生存发展活动中所存在的安全问题进行不懈的斗争。

教育是培养人的一种社会活动。有目的的教育活动始于人类社会的产生，安全教育活动也是如此。安全教育伴随人类的生存而存在，伴随人类社会的发展而发展。

(一) 古代安全教育思想

在我国原始社会，便有安全教育的萌芽。有巢氏教民“构木为巢，以避群害”。①。早在六七千年前的半坡氏族，

① 韩非．五蠹[M]//百子全书，长沙：岳麓书社，1993：1778.

原始人就知道在自己居住的村落周围，开挖沟壕来抵御野兽的袭击。

在奴隶社会和封建社会，就有一些思想家、政治家与教育家关于安全教育的思想和经验，如，孔子《易经·系辞》云："子曰：危者，安其位者也；亡者，保其存者也；乱者，有其治者也。是故君子安而不忘危，存而不忘亡，治而不忘乱，是以身安而国家可保也"。朱熹是南宋著名哲学家和教育家，十分重视培养学生的安全防范意识，提出"审微于未形，御变于将来"。他亲自制定"白鹿洞书院揭示"(教规)，要求学生注重品德修养，做到"正其谊，不谋其利，明其道，不计其功"，把学生安全意识的培养，融入日常行为与道德规范之中，从而开启了我国学校安全教育之先河。

(二)现代安全教育

在美国、日本等发达资本主义国家，大学生安全教育早已普及。国外高校一般采取两种方式进行安全教育，一种是培养安全专业人才的专业教育；另一种是对所有大学生的普及教育，包括开设辅修专业或选修、必修课程等。

中华人民共和国成立后，党和政府重视大学生安全教育，但大学生安全教育仍缺乏规范性。改革开放以来，在《高等教育法》《高等学校学生行为(试行)》《普通高校学生安全教育管理暂行规定》等法规中，已经明确了高校在大学生安全管理中的权利和必须履行的义务。近年来，党和政府把对大学生进行安全教育、依法治校确定为高校各级领导的法定义务，推动了大学生安全教育工作。

二、大学生安全教育的内涵和特点

(一)大学生安全教育的定义

安全，顾名思义，"无危则安，无缺则全"。安全是指人的身心不受危害，它是人类生存和发展最基本的要求，是生命与健康的基本保障。

教育是培养人的一种社会活动，是教育者有目的、有意识地向受教育者传授人类生产斗争经验和社会生活经验的活动。大学生安全教育是指高等学校依照国家有关法律、法规的规定，为了维护大学生的安全，增强大学生的防范意识，培养大学生的自我防范、自我保护技能，组织教师对大学生所进行的国家安全法规、学校安全规章及纪律、安全防范知识和技能的教育活动。

大学生安全教育以提高安全防范知识和技能，增强安全道德素质为核心，以安全基本理论、社会安全形势、安全政策法规、安全知识和技能为主要内容，全面提高大学生的安全文化素质。

(二)大学生安全教育的特点

大学生安全教育具有教育的一般特征。同时，由于大学生这个群体具有自身的特点，大学生安全教育也具有自己的特点：

1. 实践性

安全活动具有明确的实用性和实践性。进行安全教育的最终目的是对事故和灾害的防范，只有通过生活和工作中的实践行动，才能达到此目的。因此，在对大学生进行安全教育时，教师决不能把安全教育停留在让学生掌握安全知识和技能上，而应当采取现场说法、案例分析、模拟演习等形式，让学生在实践中学习和锻炼。

2. 经常性

安全事故的发生是偶然的。绝大多数大学生在学习和生活中很难碰到刻骨铭心的安全事故，安全意识不强。加之学习安全知识和技能后又不经常使用，掌握的安全知识容易淡化。因此，学校要根据安全形势需要，组织教师对学生经常性地开展安全教育，巩固学生的安全意识、安全知识和技能。

3. 创新性

随着科学技术的发展和人们生活方式的变化，诱发安全事故的因素在不断地发生变化。大学生已有的安全知识，随着环境的变化和时间的推移，需要不断地更新。因此，教师要结合新知识、新技术、新事例，教育学生与时俱进地掌握安全知识，解决学生中的安全隐患，应对新型的安全事故。

三、大学生安全教育的指导思想及其一般原则

(一)指导思想

坚持以马列主义、毛泽东思想、邓小平理论、“三个代表”重要思想、科学发展观和习近平新时代中国特色社会主义思想为指导，把大学生安全教育贯穿于学校教育的各个环节，使广大大学生牢固树立“珍爱生命，安全第一，遵纪守法，和谐共处”的意识，具备较强的自防自救的素养和能力，保障大学生健康成长。

(二)大学生安全教育的一般原则

安全教育原则是进行安全教育活动中应当遵循的准则。它从教学工作实践

中总结出来，是教学过程客观规律的反映。大学生安全教育要遵循学生身心发展的规律，把握大学生的认识特点，坚持以下原则：

1. 坚持课堂教育与实践活动相结合的原则

要加强对安全教育的规划和设计，将开设安全知识课列入教学计划，落实师资、教材、课时、设备、经费等，确保安全教育课堂教学的质量。在教育过程中要理论联系实际，通过开展模拟演习等实践活动，让学生身临其境，培养和提高学生运用已掌握的知识解决现实中的安全问题的能力。

2. 坚持教育引导与强化管理相结合的原则

教育与管理是相辅相成的，它们都是达到某种目的的手段。加强大学生安全教育，要坚持以正面为主，培养他们的安全意识，提高他们的安全防范能力。同时要加强学校的安全管理，如，依据各项管理制度规范大学生的日常行为；落实学校安全防范措施，保障大学生的人身、财产安全等。

3. 坚持内容充实与方法创新相结合的原则

现代科学技术特别是网络、通信等信息技术的发展，拓展了安全教育的空间和渠道。为此，要在继承和发扬优良传统的基础上，以新时代高校大学生安全工作的创新实践更新、丰富安全教育的内容，增强教育的针对性和前瞻性。不断改进教育方式，由传统的教育手段向具有更多科技含量的现代教育手段转变。总之，要使大学生安全教育的内容、方法和手段更具时代气息，从而达到更好的教育效果。

第二节 大学生安全教育的内容、途径和方法

安全教育的内容涉及广泛，本书所讲的安全教育主要是指与大学生的生活、学习密切相关的内容，不泛指所有的安全内容。因此，在教育的途径和方法上也要适合大学生的特点。

一、大学生安全教育的内容

大学生安全教育的内容包括安全责任教育、安全知识教育、安全技能教育。

(一) 大学生安全责任教育

大学生安全责任教育，要明确的是大学生作为教育主体应当承担的与安全相关的责任。它包括三层含义：(1) 我国的法律规定，公民年满 18 周岁就是

完全民事行为能力人，除极少数少年大学生外，绝大部分大学生年满 18 周岁，具有完全民事行为能力，依法对自己的行为承担责任。(2) 在预防安全事故、防止危险侵害方面应当作为(采取适当行为或措施防范)，以减少危险侵害发生的几率，减轻受到侵害或损伤的程度。(3) 在预防安全事故、防止危险侵害方面应当作为而又没有作为时，对造成人身伤亡、财产损失等后果应承担处罚责任。大学生安全责任教育的目的是增强大学生安全责任意识，具有责任感，在履行自己职责的同时为社会尽一份社会责任。

(二) 大学生安全知识教育

安全知识内容非常广泛，遍及所有的行业领域及其各个方面，本书的安全知识是与大学生生活、学习密切相关的安全知识，大学生安全知识包括以下几类：第一类是意识形态领域的知识，主要包括意识形态安全和文化安全，目的在于防止大学生抛弃社会主义意识形态，犯政治上的错误，走到危害国家安全的道路上去。第二类是法律法规中的知识，主要包括交通安全、网络安全、遵守校纪校规和维护自身权益方面，目的在于使大学生知法守法，用法律来维护自身的权益，避免因违法导致法律的制裁和人身伤亡、财产损失。第三类是日常安全常识，主要包括消防安全、财产安全、人身安全、社交安全、公共安全等，目的是使大学生熟悉安全常识，增强安全意识，避免人身伤害、财物受损失。第四类是心理健康的基本常识，即心理健康知识，目的在于增强自己调节心理、情绪的能力，具有正确的人生观和健康的心态，避免自杀、变态等结果的发生。

(三) 大学生安全技能教育

安全技能与安全知识在内容上虽有交叉重叠，但两者并不能等同。安全知识是基础，安全技能是更高的要求，安全技能包含两层含义：(1) 与专业岗位上要求的操作技能相关的安全技能(未来工作岗位上的专门要求)。(2) 在自然灾害、公共卫生和社会突发安全事件等面前的一般应对能力。大学生安全技能教育是指第二个层面的内容，主要包括在交通安全、人身安全、公共安全中的避险能力，在消防安全中的灭火与逃生自救能力，面对刺激的心理承受能力和应变能力，目的在于提高自我保护能力。

二、大学生安全教育的途径和方法

大学生是拥有一定理论知识，具有行为能力的年轻群体，针对大学生的特点，大学生安全教育需从以下几个途径进行：

(一)课堂教育

随着社会各方面的发展，大学生所处的学校小环境和社会大环境发生深刻的变化，给大学生带来危害的种类和几率也大大增加，面对周围诸多的危害因素，不得不要求大学生具备一定的安全防范知识和能力。通过课堂教育方式对大学生进行全面的安全知识教育，显得越来越迫切。编写大学生安全教育教材，在课堂上灌输，使安全知识进教材、进课堂、进头脑，充分利用课堂这个平台，进行安全知识教育。

常用的方法有：

1. 讲授法

这是教学常用的方法，它具有科学性、思想性、计划性、系统性和逻辑性的特点。安全课讲授形式还可以采用如下几种形式进行：电教式、研讨式、演讲式、座谈式、参观式、竞赛式等。

2. 演示法

演示法是通过提供直观形象的材料，运用实物、照片、图表、幻灯、影片，使被教育者获得感性知识的教学方法。

3. 计算机多媒体教育法

利用计算机承担安全教育中某些内容的教育，趣味性较强，能够使受教育者具有强烈的参与感。在课堂上和电化教育中无法做到的事故模拟演习，在计算机上完全可以进行模拟。

4. 全方位教育法

在安全教育中，根据需要把各种形式、各种方法相互结合、相互交叉，进行有声有色的教育。

(二)实践教育

实践教育包含三个方面的内容：一是模拟危险场景演练；二是事故现场参观感受；三是参与学校安全管理。课堂教学如果不经过实践，终归体会不深，记忆不牢。一次模拟演练，一个触目惊心的灾难场面给人留下的深刻印象远远强于多次的说教。一次演练或现场感受经历往往成为今后一生的经验教训，铭刻在心，并化作自觉的防范行动。

常用方法有：

(1)模拟演练法：设计好危险场景，让大学生置身其中，自救逃生。

(2)参观法：大学生到事故现场参观。

(三)自我教育

在大学生学习、生活过程中，安全事故、危险等并非时时刻刻都有，也并非每人都会亲身经历，因此，在思想上常常出现松懈、疏忽大意，在行为上常常没有采取任何防范措施。单纯靠课堂教育和实践教育是不够的，还必须靠大学生自我教育，通过大学生自我管理、自我学习、自我教育，把安全教育贯穿于在校的全时段、全方位。

具体的方法有：

(1)自我学习法：引导学生自主地学习安全知识和安全技能。

(2)奖惩教育法：对在安全工作中成绩显著的单位和个人进行表扬、鼓励和肯定；对在安全工作中做得比较差的单位和个人进行批评、惩罚和否定。

教育的方法多种多样，在应用中应当结合实际，灵活采用。

第三节　大学生安全教育的现实意义

随着社会的发展和人类的进步，人们对安全的认识和需要不断地扩展着，当前面临的不仅仅是传统的人身安全、财产安全这两个方面，更扩展到政治安全、国土安全、军事安全、经济安全、文化安全、社会安全、资源安全、生态安全、科技安全、信息安全、生物安全、核安全等十二个领域，安全的内涵涵盖了当今社会的各个方面。

随着大学生的生活空间大大扩展，交流领域也不断拓宽，如果缺乏必要的社会生活知识，尤其是安全知识，势必会导致各种安全问题的发生。高校安全问题，关乎生命，关乎健康，关乎大学生的成长和高校的发展。因此，加强大学生的安全教育具有重大现实意义，不仅是大学生成长成才的重要内容，是高校安全发展的需要，而且是构建和谐社会的必然要求。

一、安全教育是大学生成长成才的重要内容

大学生群体是一个特殊的社会群体，有其自身的特点：生理发育基本成熟而心理发育滞后，个性趋向定型，但可塑性大；智力接近高峰，但尚未完全开发；社会需求强烈，但经验不足，缺乏必要的社会经验，安全防范意识较差，自我防范能力较弱等。大学生的群体特征以及大学生特定的年龄结构、生活环境、文化背景，决定了大学生必然面临诸多安全问题的困扰。现在大学生基本

上是在父母过多的细心呵护和老师的关心下长大的，人生经历大多是从学校到学校，对于社会的复杂性知之甚少，他们安全防范意识差，自我保护能力弱，独立面对纷纭复杂的社会时，对可能发生的各种安全问题往往缺乏必要的重视和警觉，给违法犯罪分子以可乘之机。

近年来，大学生心理健康问题也越来越突出。由于生活节奏加快、社会压力加大以及家庭环境和个人经历等诸多因素，产生心理障碍和心理疾患的大学生日益增多。据对全国 14 所高校大学生心理状态的测试，大学生的心理问题负面指标明显地高于社会同龄人，说明大学生的心理安全问题明显比社会同龄人的心理安全问题要严重。生命不保，何谈教育。因此，对大学生进行安全教育是为大学生健康成长和全面成才打下良好基础，是完善自身心理，提升整体素质的一项重要内容。

二、大学生安全教育是高校健康发展的需要

高校健康发展是在高校校园安全稳定、秩序井然、师生安全有保障的条件下进行的。随着高等教育管理体制改革和高校后勤社会化的发展，高校对外交往越来越频繁，校园越来越开放，社会问题与高校内部问题相互交织，治安问题和政治问题相互影响，人民内部矛盾和敌我矛盾相互渗透，影响高校安全发展的因素呈现多样化、复杂化的趋势。高校要在安全发展中减少和避免这些不安全因素的冲击和影响，加强大学生的安全教育就显得十分重要。大学生是高校的主体，如果他们的安全意识较强，安全知识较为丰富，就能应对突如其来的安全问题，就能够成为维护学校安全的强大力量。大学生在人身、财产、心理、遵纪守法等方面少出问题，甚至不出问题是高校健康发展的必要条件。因此，对大学生进行安全教育，提高其安全素质，是高校安全发展的需要。

三、大学生安全教育是培养社会主义建设者和接班人的必然要求

培养什么人，怎样培养人，为谁培养人，是中国特色社会主义教育事业必须解决的根本问题，事关党和国家的长治久安，事关中华民族的前途命运。我们党始终高度重视大学生的全面发展和成长。毛泽东同志提出了培养造就千百万社会主义事业接班人的战略任务。明确提出：我们的教育方针，应该使受教育者在德育、智育、体育几方面都得到发展，成为有社会主义觉悟的、有文化的劳动者。邓小平同志反复强调，青少年是祖国的未来，一定要教育好我们的后代，培养造就有理想、有道德、有文化、有纪律的具有社会主义觉悟的一代新人。习近平同志强调“培养德智体美劳全面发展的社会主义建设者和接班

人，加快推进教育现代化、建设教育强国、办好人民满意的教育”。建设中国特色社会主义，既是伟大而光荣的任务，又是艰巨而长期的事业，需要一代又一代中华儿女为之不懈奋斗。我们必须把培养造就中国特色社会主义事业的建设者和接班人作为一项关系全局的战略任务抓紧抓好。

而培养德才兼备、安全文化素质高的大学生则是这项战略任务的重要组成部分。大学生是国家宝贵的人才资源，是民族的希望、祖国的未来。大学生的安全道德品质、安全文化素质和心理健康素质如何，不仅直接关系到社会主义建设者和接班人的素质，而且直接关系到社会主义建设事业的成败。要使大学生成为中国特色社会主义事业的合格建设者和可靠接班人，不仅要大力提高他们的科学文化素质和思想政治素质，更要大力提高他们的安全文化素养。培养造就千千万万具有高尚品质和良好安全道德修养、掌握现代化建设所需要的全面安全知识和扎实的安全本领的优秀人才，这对做好接力社会主义建设事业，实现中华民族伟大复兴具有重大而深远的战略意义。

第二章　意识形态安全

在经济全球化进程中，意识形态渗透已成为西方国家实行和平演变战略的最重要手段和武器。习近平总书记指出：“意识形态工作是党的一项极端重要的工作。意识形态工作是为国家立心、为民族立魂的工作，事关党的前途命运，事关国家长治久安，事关民族凝聚力和向心力。”高校承担着培养德智体美劳全面发展的社会主义事业建设者和接班人的历史重任，处于意识形态斗争的前沿阵地。新时代大学生要认真学习马克思主义意识形态理论，深入学习习近平总书记关于意识形态工作的重要论述，深刻认识当前意识形态安全面临的复杂形势和严峻挑战，以自己的实际行动切实维护高校意识形态安全。

第一节　意识形态及意识形态安全

一、意识形态

什么是意识形态？法国思想家特拉西（1754—1836）最早在其著作《意识形态的要素》中提出“意识形态”的概念。特拉西认为，意识形态是“观念的科学”的代名词，其主要任务是研究认识的起源、界限和认识的可靠性的程度。后来，马克思和恩格斯站在历史唯物主义的立场，对德意志意识形态进行深入系统批判，揭示了资产阶级意识形态的虚假性。他们认为“意识形态”即“统治阶级的思想”，明确提出“统治阶级的思想在每一时代都是占统治地位的思想。”当然，不光是资产阶级有自己的意识形态，革命的无产阶级也有着自己的意识形态。马克思主义认为，无产阶级的意识形态是同全人类的共同利益紧密相连的，一旦人类的共同利益真正成为现实，意识形态的虚假性就会消失。

意识形态不是人脑中所固有的，而是源于社会存在，有其自身的发展规律，它的本质是一定社会阶级诉求的集中反映，即在阶级社会中表现出阶级性，政治、哲学、法律、道德、艺术、宗教等观点的总和构成一定阶级的意识形态。总的来说，意识形态是社会意识诸多形式中构成思想上层建筑的部分，包括政治、法律、道德、艺术、宗教、哲学等直接、自觉地反映社会经济、政治制度的思想体系。

当今世界有社会主义和资本主义两大阵营，相应地意识形态也分为社会主义意识形态和资本主义意识形态。社会主义意识形态是以历史唯物主义为世界观基础，反映无产阶级的根本经济政治利益的、自觉的、系统化的思想观念体系。以马克思主义理论为基础的无产阶级意识形态，是无产阶级战胜资本主义、发展社会主义，最终实现共产主义的强大思想武器。中国共产党作为马克思主义政党，与一切剥削阶级的世界观、价值观和政治主张是不同的、对立的，必须坚持以马克思主义为指导，从实际出发，制定和贯彻正确的理论、路线、方针、政策，坚持马克思主义的世界观、价值观、人生观和方法论。当代中国意识形态即社会主义意识形态是以马克思主义为指导的、以中国现实生产力发展水平为基础的经济基础、政治制度和思想文化综合反映的思想体系。资本主义意识形态是在资本主义国家中占统治地位的、反映了作为统治阶级的资产阶级的利益和要求的各种思想理论和观念的总和。在资本主义国家中，占统治地位的政治、经济、法律、哲学、伦理、历史、文学、宗教等大多数人文社会科学的理论、学说或意识形态都属于资本主义意识形态的范畴。无论是社会主义意识形态还是资本主义意识形态，都是一个国家思想建设、政治建设的重要内容，对于其社会发展走向都有着重要的影响。

中国特色社会主义的巩固和发展，不仅需要强大的物质基础，还需要建立稳固的精神基础和意识形态阵地。正确的东西不去占领，错误的东西就会占领。面对严峻的形势和艰巨的任务，必须建设具有强大凝聚力和引领力的社会主义意识形态，始终坚持马克思主义在意识形态领域指导地位的根本制度。

二、意识形态安全

意识形态安全是国家安全和政治安全、文化安全的重要组成部分。倘使思想防线被攻破了，其他防线也难以守住。历史和现实反复证明，一个政党夺取政权往往是从确立指导思想、确立意识形态话语权开始的；一个政党的瓦解往往也是以舆论阵地被攻破、意识形态主导权丧失为标志的，由此可见意识形态的重要性。所以，能够做好意识形态工作，是事关国家前途命运和长治久安、事关民族凝聚力和向心力的大事。意识形态工作本质上做的是政治工作。意识形态领域是政治安全的前沿阵地，意识形态领域的斗争是没有硝烟的战斗。民心是最大的政治，是我们党执政最根本的政治基础。意识形态工作要坚持以人民为中心的工作导向，把凝聚民心作为出发点和落脚点，把讲政治的要求落实到工作的各个方面，为党的中心工作服务，为维护最广大人民的根本利益服务。

习近平同志在全国宣传思想工作会议上指出，“建设具有强大凝聚力和引领力的社会主义意识形态，是全党特别是宣传思想战线必须担负起的一个战略任务。”习近平同志关于社会主义意识形态的重要论述，深刻回答了建设什么样的社会主义意识形态、怎样建设社会主义意识形态等重大理论和实践问题，是做好当前意识形态工作的根本遵循。当前，意识形态工作的根本任务是“两个巩固”，即：巩固马克思主义在意识形态领域的指导地位，巩固全党全国人民团结奋斗的共同思想基础。在体制转轨、社会转型、思想多样、利益多元的当今社会，只有把“两个巩固”作为意识形态工作的根本任务和目标要求，最大限度地凝聚社会共识，找到价值观的“最大公约数”，才能为实现“十四五”发展目标和 2035 年远景目标、建设社会主义现代化强国、实现中华民族伟大复兴的中国梦提供强大的思想支撑，保证中国特色社会主义事业沿着正确道路健康发展。

在经济全球化和信息全球化的今天，世界各国之间的政治、经济、文化等方面往来日益密切。人们的生产方式、生活方式也发生了巨大的变化，各种社会思潮不断涌现，因而我们更应该加强意识形态建设，维护意识形态安全，坚守思想堡垒，使我国人民坚定社会主义的主流思想观念、思维方式和价值认同，从而维护中国特色社会主义社会的长治久安。

第二节 意识形态安全面临严峻挑战

当前，我国意识形态领域斗争形势复杂，意识形态安全面临着严峻挑战。市场经济条件下多元复杂利益格局的现实，对社会思想意识和人们思想观念生成变化的影响难以避免；多元多样社会思潮的存在，对主流意识形态的冲击难以避免；新媒体的迅速崛起，对传统主流媒体传播力影响力的对冲难以避免；西方价值观和错误思潮的渗透影响，对主流思想的干扰破坏难以避免。就国际局势来说，中西方两种道路、两种制度、两种价值观的对立和斗争将长期存在。西方敌对势力将中国作为“假想敌”，极力宣扬“中国威胁论”“中国崩溃论”“中国分裂论”“中国责任论”等，试图建立反华联盟来围堵中国，不得不对此高度警惕。意识形态领域的斗争从未停止，自2020年新冠肺炎疫情暴发以来，西方敌对势力极力将疫情问题“政治化”，公然以“中国病毒”“武汉病毒”等标签对我国极尽污名化之能事。其目的昭然若揭，根本在于通过制造意识形态偏见和“冷战”思维病毒，遏制中国发展，迟滞我国改革开放和社会主义现代化建设事业，攻击中国特色社会主义道路和制度。

与此同时，意识形态领域还存在许多值得关注和回应的论调和倾向。比如，有的认为马克思主义已经过时了，难以指导当前经济社会发展；有的认为马克思主义只是一种意识形态说教，没有学理性和科学性。这些论调的实质和目标指向就是要否定马克思主义的指导地位。同时也要认识到，我们自身对马克思主义的理解、运用、建设等亟待改进和加强。比如，在理论和实践层面都存在对马克思主义理解不深、不透的问题，在运用马克思主义基本立场、观点、方法上，在建设以马克思主义为指导的学科体系、学术体系、话语体系上，都还存在这样那样的不足，导致马克思主义在一些领域被边缘化、空泛化、标签化，在一些学科中“失语”、教材中“失踪”、论坛上“失声”。

历史和现实的经验表明，青年是各种社会思潮的易感人群，高校是各种意识形态的集散地，是意识形态交汇、交融、交锋的重要场所，往往成为意识形态争夺的桥头堡。高校学生思维敏捷，乐于接受新鲜事物，但是尚未形成成熟稳定的价值观念体系。当前，高校意识形态安全面临着诸多严峻的挑战。

一、西方意识形态渗透持续强化

在经济全球化进程中，世界各国发展紧密联系在一起，然而，西方霸权主义仍然存在，以美国为首的一些西方国家将意识形态渗透作为实现其国家利益的重要手段，不遗余力地通过各种渠道和平台渗透资本主义意识形态，并呈现如下特点：

一是渗透形式更加隐蔽复杂。在全球化的今天，西方意识形态的渗透形式不再直接和明显，转而变成了间接与隐蔽，运用间接而迂回的方式，通过潜移默化的手段，具有极强的诱惑性与欺骗性。“资产阶级意识形态”充斥在世界各国的文化交流、学术沟通和文化消费中。当代意识形态渗透方式，不再局限于传统的图书、报刊、广播、音像制品等传播媒介，开展直接宣传和硬性灌输，而是采取灵活多样的途径，用比较隐蔽的方式将资本主义的思想理念披上绚丽的外衣，或嵌入文化产品、学术研讨、语言学习、影视娱乐、经济合作中，潜移默化地传播西方所谓的“自由”“民主”“人权”理念；或鼓吹全人类利益高于一切，宣扬“普世价值”，把意识形态抽象的理论、价值融化在日常生活、学习、工作、社会交往中，在不知不觉中改变社会主义国家民众的生活方式和价值观念。渗透形式更加隐蔽，但吸引力却更加强大，更容易使民众尤其是青年学生放松对西方意识形态渗透的警惕性，对青年学生危害极大。

二是手段运用更加多样综合。随着信息技术的发展，灵活多样、形式新颖、全方位、立体化的渗透成为可能。西方意识形态渗透，已经不再是某一手段单独运用，而是多种手段综合发挥，新旧媒体“多管齐下”，经济、政治、文化、宗教等领域相互配合，把中国作为“假想敌”，极力渲染反华情绪，兜售“中国威胁论”“中国崩溃论”“中国分裂论”“中国责任论”等一系列错误理论观点，诱逼中国进入其话语体系陷阱。西方意识形态渗透的范围、领域、广度不断扩大，体现了西方意识形态渗透手段的多样性与综合性，让社会主义国家抵御西方意识形态渗透的难度不断加大。

三是渗透工具更加强势便捷。全方位掌控新闻舆论成为当今时代西方国家意识形态渗透的重要特点。先进的传播技术掌握在谁的手中，谁就可以在意识形态的斗争中占据主导地位。西方国家将大众传播媒介作为意识形态掌控的主要工具。我们的电脑系统由美国研发，沿用西方的网络制式，互联网的使用规则由美国等发达国家制定，这使西方发达国家不仅在传统媒体上占据明显优势，在以网络为基础的新媒体上也拥有着控制权。英语作为世界语言，以美国为首的西方国家提供了世界范围的语言环境，世界上大部分新闻来自美国等西方国家。西方在网络技术和新闻发布量上的绝对优势，坚固了西方对网络新媒体的控制权。西方国家在对传统媒体和新媒体等渗透工具的掌控，使之在意识形态渗透上更加方便和快捷。

在全球暴发的新型冠状病毒疫情中，中国积极采取有力措施来应对此次危机，取得抗击新冠肺炎疫情斗争重大战略成果，创造了人类同疾病斗争史上又一个英勇壮举，充分展现了中国精神、中国力量、中国担当。然而，一些西方国家的媒体却对此视而不见，采取典型的“双标”态度。仅举一例，美国《纽约时报》曾在武汉关闭离汉通道时发表推文，声称“为了抗击冠状病毒，中国将近6000万人置于封锁之下，并对数亿人实施了严格的检疫和旅行限制。它的运动给人民的生活和个人自由带来了巨大的损失。”借由人权问题来指责和控诉中国的防控措施。然而，对于同样采取封城措施的意大利，当天的《纽约时报》态度却截然不同，大力赞扬意大利的防控措施，“意大利正在封锁米兰，威尼斯及其北部大部分地区，为遏制欧洲最严重的冠状病毒暴发而冒着经济风险。”这种强烈的反差，可谓“天壤之别”，正是以《纽约时报》为代表的西方媒体疯狂制造中国的负面新闻，彻底暴露了对中国开展意识形态渗透方式的粗暴和直接。

凭借上述特点及优势，西方国家通过各种方式进行资本主义意识形态渗透。它们通过文化交流输出西方价值观，借由媒体垄断，策动失实性歪曲报道和各种反面宣传，污名化、妖魔化中国形象。它们借助人权问题干涉中国内政，以美国为首的西方国家频频借人权问题对中国进行攻击、污蔑和丑化，试图对中国进行和平演变。它们利用宗教问题大做文章，以美国为首的西方国家从未停止过支持、利用宗教问题对中国进行民族分裂活动。它们运用新媒体作为渗透平台，通过新媒体平台传播“历史虚无主义”“新自由主义”“宪政民主”“普世价值”“公民社会”“新闻自由”等西方主要社会思潮，企图从不同侧面、不同程度消解中国特色社会主义意识形态。

二、网络意识形态斗争加剧

网络意识形态是现实社会意识形态在网络空间的反映，具有传播速度快、范围广等特点，网络意识形态安全成为意识形态斗争的新阵地。根据2020年9月29日中国互联网络信息中心发布的第46次《中国互联网络发展状况统计报告》，截至2020年6月，我国网民规模达9.4亿，互联网普及率达67%；我国手机网民规模达9.32亿，网民使用手机上网的比例达99.2%。美国等西方国家抓住互联网这一技术工具对所谓“非民主国家”的网民群体进行意识形态输出，通过制造舆论声势、引导政治话语向大众话语转化、建立对于美国政治价值观的认同机制等方式，升级传播模式，争夺传播平台，形成传播链条，试图通过改造“非民主国家”来实现自身的国家安全、维护世界霸主地位。我国作为美国试图改造的主要目标国，面临着严峻挑战，网络领域的意识形态斗争日益加剧。

党的十八大以来，习近平总书记高度重视网络意识形态工作，强调“在互联网这个战场上，我们能否顶得住、打得赢，直接关系我国意识形态安全和政权安全”。借助于网络信息技术的快捷性和交互性，网络可能成为各种谣言的聚集地，消解社会的凝聚力而导致社会信任危机，使得国家安全受到威胁。当前，中国社会正处于转型期，各种矛盾的产生有其一定的社会历史原因，但却容易被别有用心者利用，在网络中大肆渲染，不同程度地降低人们对政府的信任感以及对社会主义主流意识形态的信任度，影响主流意识形态正面引导的针对性和有效性。尤其是各种错误思潮对于主流意识形态形成了一定的挑战，如西方宪政民主、“普世价值”、西方新闻观等，它们鼓吹这些思想的最终目的，都是为了否定社会主义意识形态，动摇我们的思想理论基础，最终实现和平演变的目的。多年来，美国有线网(CNN)、英国广播公司(BBC)和欧洲自由电台(FE)每天都对外进行大量宣传，力图把西方模式演绎成全球范本。一些西方媒体还时常充当“国际判官”，煞有介事地电话连线中国听众，对中国共产党和中国政府的各项工作评头论足，对工作中出现的不足和偏差横加指责，西方意识形态话语霸权昭然若揭。美国利用国际互联网的绝对控制权，散布“意识形态终结论”，兜售“自由”“民主”“平等”等所谓的“普世价值”，引诱中国网民接受西方价值观念。

伴随着大数据时代的来临，网络意识形态斗争呈现白热化的局面。广大网民的思想观念在大数据背景下与社会的联系越来越紧密，社会上的很多问题能直接引起广大网民的思想波动。作为互联网领域的龙头老大，美国启动各项关于大数据发展和研究的计划，借助大数据，迅速收集和统计出不同性别、地域、民族、阶层民众的信息和需求，企图达到对美国乃至对全球所有国家产生的信息进行监控和分析的目的。2013 年 6 月初，外媒接连披露美国国家安全局和联邦调查局的“棱镜”项目，美国政府秘密监听全球民众电话的通话记录，监视民众网络活动，引起世界舆论大哗。震惊全球的“棱镜门”事件的曝光显示，美国对于意识形态安全的监控已达到近乎疯狂变态的地步，同时也警示着我们不得不时刻提防以美国为首的西方国家在数据截取和分析的过程中悄无声息地对我国民众进行的意识形态渗透。

同样地，在网络自媒体时代，西方国家将网络作为向我国大学生渗透意识形态的主要渠道，利用青年人喜欢的各种网络空间和网络交互平台，大肆传播西方个人主义、享乐主义、自由主义等资本主义价值观念，试图削弱我国主流意识形态的舆论导向作用。多种信息、社会思潮和意识形态参差不齐给高校大学生的价值观培育和主流意识形态认同带来冲击。大学生处于价值观形成的关键时期，作为网络空间的主力军，求知欲强、信息需求量大、对网络依赖大，在匿名性强、信息量大的网络环境中，大量谣言难辨真伪，倘使对于谣言的认知和处理不当，无法形成正确的价值观来引领主流意识形态，可能会带来严重的社会影响。

三、高校思想文化阵地面临挑战

高校的根本任务在于立德树人，肩负着培养德智体美劳全面发展的社会主义建设者和接班人的重要职责。高校是意识形态工作的前沿阵地，是争夺意识形态领导权、话语权的主战场。当前，高校的思想文化阵地地位和作用越来越重要，也存在着不小的管理难度。

思想理论阵地管理难度加大。高校是思想文化交汇之地，不同的理论、观点、学说、流派在这里交锋，促进研究和学术发展的同时也给高校意识形态安全带来挑战。一段时间以来，西方宪政民主、历史虚无主义、新自由主义、“普世价值”“公民社会”等错误思想观点和思潮在高校存在一定市场，打着学术交流和研讨的幌子，利用师生的好奇心加紧渗透传播，乱花渐欲迷人眼，影响和冲击了不少大学师生的思想认识和价值观念。因而，要坚持用马克思主义的“慧眼”，不断提高政治敏锐性和政治鉴别力，辨识形形色色的社会思潮和理论观点。对错误的思想理论和观点学说，该抵制的就要坚决抵制，坚决防止挑战中国共产党领导和中国特色社会主义制度的错误观点和言论。高校的各种思想理论阵地包括学术会议、论坛、讲座、报告会、研讨会、校友会等十分活跃，个别人披着学术的外衣宣扬错误言论，管理的难度不断加大。

宣传舆论阵地管理相对滞后。随着互联网技术的迅速发展，特别是智能手机的普及使移动互联网走进了千家万户，大学生获取信息的方式发现翻天覆地的变化，同时也带来了传统信息媒介的衰落。在高校微信、微博、知乎、B站、抖音、快手、头条、强国等新兴线上宣传舆论阵地方兴未艾，校报、广播台、电视台、宣传栏、电子屏等传统宣传舆论阵地日趋衰落。高校在新兴阵地和传统阵地的管理上仍存在不足。对线上宣传渠道底数不清、人头不明，难以进行精细化管理和风险防控；对线上宣传程序规范不够，对上网的文字、图片、视频等内容难以把关；线上宣传内容创新不足、品质不高，发布内容多为风景照、蹭热点和转发它文，干货不足难有吸引力。线下传统阵地由于受众的不断减少，宣传媒介地位和作用迅速下降。如校园广播音响设备老化，校园电视节目更新迟缓，校园板报、宣传栏、电子屏难以发挥弘扬主旋律、传播正能量的作用。

校园文化建设品质有待提升。良好的校园文化能在润物无声中感化心灵、陶冶情操，能在潜移默化中教育学生、影响“三观”。加强高校意识形态安全必须加强校园文化建设、守好校园文化阵地。校园文化既包括客观层面的校园文化设施，又包括主观层面的校园文体活动。在校园文化设施上，高校普遍存在对校园文化设施重视不够、投入不足的问题。校园图书馆、体育馆、校史馆、博物馆等基础设施建造不足、运营不畅，难以发挥文化育人作用、难以承载丰富多彩的文体活动。在校园文体活动上，普遍存在政治性不突出、主旋律不鲜明、过于娱乐化等问题，难以将主旋律、正能量有机融入校园的文艺汇演、社团活动、社会实践等活动中。要进一步突出校园文体活动的政治性，加强对文体活动的政治引领，为学生营造一个积极进取、健康向上的校园文化氛围。

总之，当前急需加强高校意识形态阵地建设和管理，为大学生营造充满正能量的校园文化氛围，从而帮助大学生在潜移默化中、在学习生活中增强对习近平新时代中国特色社会主义思想的深入理解和深刻认识，形成积极进取、奋发向上的精神风貌，丰富科学文化知识，形成较强辨别是非能力，为党育人为国育才，助力经济社会全面发展。

第三节 切实防范意识形态安全风险

应对意识形态安全领域的严峻挑战，开展具有许多新的历史特点的伟大斗争，必须有效开展意识形态领域的斗争。当前，高校要切实防范意识形态领域的风险挑战，大学生要以自己的实际行动，切实维护意识形态安全。

一、加强思想理论武装

加强思想理论武装，就是夯实社会主义意识形态建设的思想根基。党的十九届四中全会提出，要坚持马克思主义在意识形态领域指导地位的根本制度。马克思主义是社会主义意识形态的旗帜和灵魂。增强社会主义意识形态的凝聚力和引领力，首要点就是做好做强马克思主义宣传教育，根本性工作就是坚持用习近平新时代中国特色社会主义思想武装全党、指导实践、推动工作。从理论和实践的逻辑来看，新时代提出新课题，新课题孕育新理论，新理论引领新实践。新时代新实践需要新的思想理论来引领。从理论武装的逻辑来看，理论创新每前进一步，理论武装就要跟进一步。习近平新时代中国特色社会主义思想是马克思主义中国化最新成果，是当代中国马克思主义、21 世纪马克思主义。建设具有强大凝聚力和引领力的社会主义意识形态，必须在学懂弄通做实习近平新时代中国特色社会主义思想上下功夫。坚持和巩固马克思主义指导地位，最重要的就是坚持和巩固习近平新时代中国特色社会主义思想指导地位。大学生要深入学习习近平新时代中国特色社会主义思想，上好《毛泽东思想与中国特色社会主义理论体系概论》《习近平新时代中国特色社会主义思想概论》《形势与政策教育》等思想政治理论课，通过思想政治理论课强化意识形态观念，提升政治辨别力、政治领悟力、政治执行力，树立正确的人生观、世界观、价值观和道德观。要把学习领会习近平新时代中国特色社会主义思想同学习马克思列宁主义、毛泽东思想、中国特色社会主义理论体系贯通起来，同学习党史、新中国史、改革开放史、社会主义发展史结合起来，同新时代坚持和发展中国特色社会主义的伟大实践联系起来，准确把握这一思想的理论逻辑、历史逻辑、实践逻辑。

思想政治理论课是落实立德树人根本任务的关键课程。青少年阶段是人生的“拔节孕穗期”，最需要精心引导和栽培。办中国特色社会主义教育，就是要理直气壮开好思政课，用习近平新时代中国特色社会主义思想铸魂育人。对于大学生来说，加强思想理论武装的最直接方式便是上好每一堂思想政治理论课。通过思想政治理论课的学习，清楚认识资本主义意识形态的本质，增强对社会主义意识形态的认同，充分认识到资本主义意识形态是资本主义社会条件下的观念上层建筑，是为资本主义社会形态的经济基础服务的。当然，高校思想政治理论课也存在着实效性不强，与大学生思想实际结合不紧密，无法吸引学生兴趣和产生共鸣等问题，亟须推进改革创新。当前，要深入贯彻落实习近平总书记在学校思想政治理论课教师座谈会上的讲话精神，引导学生增强中国特色社会主义道路自信、理论自信、制度自信、文化自信，厚植爱国主义情怀，把爱国情、强国志、报国行自觉融入坚持和发展中国特色社会主义事业、建设社会主义现代化强国、实现中华民族伟大复兴的奋斗之中。大学生要积极参与课程教学改革和教学实践活动，将理论学习与社会实践结合起来，在树立正确的信仰体系、思想观念和社会主义主流意识形态的同时，为增强思想政治理论课教学的亲和力、吸引力，为思想政治理论课改革创新贡献自己的力量。

除了思想政治理论课，哲学社会科学学科也是大学生学习马克思主义理论、强化社会主义主流意识形态认知的重要方式。坚持以马克思主义为指导，是当代中国哲学社会科学的根本标志。中国特色哲学社会科学按照立足中国、借鉴国外，挖掘历史、把握当代，关怀人类、面向未来的思路，构建了具有自身特色的学科体系、学术体系、话语体系。中国的哲学社会科学将马克思主义、社会主义和中华民族伟大复兴贯通起来，做好“站起来、富起来、强起来”的理论表达，既善于从理论和实践层面总结概括“中国道路”“中国经验”“中国方案”蕴含的世界观和方法论，又探究全面建设社会主义现代化国家、实现中华民族伟大复兴的规律性和独特性，为巩固马克思主义在意识形态领域的指导地位提供学理支撑。因此，大学生要注重拓展自己的知识面，在哲学社会科学学习中加强思想理论武装，增强自身的责任感与使命感，自觉维护意识形态安全。

二、坚定“四个自信”

新中国成立70多年以来，特别是改革开放40多年来，中国特色社会主义事业取得了举世瞩目的成就，经济社会高速发展、人民生活水平极大提高、我国综合国力大大增强。取得这一切成绩的根本原因就是我们开辟了中国特色社会主义道路，形成了中国特色社会主义理论体系，确立了中国特色社会主义制度，发展了中国特色社会主义文化。这是中国特色社会主义最鲜明的特色。因此，当代大学生必须坚定道路自信、理论自信、制度自信、文化自信(简称为“四个自信”)，以自信之我、自信之青春投身到建设中国特色社会主义事业的伟大实践之中。

要坚定道路自信。中国特色社会主义道路是在波澜壮阔的历史长河中开辟出来的，是创造人民美好生活、实现中华民族伟大复兴的必由之路。这一道路，既要坚持以经济建设为中心，又要全面推进政治、文化、社会和生态文明等各方面建设；既要坚持四项基本原则，又要坚持改革开放；既要不断解放和发展生产力，又要逐步实现全体人民共同富裕、促进人的全面发展。习近平总书记指出：“当代中国的伟大社会变革，不是简单延续我国历史文化的母版，不是简单套用马克思主义经典作家设想的模板，不是其他国家社会主义实践的再版，也不是国外现代化发展的翻版。”实践已经证明并将继续证明，中国特色社会主义道路是一条符合中国国情，又适合时代发展要求并取得巨大成功的唯一正确道路。

要坚定理论自信。中国特色社会主义理论体系是我们建设社会主义的行动指南，是实事求是、与时俱进、不断创新的科学理论。这一理论体系，包括邓小平理论、“三个代表”重要思想、科学发展观和习近平新时代中国特色社会主义思想。这一理论体系与马克思列宁主义、毛泽东思想是一脉相承的，是结合我国改革发展实际、结合时代发展条件，对马克思列宁主义、毛泽东思想续写的新篇章，是科学社会主义的新版本。习近平新时代中国特色社会主义思想更是中国特色社会主义理论体系在新时代的又一思想高峰，是新时代中国共产党人的思想旗帜，是国家政治生活和社会生活的根本指针，是我们必须不断学习、终身信仰、内化于心、外化于行的伟大的思想理论。

要坚定制度自信。中国特色社会主义制度是我们社会主义事业的根本保障，具有明显的制度优势和强大的自我完善能力。它包括人民代表大会制度、多党合作和政治协商制度、民族区域自治制度、基层群众自治制度，中国特色社会主义法律体系，公有制为主体、多种所有制共同发展的经济制度等内容。它是党的领导、人民当家作主、依法治国的有机结合，既体现了社会主义根本性质又符合我国发展实际，是我们强大的制度保障。2020 年新型冠状病毒突如其来，我们党充分发挥中国特色社会主义的制度优势：集中力量办大事，汇集各方资源支援抗疫一线；令行禁止、上下一心，坚决地执行居家防疫，科学化管理、信息化防控，慎终如始地遏制疫情反弹，最终取得了抗击新型冠状病毒的决定性胜利。反观某些西方国家因为制度缺陷，政府抗疫不力导致自身长时间深陷疫情泥潭难以自拔，造成了社会经济财富和人民身体健康的巨大损失。

要坚定文化自信。中国特色社会主义文化是我们建设社会主义的强大精神力量。这一文化以中华五千年优秀传统文化为源头，以新民主主义革命时期的革命文化和社会主义建设、改革时期的先进文化为养分，植根于中国特色社会主义伟大实践，积淀着中华民族最深沉的精神追求，代表着中华民族独特的精神标识。在西方发达资本主义国家垄断文化市场、大肆进行文化输出的今天，我们更要坚定文化自信以高度的文化自觉和文化担当，坚持以马克思主义为指导，推动中华优秀传统文化创造性转化、创新性发展，继承革命文化，发展社会主义先进文化，不忘本来、吸收外来、面向未来，实现中国特色社会主义文化大发展、大繁荣，不断构筑中国精神、中国价值、中国力量，为人民提供精神指引。

总之，中国特色社会主义的道路自信、理论自信、制度自信、文化自信根植于实践、来源于人民、汲取于真理，是当代大学生必须毫不动摇坚持的思想共识。正如习近平总书记指出的那样：“当今世界，要说哪个政党、哪个国家、哪个民族能够自信的话，那中国共产党、中华人民共和国、中华民族是最有理由自信的。”坚定了“四个自信”我们就能毫无畏惧地面对社会主义道路上的一切困难和挑战，就能不断地取得社会主义的新胜利，开辟社会主义的新境界。

三、正确区分三类不同性质的问题

党的十九大报告指出："落实意识形态工作责任制，加强阵地建设和管理，注意区分政治原则问题、思想认识问题、学术观点问题，旗帜鲜明反对和抵制各种错误观点。"在意识形态工作中，要按照要求，正确区分三类不同性质的问题，既不能把一般学术观点问题政治化、"扣帽子""打棍子"，也不能把政治原则问题当作一般学术观点和思想认识问题来对待，甚至放任一些人打着"学术研究"的幌子"夹带私货"，推销有害的政治理念和政治主张。

高校的主要职责使命是立德树人，哲学、文学、历史学、经济学、法学、政治学、管理学等哲学社会科学的各个学科都通过课程教学和科研育人来实现育人目标。在实际工作中，政治与学术密不可分，有的问题对错界限比较清晰，有的问题则不太清晰。总的原则是，意识形态工作要从大局出发，从实际出发，着眼于化解消极因素，调动积极因素。把"有利于加强党的领导，有利于巩固马克思主义在意识形态领域的指导地位，有利于改革发展稳定"作为我们辨别各种问题的判定原则。

要学会用中国特色社会主义这把尺子衡量意识形态的是非曲直。一旦出现了意识形态方面的问题，是什么问题就解决什么问题，在什么范围内发生就在什么范围内解决。对政治原则问题，要敢抓敢管，敢于亮剑。对思想认识问题，要摆事实，讲道理，加强正面教育引导。对学术观点问题，要发扬民主，平等讨论，充分说理，以理服人。这样才有助于纠正马克思主义被边缘化、空泛化、标签化的倾向。当然，我们也要旗帜鲜明地同各种错误思想观点作斗争，严肃批评和处理那些否定社会主义制度、否定改革开放的言行，歪曲、丑化、否定党史、国史、军史的言行，以及歪曲、丑化、否定党的领袖和英雄模范的言行，从而更好地加强党的领导，巩固马克思主义在意识形态领域的指导地位，切实维护高校意识形态安全。

大学生要通过长期的理论学习和实践锻炼，逐步学会区分政治原则问题、思想认识问题、学术观点问题，坚持具体问题具体分析。既不能把小事说大、搞"泛政治化"，也不能把大事说小、搞"去意识形态化"。无论遇到什么问题，都要立足于最大限度地发挥各方面的积极性、化解消极因素，都要有利于坚持和加强党的领导、有利于凝聚党心民心、有利于维护改革发展稳定大局。要充分发扬斗争精神，敢于斗争，善于斗争，旗帜鲜明反对和抵制各种错误观点，理直气壮批驳挑战政治底线的错误言论，用自己的言行切实维护高校的政治安全、文化安全、意识形态安全。

四、履行网络新媒体空间责任

新媒体时代，时间、空间与地域三者的局限与障碍均被打破，高校大学生接收与交流信息的通道更为顺畅、方式更为便捷、形式更为多样，并开始从单向被动地信息接收转变为双向主动地信息传递交流。对于大学生来说，需要提升在网络信息发达的时代如何去辨别和选择正确的信息的能力，自觉抵制非主流意识形态对自身思想的侵蚀，履行网络新媒体空间责任。

第一，不发布和不传播有害信息和网络谣言，努力为自己的言论负责。当前，在网络中常常会有各种谣言散布，用以蛊惑人心和欺骗宣传，造成了极其恶劣的影响。作为新时代的大学生，要善于深入分析社会、经济、科学等各种问题，辨别虚假信息，采取多角度看问题的思维方式来认清事实真相，提升碎片化信息的鉴别意识和自我防范能力，自觉抵制网络上的有害信息和谣言，做到不信谣、不传谣，为自己的言论负责。在这个过程中，唤起大学生的主体意识，提高自我教育能力，自觉遵守网络道德规范，树立正确的网络意识形态安全观。

第二，积极参与网络建设和治理，自觉维护网络意识形态安全。大学生是网络中的生力军和主力军，经常使用 QQ、微博、微信、抖音、快手、知乎、B 站等网络平台，要时刻关注隐藏在这些平台深处的意识形态问题，放大正面信息，缩小负面信息，尽最大努力弘扬主流意识形态。与此同时，大学生要利用新媒体阵地，运用自身所学理论和知识，理直气壮、旗帜鲜明地宣传正面、健康的思想，驳斥负面、不文明言论，弘扬主旋律、传播正能量、践行社会主义核心价值观，为构建清朗网络空间出一份力、贡献一份智慧。大学生要以强烈的使命感和高度的热情，以习近平总书记提出的“勤学、修德、明辨、笃实”自励自勉，努力提高自身素质和能力水平，在利用新媒体传播正能量中体现自己的担当和价值。

第三，弘扬新时代网络主流意识形态，讲好中国故事。网络意识形态话语权具有传播政治理想信念和信仰、处理网络群体事件以实现其文化功能。大学生要利用自身所学，积极适应网络新媒体传播方式和发展变化趋势，持续加强互联网内容建设，创造性地将社会主义意识形态中的政治话语、理论话语、学术话语转化为人民群众喜闻乐见的网络话语。同时，利用互联网面向世界诠释中国道路、面向未来表达中国智慧、面向世界讲好中国故事，破除西方学界和政界对中国特色社会主义的“误读”和“污蔑”，向世界宣传中国和平发展的道路和理论，争取各国人民对“中国梦”的理解和支持。

纵观当今世界，必须胸怀两个大局：一个是中华民族伟大复兴的战略全局，一个是世界百年未有之大变局。习近平总书记殷切地寄语青年，“我们是中华儿女，要了解中华民族历史，秉承中华文化基因，有民族自豪感和文化自信心。要时时想到国家，处处想到人民，做到‘利于国者爱之，害于国者恶之’。”展望未来，青年大学生必将大有可为，也必将大有作为。我们要勇敢肩负起时代赋予的重任，志存高远，脚踏实地，努力在实现中华民族伟大复兴的中国梦的生动实践中放飞青春梦想。

◎ **参考文献**

[1]马克思，恩格斯．马克思恩格斯选集[M]．北京：人民出版社，2012.
[2]列宁选集(第二卷)[M]．北京：人民出版社，1995.
[3]习近平．决胜全面建成小康社会夺取新时代中国特色社会主义伟大胜利——在中国共产党第十九次全国代表大会上的报告[N]．人民日报，2017-10-28(1).
[4]习近平．举旗帜聚民心育新人兴文化展形象 更好完成新形势下宣传思想工作使命任务[N]．人民日报，2018-08-23.
[5]辛向阳．新时代主流意识形态的发展方向[N]．北京日报，2018-09-17.
[6]黄力之．意识形态工作中的“三个区分”[N]．社会科学报，1614(3).
[7]郭明飞，陈兰兰．网络空间意识形态安全的情势与策略——基于大数据背景的考察与分析[J]．江汉论坛，2016(5).
[8]张传泉．意识形态斗争正未有穷期[J]．红旗文稿，2018(15).

第三章 文化安全

当前，世界正经历百年未有之大变局，经济全球化、信息传播网络化、文化产业化、价值选择多样化不断发展演进、冲突变化，民族的、科学的、大众的社会主义文化形态，正遭受着日益猛烈的异质文化冲击。大学校园是新思想、新文化产生或引进的发源地，是各种不同性质文化交融激荡的前沿阵地。大学生的文化安全教育，尤其需要广大教育工作者予以高度重视。

第一节　坚定马克思主义信仰，提高大学生文化安全意识

一、大学生文化安全教育

(一)文化安全

目前，学界大多认同石中英《论国家文化安全》中对国家文化安全的界定：主权国家的主流价值体系以及建立于其上的意识形态、社会基本生活制度、语言符号系统、知识系统、宗教信仰等主要文化要素免于内部或外部敌对力量的侵蚀、破坏和颠覆，从而确保主权国家享有充分完整的文化主权，具备同国家政治、经济发展协调一致、良性互动和不断创新的文化系统，并在人民群众中间保持一

种高度的民族文化认可。① 这是从主权国家的高度来界定文化安全。

(二)大学生文化安全

大学生文化安全即是指大学生群体的主流价值体系及以此为基础形成的大学生思想观念、社会生存方式、语言符号系统、知识结构体系、政治宗教信仰等主要文化要素，免于校园内外的有害文化侵蚀、破坏和颠覆，使大学生的价值观念和文化心理与自身发展、社会进步协调一致的文化系统。该系统在大学生群体中具有较高的群体文化认可度，且能帮助大学生实现身心健康，顺利成长为社会主义合格建设者和可靠接班人。

(三)大学生文化安全教育的内容

大学生文化安全教育的核心内容是大学生的价值观念塑造和文化心理疏导，目的在于创设大学生主体"在生存和发展的过程中没有威胁、危机和危险"的情景②，使大学生在文化的客观状态、主观感受和文化理想三个层面都处于安全状态。

客观状态上的文化安全。对大学生进行文化安全教育，必须要为他们创造一个安全、平稳、连贯的文化环境。在大学生成长过程中，社会主导思想稳固与高度认同，社会文化秩序健康与遵守良好，民族传统文化精髓得以传承与发扬，都是文化安全的直接、客观体现。

主观感受上的文化安全。人的个人意识是客观社会现实的反映。人们在各种文化创作与文化体验过程中，总要对所处的文化环境做出相应的反应，而文化安全问题的客观存在，也使得文化主体在心理上产生相应的主观感受。"然而，由于文化主体的遭遇不同，人们对文化安全的反应也不一样。"③

当代大学生由于个体的心理素质、知识结构、生活阅历、情感体验，以及对安全的觉察能力、耐受程度和觉悟水平不同，对文化安全的主观感受也截然不同。有的大学生对中国传统文化有着深切的热爱与认同，比如，有关调查表明，近几年来播出的推介中国优秀传统文化的汉字听写大会、中华诗词大会、成语大会、经典咏流传等电视节目，在大学生群体中的知晓率、喜爱度呈稳步上升趋势，带出了一拨国学学习热潮。这类节目激发了大学生群体对国家民族

---

① 石中英．论国家文化安全[J]．北京师范大学学报(社会科学版)，2004(3)．

② 李金齐．文化安全释义[J]．思想战线，2007(3)．

③ 李金齐．文化安全释义[J]．思想战线，2007(3)．

及传统文化的认同感、归属感和自豪感。但也有部分大学生对文化安全状态漠不关心，对中国传统文化的价值认识是模糊的、有偏见的，而对西方的“民主”“自由”文化又认识不清，盲目地好奇和向往。大学生文化安全意识参差不齐的现状，也加大了文化安全教育的难度，教育工作者要采取针对性措施，对症下药。

文化理想上的安全。从古到今，从中国到世界，构建一个能使自己与他人幸福、快乐、公平、合理且没有威胁与恐惧的美好生存世界，一直是人类的终极文化理想。从东方孔子的“天下大同”、老子的“小国寡民”、陶渊明的“桃花源”到西方柏拉图的“理想国”、托马斯·莫尔的“乌托邦”、康帕内拉的“太阳城”，等等，都体现人类对未来世界的美好追求与憧憬，实际上反映的就是人类对文化安全的一种内在要求和渴望。他们构建的理想世界统统缺乏科学性与现实性，使得文化安全的期待无法实现。只有马克思提出了共产主义的理想社会模型，才使人类的文化理想上升到科学的形态。因此，我们在进行文化安全教育时，必须使大学生深刻领会马克思主义理论的科学性，提高大学生辨别文化真伪、抵制不良文化侵蚀的能力，帮助大学生树立坚定的马克思主义信仰。

二、大学生文化安全意识的现状

梁启超在《少年中国说》：“青年兴，则国兴；青年强，则国强。”大学生关系着国家的前途和命运，肩负着社会主义建设与中华民族复兴的历史重任。当代大学生思想觉悟和道德状况的主流是积极向上的，综合素质也在不断提高。然而，由于西方国家“文化帝国主义”政策的不断推进，“西化”“分化”“软化”“腐化”等“和平演变”策略的施行，以及改革开放以后校园内外部环境发生巨大变化，对大学生思想观念产生巨大冲击，大学生文化安全意识现状令人忧虑。

（一）西方文化渗透严重，西化趋势明显

在经济全球化的世界格局下，文化也不可避免地出现全球化的趋势。经济的强权衍生出文化的强势，西方国家成为文化全球化的主导者。它们利用一切可能的机会，将资产阶级价值观念和文化体系向我国移植，对我国国民的思想观念、价值观念、文化传统、生活方式、消费习惯、语言文字等产生巨大影响。在这个过程中，受影响最大的是我国的青少年，尤其是高校大学生。文化渗透实际成为西方实现国家利益的特殊工具。

冷静分析西方错综复杂、迷雾重生的“和平演变”策略，可以发现，西方

国家采用文化侵略的手段主要有：

1. 利用大众传媒，进行文化扩张

西方国家利用其发达强势的广播、电视、电影、报纸、杂志、书籍和网络等大众传媒资源进行全球性的文化扩张。特别是随着网络的快速发展，近年来，西方国家充分利用网络资源优势，通过网络这只无形的手，以网络特有的穿透力突破传统的文化概念和框架，潜移默化地改变着人们传统的语言交流规则和运作方式，进行以意识形态为首的全方位文化渗透和侵蚀。中国不可避免地成为西方国家文化扩张和侵蚀的主要目标。

例如，美国长期对中国发动"文化冷战"，有针对性地实施"文化白蚂蚁战略"。即招募和组织一批职业写手，通过编撰大量反动、负面文章，搞笑、讽刺段子，经由自己控制的网络平台及精心包装的所谓导师、偶像和大 V 在社会广泛传播，或公开或隐蔽，极力抹黑中国的政治体制。这些手段往往具有很大欺骗性，比如利用我们社会管理的一些不足和大众生活中本有的一些不满情绪，精心编造负面桥段，有的用"诙谐幽默"加以包装，读起来很有"娱乐性"，有的极尽挖苦讽刺之能事，无形中扭曲放大了社会的消极阴暗面，从潜意识层面激发了更多更大的不满，起到了带偏群体认知和抵制主流舆论的反作用，从而形成了可怕的网络"精神毒品"。它们无孔不入，无处不侵，对国家稳定、社会发展和文化安全构成了巨大的挑战和威胁。

2. 利用教育文化交流，实现文化移植

教育文化交流，是西方国家进行文化移植的绝佳机会。每年，以美国为首的西方国家都会资助世界各国的大学生、教师、作家、学者、文化精英到美国等国学习、访问和研究。据统计，中国赴美国留学的大学生人数相当可观，并且不断增长。例如，2014 年至 2015 年，美国高等教育院校招收的中国学生人数分别为274 439和304 040人，至 2019 年人数为369 548人，超过美国留学生总人数的 1/3，占比达 33.7%。中国已连续 10 年在所有派学生前往美国的国家中保持第一位。毫无疑问，种种教育交流项目，对促进我们亲身体验美国社会文化、了解美国制度、掌握国外科技成果、更新思想观念很有帮助。但是，这种不加区别的文化全接触，也容易使留学生们产生全盘认同美国文化，动摇本土文化地位的负面效果。

此外，西方国家还利用捐赠图书、资助贫困地区教育发展等对外文化交流活动宣扬文化价值观。比如向贫困地区大学生提供奖学金，极易让受助人对西方物质财富和文化思想产生好感与崇拜。

显而易见，西方国家的种种文化交流，多数都带有一定的政治目的，需要大学生保持清醒的头脑，也需要当代大学生认清文化交流附带的政治图谋。

3. 利用有组织的伪装、诱骗和误导，开展文化洗脑

以美国为首的西方国家对我国实行和平演变政策，早已形成一套完整的指导思想，将中国的青年尤其是大学生作为他们腐蚀的主要对象，如《美国中情局对华的“十条诫令”》早就提出：“尽量用物质来引诱和败坏他们的青年，鼓励他们藐视，鄙视，进一步公开反对他们原来所受的思想教育，特别是共产主义教条；替他们制造对色情奔放的兴趣和机会，进而鼓励他们性解放；让他们不以肤浅、虚荣为羞耻；一定要毁灭他们强调过的刻苦耐劳精神。”(《十条诫令》第1条)“一定要把他们青年的注意力，从以政府为中心的传统引开来。让他们的头脑集中于：体育，表演，色情书籍，享乐，游戏，犯罪性的电影，以及宗教迷信。”(《十条诫令》第3条)诫令还提出要将“西化”的手段多样化，“一定尽一切可能，做好传播工作，包括电影，书籍，无线电波……和新式的宗教传播。只要他们向往我们的衣食住行、娱乐和教育的方式，就是成功的一半。”(《十条诫令》第2条)中国的传统道德成为诫令妄图瓦解的主要内容，“要利用所有的资源，甚至举手投足，一言一笑，都足以破坏他们的传统价值，我们要用一切来毁灭他们的道德人心，摧毁他们的自尊自信的钥匙，就是尽量打击他们的刻苦耐劳的精神。”(《十条诫令》第9条)从《十条诫令》可以清楚地看到美国的文化扩张的企图。美国政府力图争夺和控制的，是中国人的思想、意志和价值观以及以此为基础建立起来的政治向心力和民族凝聚力。

(二)传统文化与价值理念遭受严重侵蚀

在西方国家源源不断的糖衣炮弹的攻击下，流传了几千年的中国传统文化正在逐渐消逝，传统价值理念也在大学生群体中不断褪色。在很多大学生眼中，中国传统文化，仿佛一位失却芳华、褪却华彩的老妪，黯淡了光彩睿智的魅力，蜷缩于大学校园的角落中，难以勾起学习和了解的兴趣。

1. 传统文化意识逐渐淡漠

随着大学生生活环境的日益开放和自我选择的更加多样，部分大学生对传统文化的热衷程度不断下降。遍观大学校园，大学生追崇西方生活方式的人多了，很少有大学生真正静下来读过四书五经，了解儒、道各家学派的思想精髓，细细品味《二泉映月》《梁祝》的唯美、国粹京剧的神韵。传统文化的魅力在大学生群体中不断消退，传统文化的传承在年轻一代中已经出现断裂现象。

2. 传统价值观念不断遭受侵蚀

当代大学生价值观念呈现多元态势，很多传统文化的优秀内核，已经被大

学生偏离甚至抛弃。

诚信观念历来为先贤圣哲恪守。《大学》云：“为人君，止于仁；为人臣，止于敬；为人子，止于孝；与国人交，止于信。”将诚信作为与人交往的基本守则。《论语·述而》云：“子以四教：文、行、忠、信。”诚信美德是孔子认为值得传承给子孙后代的精神财富。而某些大学生诚信意识欠缺，作业抄袭、论文剽窃、考试作弊、求职造假、单方违约、拖欠助学贷款等现象，都让大学生诚信处于危机状态。

大学生的集体主义意识和奉献意识也趋向淡漠，自我意识滋长，享乐意识膨胀。大学生群体中，很多人热衷于追捧明星，玩网络游戏，对国家大事漠不关心；倾向于单枪匹马、独自奋战解决问题，不喜欢团队协作和帮助他人；喜欢享受生活，攀比铺张，吃不得苦，受不得委屈……在某些大学生思想意识中，呈现爱国主义、集体主义、社会主义思想和价值观念销蚀，拜金主义、享乐主义、利己主义蔓延的现状。

三、提高大学生文化安全意识的途径

依据以上分析，可以看出，当代大学生文化安全意识现状显然不能适应时代要求，不能抵制全球化对国家文化安全、校园文化安全的冲击。针对大学校园文化安全现状，应该从以下三个方面提高大学生的文化安全意识。

（一）坚决用马克思主义占领校园文化阵地

高校是先进文化传播与发展的重要基地，也是各种流派思潮交流激荡的前沿阵地。我们必须坚持用马克思主义占领高校校园思想文化阵地。

首先，要坚持马克思主义思想的指导地位。习近平指出：坚持马克思主义的指导地位，“任何时候任何情况下都不能有丝毫动摇”。马列主义、毛泽东思想、邓小平理论、“三个代表”重要思想、科学发展观和习近平新时代中国特色社会主义思想作为当代最先进的思想文化成果，是安邦立国之本，决定着中国特色社会主义建设的性质和方向。离开它的指导，我国大学生文化安全教育就会偏离方向，就会在各种错综复杂的意识形态领域斗争中失败。大学生只有自觉坚持不懈地用中国特色社会主义理论武装头脑，才能真正焕发出活力与朝气，奋发有为，健康成长为社会主义事业的建设者和接班人。

其次，高校要加大马克思主义理论的宣传力度和深度。当前，高校各部门要通力合作，上下齐心，营造积极学习马克思主义理论的校园氛围。学生思想教育工作者既要带头学习马克思主义理论，还要带动全校学生形成学理论、用理论的风气。要认真组织入党积极分子参加党校学习，强化考勤、考核管理，使党校学习成为大学生理论学习的良好途径。学校要支持马克思主义理论类社团的成立与发展，激发大学生学习和运用马克思主义，尤其是科学发展观的兴趣与热情。

再次，要坚持爱国主义、集体主义与社会主义在大学生价值观中的主导地位。“民族文化安全意识的树立，很大程度上有赖于爱国主义的内化。”①爱国主义精神蕴藏着巨大的力量，青年学生是国家的未来与希望，新世纪国家文化安全将靠青年人来实现。应加强对青年学生的爱国主义教育，保障国家文化安全后继有人。集体主义是人类道德文明的重要成果，是社会主义中国一直提倡和坚持的基本道德原则，是当今时代精神的精华。社会主义，就其价值观念而言，是源于人们对一个自由、平等、互助的社会的向往和追求。

全球化虽然促进了生产力的发展，提高了生产社会化程度，但也造成了一个更加不平等、不公正、贫富悬殊、南北对立的世界。在这样的世界上，要求摆脱剥削、压迫、贫困和愚昧，追求自由、平等、互助，最终实现人类解放的社会主义理想和价值，无疑具有直接的现实意义和强大的生命力。

（二）继承和发扬民族优秀传统文化

1. 继承和发扬优秀传统文化

习近平指出：“中华优秀传统文化是中华民族的精神命脉，是涵养社会主义核心价值观的重要源泉，也是我们在世界文化激荡中站稳脚跟的坚实根基。”“如果没有自己的精神独立性，那政治、思想、文化、制度等方面的独立性也就会被釜底抽薪。”

中国是一个有着5000年悠久历史和灿烂文化的文明古国，中国传统文化中优秀、珍贵的精神财富比比皆是。孔子的“仁政”思想，启发了“以德治国”方略的萌生；孟子“富贵不能淫，贫贱不能移，威武不能屈”的气概，展现了中华民族的气节；《大学》中“格物、致知、正心、诚意、修身、齐家、治国、平天下”的思想，为人们锤炼道德品质指明了方向；“君子自强不息”“忠恕违道不远，施诸己而不愿，亦勿施于人”“实事求是”等思想，都体现了古代圣哲为人处世之道。隐藏于中国传统文化之中的，是千百年来植根于中华民族头脑和血脉的价值观念和思维方式。而抵抗异质文化侵蚀最好的办法就是将本民族

---

① 周亦乔．全球化背景下的高校文化安全教育[J]．湖南农业大学学报(社会科学版)，2005(6)．

的文化价值观念植根于全体人民，特别是青年大学生的心中，让他们去熟悉、去理解、去欣赏、去信仰、去实践。这就要求高校承担起向大学生阐释民族文化精髓、传承民族文化传统、促进民族文化认同的重任。

2. 弘扬和培育民族精神和时代精神

民族精神和时代精神是民族文化的精髓，弘扬和培育民族精神的重要内容，就在于培育人们对优秀民族文化的认同感，对民族文化发展和创新的责任感和使命感。大学生有了强大的民族精神和鲜明的时代精神，就有了自觉推动本民族文化发展，维护本民族文化尊严、文化利益和文化安全的强大精神动力。

在传统文化教育中，一定要注重文化的创新和发展，即使是优秀的文化传统，也需要适应时代的变化，加以创造性的转化，同时融入民主精神、科学精神、法治精神、公平精神。民族精神和时代精神是不可分割的，文化传承和文化创新是内在统一的。保持和发展本民族文化的优良传统，必须努力把以爱国主义为核心的民族精神和以改革创新为核心的时代精神结合起来，培育大学生对祖国的热爱、对民族的珍爱，敢于改革的勇气，善于创新的锐气，不断为中华传统文化注入新的内涵，使其迸发新的活力。

(三)批判吸收西方文化，确保意识形态安全

中华文化该采用何种方式，理性成熟地应对西方文化呢？对此，毛泽东同志提出切实可行的方案，就是“洋为中用”“吸取精华、剔除糟粕”。批判抵制西方文化中腐朽、落后价值观念，吸收采纳其中积极合理的精神文明成果，使西方文明成果也能为社会主义建设所用。

西方文化在发展过程中，早已形成独具魅力的文化成果，从古代希腊文化的和谐之美、罗马文化的凝重之力、基督教文化的灵肉分离，到现代西方价值观念中对人性的重视、对个性的尊重、对民主的推崇、对平等的认可，都平添了西方文化在经济、政治发展过程中的推动力量。

一方面，要及时了解、吸收国外的先进文化成果，追踪世界文化发展的前沿，强化世界意识，拓展全球视野，以开放的心态和宽广的眼光积极融入世界文化发展的潮流。大学生既要有坚定的文化安全观念，也要有积极的世界参与意识。另一方面，学校要注意帮助学生学会鉴别与批判西方文化的方法。对于西方文化价值观念中存在的如拜金主义、享乐主义、极端个人主义等思潮思想，我们要教育学生明辨是非，坚决抵制。而对于那些带有虚假性、相对性的“自由”“人权”“民主”等观念，我们要撕开它美丽的外包装，

揭示其文化价值观念的历史性和相对性，引导大学生重新认识、系统了解西方社会的政治架构、组织制度、生活方式与这些价值观念间的复杂联系，提高大学生在相关问题上的分析、批判和鉴别能力，从而不断增强自身的免疫力、抵抗力。

第二节　弘扬科学，抵制邪教，净化校园文化

长期以来，一些邪教组织披着各种美丽的外衣，打着各种迷人的幌子，采取各种形式对高校大学生进行蛊惑宣传。如何更好地弘扬科学、抵制邪教，教育引导大学生深刻认识邪教本质和巨大危害，给学校师生营造一个纯净、安宁的校园环境，是高校工作者和在校大学生都应当高度重视的题中之意。

一、邪教及其产生根源

（一）邪教的概念

邪教既是一种历史现象，也是一种全球现象。宗教界、法律界以及学术界对邪教有着各自不同的定义，但国内最权威的定义应为最高人民法院、最高人民检察院 1999 年 10 月 28 日发布的《关于办理组织和利用邪教组织犯罪案件具体应用法律若干问题的解释》中对邪教组织的规定：“邪教组织是指冒用宗教、气功或者其他名义建立，神化首要分子，利用制造、散布迷信邪说等手段蛊惑、蒙骗他人，发展控制成员，危害社会的非法组织。”

严格地讲，邪教和邪教组织是不同层面的概念。“邪教应该是一种思想体系，（属于）精神范畴，而邪教组织是一种实实在在团体存在的结构形式。”①但在理论和实务中，并未将二者严格区分。实质上，邪教的定义落脚点就是“非法组织”。

（二）邪教与宗教的区别

《中国大百科全书 · 宗教》对宗教的定义是：宗教是一种社会历史现象，是人的社会意识的一种形态，是感到不能掌握自己命运的人们面对自然、社会和人生时的自我意识或自我感觉，而企求某种超越的力量作为命运的依托和精神归宿。

---

① 蔡淑香．我国邪教犯罪问题及防治对策研究[D]．山东大学，2007：3.

邪教和宗教都是一种社会历史现象，都作为存在于人们意识形态领域的观念，都崇拜现实世界之外的超自然力或实体，宣扬末世说，重视对组织成员进行教义灌输，强化教派对成员的精神吸引和心理依赖。但邪教与宗教依然有着本质的区别：

第一，崇拜对象上，邪教崇拜主观的神——活着的教主；宗教崇拜客观的神——超自然的东西或已经死去的教主。

无论是犹太教，还是基督教，崇拜的唯一真神是上帝，而创教者基督耶稣只是上帝的使者，也会痛苦，也会死掉。它们崇拜的是客观唯心主义意义上的神，而邪教把现实生活中活着的教主(往往是创教者)作为崇拜的真神，并吹嘘和幻化教主的特殊身份和特异功能，以此吸引和迷惑信徒。

第二，在教化结果上，邪教是引人向恶；宗教是劝人向善。

基督教规定“十诫”，包括孝敬父母，不可杀人，不可奸淫，不可偷盗，不可贪求别人财物等，都是劝人向善之言；伊斯兰教反对吸毒、赌博、淫乱、谎言、浪费、伪证等，也有助于社会稳定。与此相对，邪教的最终目的却是反科学、反社会、反人类、反政府，十足的恶贯满盈。

第三，在社会作用上，邪教严重危害社会秩序；宗教通常有利于社会稳定。

宗教劝人向善，与主流社会相适应，与社会形态适应良好，有利于好的道德品质的建立与培养，能够促进社会进步，而邪教摧残信徒，殴打叛教者，聚敛钱财，骗奸信徒，围攻政府新闻机关，甚至制造爆炸、毒气和集体自杀等恐怖案件残害无辜群众，严重扰乱正常的社会秩序，破坏社会的安定团结，违反法律法规，危害社会稳定。

第四，在信徒管理上，邪教非法限制和侵害信徒的人身自由、财产权利；宗教则一般不会限制和侵害信徒的人身自由、财产权利。

例如，美国臭名昭著的邪教“人民圣殿教”，在教会转移圭亚那后，严格控制信徒退教，很多退教信徒都遭到暗杀。1978 年 11 月 17 日，“人民圣殿教”在教主吉姆·琼斯的唆使下，先枪杀了 11 名来访的美国国会议员和记者，随后，923 名教众享用最后的“圣餐”——服用含剧毒氰化物自杀，创造了世界邪教史上最大一起信徒自杀案。

第五，在追求目的上，邪教特别是教主贪图财、权、色，追求世俗的此岸世界的物质利益；而宗教不贪图财、权、色，追求的是彼岸世界的精神利益。

第六，在教义性质和结构上，邪教主要是搞迷信，没有完备的信仰体系；宗教本质上不搞迷信，它有完备的信仰理论体系，等等。

总而言之，“一切邪教组织及其活动都是诡秘的、邪恶的，危害社会的、非法的，与正常宗教及其社会功能有本质的不同。”①绝不能将邪教视为宗教。

二、邪教对大学校园的渗透

近年来，邪教对高校的渗透不断加大。种种残酷的现实，驱使我们一定要仔细研究邪教向高校渗透的特点，重视邪教对大学生造成的巨大危害，从而重视反校园邪教，还高校校园这个科学殿堂以神圣和纯洁。

(一)邪教向高校渗透的特点

以神秘主义和伪宗教来吸引信众、以批判社会现存问题来招徕信众、以建立封闭的组织来控制信徒是邪教传播的三大基本手段。由于高校情况的特殊性，邪教对高校的渗透活动呈现出不同的特点。

1. 以心理关爱来诱惑信徒

邪教能吸引众多的信徒的一个重要原因就是，人在孤独、苦闷、痛苦、空虚时，特别渴望心灵的慰藉和终极关怀。而邪教找准了人的弱点，用它虚假的教友感情蒙蔽和拉拢信徒，用它非理性的歪理邪说来迎合生活中的非理性思维，从而使人向邪教靠拢，产生非理性的生活目标，甚至丧失理性。

由于社会矛盾复杂多变，社会环境转换迅速，大学生在生活中常常出现多种行为不适应，思想上迷茫、苦闷和疑惑，心理上产生诸多迷惑和顾虑的情况。邪教常常以批判现实社会存在问题的姿态出现，以末世论的说教和建立新的理想社会的主张，动摇大学生共产主义信仰的根基，来赢得陷于思想困惑中的大学生们的好感和信任。

另一方面，高校大学生求学期间，远离亲人朋友，旧的人际关系网络趋于断裂，而新的人际关系网络尚未建立，他们迫切渴望纯真的友谊和无私的帮助，需要适应和融入大学校园。邪教组织成员就利用这一薄弱环节作为突破口，以同学、老乡的身份，进行渗透。由于高校学生涉世未深，是非判断能力欠缺，很容易被邪教表面“兄弟姐妹”的温情面纱迷惑，身陷其中而不能自拔。

2. 以世俗化教义来笼络信徒

高校大学生面临着多重压力，学习、工作、健康、情感等问题经常困扰他们，使他们精神上渴望摆脱压力，脱离痛苦的境况。而当前很多邪教冒用宗教

---

① 文国伟．邪教与宗教的十大区别[J]．渝西学院学报(社会科学版)，2005(4)．

的名义活动，将其教义作更为世俗化的修订。如邪教“呼喊派”教首李常受将《圣经》中的“求告主名”一句引申为“呼求”，再白话为“呼喊”，欺骗信徒礼拜时只要大呼主名，就可以直达上天，躲过地球毁灭之灾。由于这些世俗化的教义，往往与大学生的恋爱情感、考研升学、评奖评优、身体健康、求职就业、未来前途联系在一起，仿佛能够预示和左右大学生的一切，因此，少数大学生在个人或家庭碰到了困难、遭遇了不幸或者受到了不公正的待遇后，渴望得到救助但又不能及时获得社会关心时，极易放弃现实世界的努力，转而将希望寄托于虚幻世界，抱着功利主义思想和投机取巧心态，加入邪教组织，期求万能的邪教教主或教义能不费吹灰之力，帮助他们解决现实生活中的种种难题。

3. 以有宗教信仰师生为主要目标

由于邪教与宗教在很多方面具有相似性，而邪教又常常“冒用某种正统宗教的名称、观念和教义，篡改、歪曲正统宗教教义，用似是而非的教义迷惑信徒，诋毁、贬低正统宗教，攻击其他邪教，因此具有很大的迷惑性”。① 在高校中，有宗教信仰的师生也有一定比例，他们有信教基础，对邪教的抵御和防范能力大大降低。在邪教分子混淆视听、颠倒黑白的传教过程中，有的信教师生不辨真伪，落入圈套，自然地成为邪教的主要猎取目标。这些信教师生一旦加入邪教，往往对邪教教义深信不疑，教育和转化相当困难，并且他们还大力动员其他同事或同学加入邪教。

4. 以网络等现代信息技术为重要传播途径

为扩大邪教在高校的渗透力度，邪教组织可谓挖空心思，无孔不入。一方面，邪教组织利用传统的传播手段，如散发非法传单、张贴宣传单、投递信函、发放邪教书籍、向学生寝室打电话等，竭尽所能歪曲事实，宣扬歪理邪说。另一方面，邪教组织还利用网络，扩大邪教渗透的范围和影响面，并将高校师生作为邪教渗透发展的重点人群，值得警惕。

(二)邪教对高校的危害

有关资料表明，目前世界上有一万多个不同的邪教组织。各种邪教组织将其魔爪伸向高校师生，向他们灌输歪理邪说，控制他们的思想言论、行动自由，甚至摧残他们的身体，剥夺他们的生命，造成了巨大危害。

---

① 傅志刚，王建阳．高校防范邪教渗透的措施与建议[J]．浙江师范大学学报(社会科学版)，2005(3)．

1. 邪教动摇了高校师生的共产主义信仰

邪教大搞精神控制，强制信徒接受其歪理邪说，剥夺他们的言论和思想信仰自由。邪教得以迷人祸世，控制信徒，源于“其有一套所谓的‘理论’或‘教义’，包括对个人、家庭、社会、民族、国家、宇宙、未来等的看法和行为准则，有其相应的世界观、人生观、价值观等”。① 他们善于借用或拼凑某种“理论”作为“教义”，煽动人们对现实社会、政府的不满、失望、绝望等，在此基础上，大搞教主崇拜，树立教主的绝对权威。这种精神上的严格控制和歪曲引导，强制信徒彻底放弃原来通过正规教育渠道接受的正确的人生观、世界观、价值观教育，放弃人类一切进步的思想、文化、艺术和信仰，接受其末世、乱世、救世、创世等邪说谬论，极易对我们大学生正确的“三观”和共产主义信仰体系造成冲击，使教育成果付之东流。

2. 邪教严重损害信徒人身、财产权利

很多邪教教主组建邪教的目的之一，在于暴敛钱财。如李洪志“弘法”初期，通过举办培训班聚敛了大量钱财。很多“法轮功”信徒为了向教主李洪志表达虔诚，不惜一切购买“法轮功”的书籍、光盘、服饰，弄得倾家荡产，妻离子散。

有的邪教组织奸淫女信徒。这些邪教教主以“蒙召”为名，诱使女信徒与其发生性行为，满足教主的性欲，或诱使男女信徒集体淫乱。美国的邪教组织“上帝的儿女”公然鼓吹“为了传福音，肉体上勾引异性是正当的值得称颂的行为”。其头目伯格在 20 世纪 70 年代提出了“钓鱼”的教义。据此教义，每个女信徒都应负起神圣的责任，通过勾引男人(钓鱼)、与男人发生性关系而使其入教，男人也以此发展女信徒。我国的邪教组织“主神教”教主刘家国创立该教的一个主要目的就是为了满足自己的性需求，先后骗奸了 27 名女信徒。

邪教组织甚至还谋害信徒生命。“法轮功”头目李洪志宣称法力无边，会消业治病，使大批患病人员上当受骗，任其摆布而延误了治疗，导致病情加重，甚至为了消业、求圆满而走上自残、自杀、自焚、杀人的道路，已造成 1800 多人死亡、650 多人精神失常、数十起杀人案件，其中不少是青少年学生。

3. 邪教严重干扰教学管理工作

邪教思想在高校的传播，使得少数师生痴迷邪教思想和活动，对高校思想

---

① 李小五．邪教在高等学校的危害及其防范[J]．焦作大学学报，2006(2)．

政治教育内容极度反感，对专业课程学习丧失兴趣，导致教师无心工作、学生无心向学，严重影响了高校教与学的质量。

三、高校大学生要正确面对邪教

邪教是毒害大学生的“精神白粉”，在充分认识邪教的本质与巨大危害的同时，也要采取有效措施，远离邪教，健康成长。

(一)加强科普宣传教育

邪教组织往往以神秘主义面目出现，标榜特异功能、超能力，或利用巫术、障眼法等来蒙骗那些善良而又无知的人们。科学是邪教的死敌，通过学习和应用科学，人们就能正确地认识客观世界和主观世界，就能正确地认识和处理主、客体关系，就能科学地处理主、客观的矛盾。学习科学还能培育我们的科学精神，使大学生能正视现实，直面人生和社会，增强理性力量，不为迷信和邪教所迷惑，不误入名利和贪欲的歧途。

通过学习科学，大学生就能识破邪教的真面目。学习科学和用好科学，大学生就不会上当受骗。掌握科学知识是帮助大学生不为邪教迷惑的重要法宝之一。

(二)进一步加强思想道德教育

加强高校思想道德教育，必须以习近平新时代中国特色社会主义思想为指导，按照党的十九大报告相关精神和《关于加强和改进新形势下高校思想政治工作的意见》，努力探索大学生思想道德教育的新方式、新举措，不断加强和改进大学生思想道德教育工作。

高校在进行大学生思想政治工作时，首先，要开展加强理想信念教育，帮助大学生树立坚定的马克思主义信念。马克思主义的无神论思想，历史唯物主义和辩证唯物主义观点，世界观、人生观、价值观，以及马克思主义对科学精神的尊崇，都对大学生坚守心灵家园不被邪教荼毒益处良多。其次，要弘扬时代精神和民族精神，弘扬集体主义、社会主义思想，使全体师生与全国人民一道始终保持昂扬向上的精神状态。最后，要将反邪教斗争与学校的精神文明建设紧密结合，与关心解决部分师生的实际困难和问题紧密结合，采取切实措施，开展丰富多彩的文化娱乐活动，既解决思想问题又解决实际问题，把社会主义思想道德生动具体地融入大学生成长的各个环节，营造有利于大学生健康成长的思想文化环境，提高素质，筑牢防线，堵塞漏洞，不给一切形形色色的邪教组织任何可乘之机。

(三)加强法制教育，增强法制观念

邪教由于其巨大的社会危害性，被任何国家的法律所禁止。要全面、正确宣传宪法关于宗教信仰自由的规定，要将刑法典、《全国人大常委会关于取缔邪教组织、防范和惩治邪教活动的决定》等法律规定内容以及中共中央、共青团中央、民政部、新闻出版署等部门有关通知精神宣传介绍给广大师生，使他们明白什么是可为，什么是不可为，大学生绝能不参与“法轮功”等非法组织及活动，做到知法、懂法、守法，并积极同这类邪教违法犯罪行为作斗争。

(四)加强校园管理，掐断邪教传播途径

高校要加强校园管理，确保校园远离邪教影响。贯彻校门的管理制度，切实做好出入登记、示证工作，搞清外来人员身份和来访目的；落实作息、请假等制度，对逾期未归者或去向不明的要及时联系、查明原因、并及时上报；对校园内张贴、投递的非法传单要及时清除。此外，也要加强校外租房住宿学生的管理，做好相关登记、联络工作，以便及时掌握动向，防备不测。加强校园网络监管，要采取特殊的网络监管和拦截手段，防止和打击邪教网站侵入校园网络，纯净校园网络空间。

第三节 杜绝“黄赌毒”，构建和谐校园文化

“黄赌毒”作为社会丑恶现象，是对人类道德的颠覆、灵魂的腐蚀、人性的泯灭，是与社会主义社会水火不容的社会痼疾。而今，人类灵魂的象牙塔——高校也逐渐为“黄赌毒”染指，大学生中“黄赌毒”的新闻不时见诸报端，给高校校园文化建设蒙上了一层难以祛除的阴霾之气。

一、“黄赌毒”的特征与危害

(一)“黄赌毒”的特征

“黄赌毒”的内容分别包括“黄”“赌”“毒”三个方面。“涉黄”指本人从事卖淫嫖娼活动，或介绍、逼迫、收容他人从事卖淫活动，或观看、贩卖、传播淫秽色情电影、电视剧、光碟、书籍、杂志，或公开宣扬淫秽思想等行为。“赌

博”则是以营利为目的，聚众赌博、开设赌场，或者以赌博为业、为他人赌博提供场所、工具的行为。而“涉毒”则包括“吸毒”(在医学上多称药物依赖和药物滥用，国际上通用术语则为麻醉品的滥用或药物滥用)、“制毒”“贩卖毒品”等一系列行为。常见毒品依据联合国麻醉药品委员会分类方法有：(1)吗啡型药物，包括鸦片、吗啡、可卡因、海洛因和罂粟植物等，是最危险的毒品。(2)可卡因、可卡叶、大麻、安非它明等人工合成兴奋剂。(3)安眠镇静剂，包括巴比妥药物和甲喹酮。(4)精神药物，即安定类药物。

虽然“黄赌毒”的内涵各不相同，但作为一种社会病和亚文化，它们又具有许多共同的特征①：

1. 历史性

“黄赌毒”有着悠久的历史渊源。娼妓被称为世界上最古老的职业之一。有籍可查的中国最早的娼妓起源于夏、商时代的女乐、倡优(艺妓)，后几经蜕变为现在的色妓。赌博则肇始于原始社会末期，从游戏的蜕化中产生，从娱乐的边缘滑向异途。而被后人判定为毒品的大麻、含有可卡因的古柯叶，至少在3000年前就被人类吸食过。

2. 世界性

综观全球，“黄赌毒”如瘟疫般泛滥成灾，已成为世界性的公害。仅国内而言，截至2015年底，全国有吸毒人员234.5万名。据联合国有关部门统计，目前全球约有2亿多人吸毒。

3. 成瘾性

人染上“黄赌毒”后，会形成强烈的心理依赖和身体依赖。而这种双重依赖，会极大支配人的行为，让人不断尝试和重复该行为，感受该行为给人带来的短暂虚假快感，企图通过这种行为暂时摆脱现实的烦恼。一旦快感消失后，面对落差较大的现实，会让人们更为思念欲望满足时的愉快，进而变本加厉地涉黄、吸毒和赌博，在罪恶的深潭中越陷越深。

4. 暴利性

人类对“黄赌毒”强烈的成瘾性营造了一个庞大的需求市场，这极大地刺激了相应的供应市场的兴起。或许是出于对人性弱点的一定程度的宽容，人类对“黄赌毒”供应市场的打击和管制大多比需求市场严厉得多(如对妓女、聚众赌博者及种毒、制毒、贩毒者的惩罚重于对嫖客、赌徒、吸毒者的惩罚)，因而“黄赌毒”需求的下降总是比供给的下降少许多，供不应求造成了供方价格

---

① 王爱丽. 对“黄赌毒”丑恶现象的调查与理性思考[J]. 黑龙江社会科学，1998(5).

剧增。目前，全球毒品年交易额达 6000 亿美元，已成为仅次于军火贸易的世界第二大贸易。

5. 危害性

“黄赌毒”的危害不胜枚举，但其中几种重大危害直接威胁着国家、民族的生死存亡。如艾滋病的爆发流行、操纵垄断“黄赌毒”产业的黑社会势力的壮大及其向政界和司法界的渗透、大量的暴力犯罪、成瘾者的人性沦丧，等等。值得警醒的是，曾给中国人带来“三千年未有之祸”的毒品鸦片问题是一个严重的世界政治问题，它不仅能成为境外势力征服一个民族的武器，而且极有可能集人类政治遗产中最丑恶的内容，形成独裁政治和纳粹政治，从而给世界带来更大的灾难。每年因吸毒死亡人数约 15 万，因吸毒丧失劳动能力人数约 1500 万。人类可能不会毁于战争，但极有可能毁于毒品！

（二）“黄赌毒”对大学生造成的危害

大学生群体作为社会主义事业的建设者和接班人，如何避免“黄赌毒”等社会问题造成的危害已为全社会所关注。

1. 损害健康，传播疾病

大学生染指“黄赌毒”等问题，会严重损害大学生的身体健康。如赌博时，往往夜间开赌，环境嘈杂，打乱了人的生物钟，加亘了身体机能的负荷；赌博期间，人的精神处于高度亢奋状态，容易诱发心脏病和高血压等突发性疾病。长期吸食毒品，会对人的免疫系统、神经系统、呼吸系统和消化系统等造成不同程度的损害；长期吸毒者的心、肝、肾功能均有明显损伤；吸毒者实际的器官年龄比其生理年龄要相差很多，表现为长期的睡眠障碍，激素水平、重要脏器功能下降。更有甚者，吸毒过量，会直接导致吸毒者意外死亡。

此外，吸毒还是多种疾病的传播途径。有关数据显示，吸毒为中国 HIV（艾滋病病毒，被称为“头号癌症”“世纪之症”）感染者感染的主要途径，占比已达六成，超过了性传播和母婴感染。吸毒还能引起或传播病毒性肝炎、结核病、心内膜炎、细菌性肺炎等疾病。而不良性行为更是淋病、梅毒、艾滋病等 20 多种性传播疾病的重要诱因。

2. 荒废学业，道德沦丧

大学生世界观、人生观、价值观尚属最后确立阶段，对“黄赌毒”等丑恶现象的抵抗力还不够强，一旦沾染“黄赌毒”，非常难以戒断脱身。“黄赌毒”现象会让大学生注意力分散，精力不集中，对学习的兴趣不断下降。随着上瘾的程度加深，大学生头脑中盘桓的往往是如何获取钱财，进行下一次的嫖娼、吸毒和赌博活动，随之而来，这类大学生学习兴趣丧失，学习意志消沉，多门科目不及格，往往会被勒令退学，白白浪费了学校和家庭十几年的辛勤培养和教育。

大学生一旦涉黄、涉赌、涉毒，道德品质也岌岌可危。有的大学生为了肉体享受，频繁出入色情场所；有的女大学生贪慕虚荣，追求物质享受，不惜甘当“小姐”“二奶”；有的大学生为了筹集毒资、赌资，欺骗亲友，坑蒙拐骗，甚至抢劫杀人，无恶不作。这些大学生被“黄赌毒”荼害，置自己的人格、尊严、廉耻、良知于不顾，让人极其痛心。

3. 违法犯罪，害人害己

成瘾思邪，是“黄赌毒”者的共同特点。卖淫嫖娼、吸毒贩毒、聚众赌博等行为需耗费大量的资金，而大学生的经济来源有限，一旦陷入“黄赌毒”的陷阱，不仅闹得家破人亡，而且为解决毒资交易走上盗窃、抢劫、诈骗、贩毒、贪污、受贿、卖淫、杀人等犯罪道路，既贻害社会，又自毁前程，丧失了人的本性，成了危害社会的毒魔。目前，“黄赌毒”已成为全球性的社会公害。

二、“黄赌毒”的诱因

犯罪是一种复杂的社会历史现象，受多种因素的影响和制约。“黄赌毒”等社会丑恶现象，就是在社会主义初级阶段，在我国改革开放和成立社会主义市场经济体制的社会大变迁的特定历史条件下，多种社会矛盾和消极因素的综合反映。“黄赌毒”现象在高校发生和发展的主要原因有①：

封建思想的遗毒，是“黄赌毒”存在的思想根源。毛泽东曾经说过，反映旧制度的旧思想的残余，总是长期地留在人们的头脑里，不愿意轻易地退走。卖淫嫖娼、赌博、吸毒等现象在我国有着几千年的历史，其流毒之深不可能随着中华人民共和国的成立而彻底灰飞烟灭。特别是我国目前还处在社会主义初级阶段，生产力水平较低，物质文明和精神文明建设的水平不高，还不可能根除“黄赌毒”赖以生存的土壤。从一定意义上讲，“黄赌毒”存在与否，不是以社会制度的性质为根据，而是以社会是否提供或存在着与之相宜的生存条件为依托。一旦条件具备，社会对“黄赌毒”的管制稍有放松时，它们就会重新滋生繁殖，并由暗转明。

---

① 邓武林．“黄赌毒”屡禁不止的原因及治理对策[J]．广州市公安管理干部学院学报，1999(4)．

道德观念的裂变，是“黄赌毒”蔓延的社会环境。大众的“好奇心”驱使，和不加分辨地盲目崇尚西方庸俗文化和腐朽生活方式，给我国原有的传统文化和道德观念带来了深刻的冲击。与此同时，我国历史上的封建思想残余也沉渣泛起，更引发了部分社会成员思想道德观念的严重偏离，享乐主义、拜金主义思想泛滥。人们的生活目标趋向实际和自我，追求私利成了部分人的生活坐标和最大人生乐趣。有的人为了追求金钱利欲，不惜出卖灵魂和肉体，不再有“万恶淫为首”的观念，反而形成了“笑贫不笑娼”的意识。在社会道德重建的过程中，有的人虽然“口袋鼓了”，但却“脑袋空了”，由于缺乏正确的世界观、人生观和价值观的指导，造成精神上的迷失、颓废和沉沦，追求腐朽的、醉生梦死的生活，沉迷于“黄赌毒”活动不能自拔。

牟取暴利，是“黄赌毒”扩散的经济原因。马克思说：“100%的利润，就会使人不顾一切法律；有300%，就会使人不惜犯罪，甚至甘冒上绞刑架的危险。”而从事“黄赌毒”犯罪活动，常常会带来几倍、几十倍的巨额利润，正是因有巨额利润才使得“黄赌毒”涉事人员“舍身犯险”，前赴后继。

娱乐场所盲目发展，是“黄赌毒”发展的主要载体。“黄赌毒”活动具有流动性大、隐蔽性强的特点，因此，宾馆、酒店、夜总会、度假村、桑拿浴室、按摩院、美容美发厅、出租屋等公共娱乐、服务性场所正就为其生存发展提供了适当的空间，加之其中一些经营者受经济利益驱使，搞不当竞争和歪门邪道，主动招揽或被动接受其场所内的“黄赌毒”活动，这也为“黄赌毒”发展打开了方便之门。

社会管控弱化，是“黄赌毒”偷生的避风港。与“黄赌毒”违法犯罪的严峻形势相比较，我们的认识和所采取的措施还有很大的差距。一是认识上存在误区。在一部分人的头脑中还不同程度地存在“娼盛才能繁荣”“‘黄赌毒’利大于弊”“查禁会影响投资环境”等糊涂认识和错误思想，对查禁“黄赌毒”旗帜不鲜明，态度不坚决，措施不得力。有的地方和部门甚至搞“地方保护主义”和“部门保护主义”，对查禁工作采取阳奉阴违的消极抵制态度。二是管理不能到位。对公共场所存在多头管理、职责不清的问题，工商、税务、文化、劳动、卫生、公安等部门之间协调与配合不够，出现管理上的“真空”地带。有的以专项斗争、集中行动取代日常管理工作，行动过后，“黄赌毒”重新回潮。三是打击力度不够。目前立法尚不完备，许多问题法律界定不明，一定程度上削弱了执法力度。“黄赌毒”现象发现难、取证难的问题，客观上增加了查禁的难度。执法活动中的以法代法和其他不正之风，也削弱了打击力度。从指导思想上看，查禁“黄赌毒”工作还没有上升为政府行为，强调专责机关、专门工作较多，强调群众工作不足，综合治理的许多措施没有落实，这也影响到与“黄赌毒”作斗争的成效。

三、树立正确人生观，构建和谐校园文化

“黄赌毒”已经成为目前我国校园文化建设中的一个突出问题。要遏制和消灭这一丑恶社会现象，我们必须在思想上高度重视，联合校内各个部门，运用教育的、法律的、行政的、经济的多种措施，多管齐下，标本兼治，构建和谐美好的校园文化氛围，为大学生塑造一方纯净的校园。具体而言，需要从以下方面采取措施：

1. 思想上，积极开展大学生思想道德教育

大学生首先要加深对“黄赌毒”现象本质的认识。大学生必须认识到，“黄赌毒”现象本质上是旧社会腐朽思想的残余，它在高校蔓延，会严重滋扰大学生学习，腐蚀大学生心灵，甚至会给大学生带来牢狱之灾和生命危险，给大学生和整个社会带来的危害和损失是无法估量的。因此，学校要不遗余力地开展大学生思想道德教育，提高大学生抵御“黄赌毒”诱惑的能力。

学校要加强人生观的教育，帮助大学生正确理解人生的目的和意义，明确人生的价值是对社会的责任和贡献，自觉抵制腐朽思想的侵蚀。当前尤其要提高大学生抵制资产阶级腐朽思想文化和生活方式侵蚀的能力，从思想上为扫除社会丑恶现象奠定基础。同时，也要加强大学生道德教育。道德观念是一种柔性控制要素，道德观念的扭曲、颠倒和异化都会破坏社会控制力。从事“黄赌毒”违法犯罪活动的人，大多数道德堕落，人性丧失。因此，务必在重视校园物质文明建设的同时，加强校园精神文化建设，重振道德伦理观念在大学生心中的约束地位。

2. 教育上，注重采用各种渠道开展宣传教育

我们要充分利用校园舆论工具，开展校园“黄赌毒”防范和治理工作。举办专题的讲座或开设选修课，向大学生开展正确的“性教育”“毒品知识教育”，破除大学生头脑中关于“性”“毒品”和“赌博”的神秘感，使他们能够正确面对和处理正常的生理需求和心理压力，遇到问题时不会向“黄赌毒”寻求解决之道；使用校报、校刊、校广播台等传媒，通过真实案例，宣传“黄赌毒”对大学生身心的巨大伤害，帮助大学生真正了解“黄赌毒”的本质，深刻认识和畏惧“黄赌毒”的巨大危害；举办以“抵制‘黄赌毒’，构建和谐校园”为主题的宣传画、文学作品、动漫作品的征集和比赛，使禁黄、禁赌、禁毒思想深入大学生心灵。

3. 法制上，要让大学生以法为戒远离“黄赌毒”

法律为社会成员的活动规定了严格的界限和范围，并规定了超出范围和界限的惩罚措施，从而维护正常的工作、生活和社会秩序。从事“黄赌毒”活动的大学生，相当一部分法制观念淡薄，对从事“黄赌毒”活动的违法性认识不清。《中华人民共和国刑法》第 303 条规定：以营利为目的，聚众赌博或者以赌博为业的，处 3 年以下有期徒刑、拘役或者管制，并处罚金。开设赌场的，处 3 年以下有期徒刑、拘役或者管制，并处罚金；情节严重的，处 3 年以上 10 年以下有期徒刑，并处罚金。第 347 条规定：凡是走私、贩卖、运输、制造毒品的，无论数额大小，都依法追究刑事责任。对吸食、注射毒品，无论数额大小，都依法追究刑事责任。对吸食、注射毒品的违法人员处以拘留和罚款；吸毒成瘾者予以强制戒毒。屡教不改的，对其进行劳动教养，在劳动教养中强制戒毒。辅导员必须有针对性地加强法制宣传和教育，提高大学生的法律意识，让大学生充分了解从事“黄赌毒”就是违法犯罪，必将受到法律的严惩，从而减少大学生沾染“黄赌毒”的比例。

4. 行政上，各部门联合整治校园环境

抵制“黄赌毒”，需要整个高校各个部门通力配合，也需要整个社会综合治理，推进该项工作社会化。“黄赌毒”是一个十分复杂的社会问题，仅靠某个部门一己之力打击治理是远远不够的，必须发动群众，群策群力，把职能部门的专门工作和社会方方面面的共同努力结合起来。宣传部门要调动一切传媒，选择典型案件予以曝光，充分发挥舆论监督和宣传的作用。保卫部门要加大校园治安环境的治理，坚决查处“黄赌毒”案件，对涉案人员严肃处理，毫不留情。纪检、监察部门要严肃处分参与、纵容、庇护“黄赌毒”活动的党政干部，严防教师和领导干部违法违纪行为发生。

同时，高校还需联合社会各个部门，共同整治校园周边环境。例如，联合工商部门加强对服务性场所的监督管理，坚决取缔以“黄赌毒”招徕顾客的不正当经营活动；联合公安部门，严厉打击通过“黄赌毒”牟取暴利，危害大学校园安全的违法犯罪案件。只有全社会共同努力，联合整治高校校园周边环境和校园文化环境，才能有效减少“黄赌毒”问题对大学生的危害，让大学生健康成长。

第四章 公共安全

公共安全是指社会和公民个人从事和进行正常的生活、工作、学习、娱乐和交往等所需要的稳定的外部环境和秩序。公共安全的内涵不仅多元，而且多层。人们直接感受的是人身安全、财物安全、精神安全等；体现的领域有交通安全、生产安全、消防安全、卫生安全、社会治安等；更深层的是政治安全、经济安全、文化安全等。

从危及公共安全的原因分析，有自然灾害、意外事故、传染疾病、治安刑事案件和恐怖活动等。

第一节 自然灾害和意外事故防范

一、自然灾害的含义及其种类

自然灾害是指一切给社会和人类的正常生活、生产秩序带来严重破坏，并造成人们生命财产巨大损失的自然现象和事件。

自然灾害的范畴非常宽广，主要包括：

(1)气象灾害。如热带风暴、飓风、台风、龙卷风、雷暴大风、干热风、风暴潮、暴雨、暴风雪、寒潮、冰(霜)冻、冰雹、浓雾等。

(2)海洋灾害。如海啸、海浪、赤潮、海水入侵、海水回灌等。

(3)洪水灾害。如河湖泛滥、水涝倒灌等。

(4)地质灾害。如地质性崩塌、塌陷、地裂、地面下沉、地下流沙、泥石流等。

(5)地震灾害。由于地震引发的各种灾害和诱发的各种次生灾害。

(6)森林灾害。如林木病虫害、鼠害、森林火灾等。

二、自然灾害的安全防范

鉴于自然灾害的宽广范畴，根据它们与在校大学生的日常生活、学习关系密切程度，在本节，我们主要介绍的是台风和暴雨、雷击、泥石流以及地震等较为常见的自然灾害的防范知识和技能。

(一)台风和暴雨的安全防范

台风是一个巨大的能量库，其风速都在17米/秒以上，甚至在60米/秒以上，往往伴有暴雨。据测，当风力达到12级时，垂直于风向平面上每平方米风压可达230公斤。而且风力与风速的平方成正比，一个以100米/秒速度行进的台风，每平方米建筑物承受的风压达2.5吨。在如此强大风力的作用下，建筑物也会横遭摧毁，从而引起人员伤亡。

对于台风和暴雨灾害性天气的防范，应当做到：

(1)一旦了解到有台风信号后，一定要注意收听台风警报，及时了解最新台风动态，以便根据影响时间和程度做好防范，如及时妥善安置易受台风影响的室外(包括寝室、教室以及实验室等场所)物品，避免发生因风力过大寻致的空中坠物伤人事件。

(2)检查寝室、教室以及实验室等场所的户外装置，发现损坏、松动应及时向学校有关部门报告。

(3)台风来临时最好待在室内，当风力很大时，要关闭门窗，千万不要在迎风一侧开窗门。

(4)尽量避免户外活动，如果外出，在避风避雨时要选择安全地带，一定要注意道路两侧的易倒物，如围墙、树木和广告牌以及简易建筑物等，在野外主要小心电线杆倒杆断线、公路塌方、树倒枝折等危险。

(5)外出行走风力很大时，尽量弯腰，经过高大建筑物时，要留意高空坠落物。

(6)做好寝室或教室落水管道口的清理工作，以确保可能出现的积水快速顺利地排出。

（二）雷击的安全防范

雷电实质上是天空雷暴云中的火花放电，放电时产生的光是闪电，闪电使空气受热迅速膨胀发出的巨大声响是雷声。雷雨天容易发生雷击，致人受伤甚至死亡。引起雷击的原因很多，主要与上升气流有很大的关系。太平洋沿岸，每年6—9月正午到傍晚，经常会发生雷击。

对于雷击的安全防范，应当做到：

（1）打雷时，不要赤脚站在泥地或水泥地上，应紧闭门窗，防止危险的侧击雷和球形闪电侵入。

（2）尽可能中止室外活动，可就近寻求避雷场所，如成片的房屋等处，但不宜进入棚屋、岗亭等无防雷设施的低矮建筑物，也不宜进入金属车厢内躲雷雨，更不宜躲在树下。

（3）不宜在建筑物朝天面上活动，因为当朝天面发生直接雷击时，强大的电流可导致人员伤亡。

（4）切勿接触天线、水管、铁丝网、金属门窗、建筑物外墙，远离电线等带电设备或其他类似金属装置，不宜在铁栅栏、金属晒衣绳、架空金属体以及铁路轨道附近停留。

（5）不宜在室外游泳池、湖泊海滨游泳。

（6）注意地形地貌，尽可能地远离山顶或其他制高点、水面或水陆交界处，如果是在森林中，则要注意选择周围是林木、中间是空地的地方避雷。

（7）保持良好的行走状态，尽可能地消除安全隐患，不要撑金属伞柄的雨伞在雨中行走，不要接触铁轨、电线，不能在雷雨中跑动，也不宜骑自行车，更不能骑摩托车，同时，要尽可能远离建筑物外露的水管、煤气管等金属物体及电力设备。

（8）头、颈、手处如有蚂蚁爬走感，头发竖起，说明将发生雷击，应赶紧趴在地上，并扔掉身上佩戴的金属饰品如发卡、项链等，这样可以减少遭雷击的危险，如果看见闪电几秒钟内就听见雷声，说明自己已处于近雷暴的危险地带，此时应停止行走，两脚并拢并立即下蹲，双手抱膝，尽量降低身体重心，减少人体与地面的接触面积，如能立即披上不透水的雨衣，防雷效果更好。

（9）避雷针只能保护建筑物，但对沿架空电线、电话线侵入的雷电波却无能为力，因此雷雨天必须停打手机，不要上网，不要使用调制解调器或ADSL设备，最好把电脑的电源插座拔掉，另外应确保计算机有良好的接地。

（10）如果高压电线遭雷击落地时，近旁的人要保持高度警觉，当心地面

“跨步电压”的电击，逃离时应双脚并拢，跳着离开危险地带。

(11)若有人遭到雷击，停止呼吸时，应及时进行人工呼吸和外部心脏按压，并迅速送往医院进行救治，以防造成伤亡。

(三)泥石流的安全防范

泥石流是山区沟谷中，由暴雨、冰雪融水等水源激发的、含有大量泥沙石块的特殊洪流。其特征是突然暴发，在很短时间内将大量泥沙石块冲出沟外，在宽阔的堆积区横冲直撞、漫流堆积，常常给人类生命财产造成很大的危害。

对泥石流灾害的安全防范，应当做到：

面对泥石流的突然发生，要保持冷静，首先判断崩塌、滑坡、泥石流威胁的范围，然后及时逃离险区。具体来说，泥石流发生时，滚石、坡体或泥石流都是从高的地方向低的地方运动，所以，应选择向左右两个方向朝着沟岸的两侧山坡逃离危险区，而不要选择顺着滚石、坡体或泥石流运动的方向朝上游或朝下游逃生。不要停留在凹坡处。如果身处正在运动的滑坡体上，实在没有时间逃离滑体，可紧抱附近粗大的树木以求自保。

(四)地震的安全防范

相对于台风、暴雨、高温和低温等气象灾害而言，地震灾害的破坏性强，其危险程度以及危及范围是巨大的，尤其是在高等学校中，教学和生活楼宇学生聚集人数多、密度大，一旦发生地震灾害，如果同学们不具备必要的防范以及自救知识、技能的话，极易造成惨重的人员伤亡，其后果不堪设想。

对地震灾害的安全防范，应当做到：

(1)找出身边的危险源，认真清理自己的住所。同学们必须在平时将寝室中摆放的柜橱、吊扇等物品加以固定；尽量减少不必要物品的堆积，尤其是放在高处的物品，对于悬挂在高处和容易翻倒的物品应进行加固处理；不要在床下堆放物品，寝室内物品不要堆积得过满和杂乱；此外，走廊上不要堆积杂物，保持通畅。

(2)培养防灾意识。应当了解有关如何关电、关气、关水的操作，学习并积累急救知识；地震一旦发生，自救尤为重要，应当事先准备好手电筒和半导体收音机，并配备足够的电池，便于逃生和及时收听相关信息。

(3)在地震开始时赢得时间。从大地动摇到房屋倒塌之间有一段非常短促但是极其珍贵的空当，一般为10秒钟左右。可以利用这关键的空当完成一系列躲避性的应急措施；如果时间允许的话，在室内避震须迅速将门窗打开，以免房屋倒塌后形成的灰土烟尘造成窒息；将室内电源切断，并牢记无论在何种情况下不要使用明火，以免点燃因管道破裂而弥漫于空气中的各类可燃气体而造成更大的破坏；此外，乘坐电梯逃生、向楼房内逃跑以及从楼上跳下都是错误的逃生方法。

(4)正确的避震方法。高校学生寝室以楼房为主。正确的避震方法是：迅速打开门窗，切断电源、火源后，避开高大易倒的室内壁橱，躲进床底、桌底，并抓住床、桌腿，注意保护自己的头部，最好用棉被裹住身体，将该姿势保持到一震结束。等到一震结束后迅速离开室内，到室外空旷处如操场等地避震。逃生过程中应当用手、棉被、枕头、皮包或者脸盆等护住头部。如在教室内，应当因陋就简，充分利用地形地物，选择在课桌底下躲避；如在走廊上则最好躲进管道多且跨度小的卫生间内。

公共场所避震要及时蹲下，双手护头。如不幸被卷入人流，应当牢记要双手抱头，双肘朝外，松开衣扣，用肩部和背部承受外部压力，避免被挤到墙角和栅栏旁，迅速走进通道尽快疏散出去。争取尽快将一些同学组织起来进行疏导，防止“自相残杀”式的人为伤害。临阵沉着、临阵发挥就有避险的希望，轻易放弃希望等同于放弃生命。

(5)震后安全撤离的要点。如果没有被压在废墟下面，大震过后要抓住上一次震动与下一次震动之间的时间间隙，迅速撤离到安全地点。如果不幸被埋在废墟中，则必须做到冷静、沉着，保持强烈的求生欲望，千万不要让恐惧影响到自己采取正确的行动，做出错误的举动。

三、意外事故紧急处置及救护知识

(一)意外事故的含义及种类

意外事故是指非出于故意或者过失，而是由于不可抗拒或者不能预见的原因造成的损害结果。

大学生群体容易发生的意外事故种类较多，比较常见的有突发疾病、运动损伤、交通事故、摔伤、烧(烫)伤、溺水、触电等。

(二)意外事故的紧急处置

当意外事故发生后，第一时间的紧急处置非常重要，直接关系到伤者的救治以及事故原因的确认，应当做到以下几点：

1. 即时报告，请求支援

当意外事故发生后，当事人或者发现者必须立刻报告，请求专业支援。应视事故严重程度，选择拨打“119”火警电话、“120”急救电话以及“110”报警电话，或者通知当事人所属院（系）值班老师、学校保卫部门以及校医院。

应简明扼要地说清现场详细区域和地址、联系人、伤者的年龄、性别、姓名、简单的事发过程和伤者现状，以便对方能选择最简捷的路线前往，同时做好更充分的准备，配备必要的工具物品。

若事发现场较偏僻，则应派人到附近路口迎候，以减少寻找时间。

2. 紧急救护，抢救伤者

紧急救护是指对短时间内威胁人体生命安全的意外灾害损伤和各种急症所采取的一种紧急的医疗措施。在现代生活中，紧急救护已经从医院逐渐延伸到事故现场。在人体及生命受到危害时，能否得到及时的救护对于伤病人员的生命和伤情的恢复有着至关重要的意义。医学实验证明，心源性猝死的现场心肺复苏抢救工作如能在 4 分钟内进行，存活率可达 43%；4～8 分钟则存活率仅为 27%；超过 8 分钟的，存活率几乎为零。

因此，在立即报告等待支援的同时，根据伤者的具体情况实施紧急救护是意外事故紧急处置工作中的重要内容。针对不同情况下伤者紧急救护的基本方法和知识，后面我们将一一介绍。

3. 沉着冷静，保护现场

保护现场是保证现场勘查工作顺利进行，取得客观准确材料的前提，也为准确地认定事故原因和责任创造有利条件。因此，意外事故发生后，应当保持沉着和冷静，在在场师生的帮助下对现场进行有效的保护：

（1）应设法寻找目击者，尽可能将他们的姓名、住址、电话记录下来，以备以后及时联系。

（2）在专业人员到场前严禁无关人员随意进入事发区域，尽量保持现场完整，有条件的可以用绳索将事故现场范围围起来，也可以就地取材，用粉笔、石子、砖头、树枝等物品替代绳索。

（3）凡与事故有关的物体、痕迹、状态，不得破坏。

（4）为抢救受伤害者需要移动现场某些物体时，应做好现场标志。

对于交通事故现场的保护，则还应特别注意：

第一，对肇事者进行看护。

第二，对车辆的行驶轨迹、刹车痕迹、轮胎的侧滑痕迹、散落物的中心区域等关键痕迹和物品采取有力的保护措施。

第三，收集、保护包括路上的障碍物或车辆等有关证据。

(三)紧急救护的基本方法

1. 前期处理

(1)实施快速营救(例如从水中或火场里把受伤者救出来)。

(2)把伤病者放到通风处，必要时进行口对口人工呼吸。

(3)控制严重失血，上止血带或压迫止血。

(4)为了安全起见，如无必要，不得移动伤病员，应使其处在最适于其身体状况或受伤的位置，不要让其起身或走动。

(5)设法用毛毯或被子盖住伤病员，避免受冻，如果天气寒冷或潮湿，要在伤病员身下垫些衣物或毛毯。

(6)医务人员到来之前，必须有人陪伴。

2. 呼吸停止的紧急救护

学生如果发生电击或其他事故致使呼吸已经停止的情况下，应当即时采取人工呼吸术这一紧急救护方式来实施抢救。人工呼吸术根据伤者情况不同，主要分为俯卧压背人工呼吸法、仰卧压胸人工呼吸法、仰卧牵臂人工呼吸法以及口对口呼吸法4种。下面着重介绍最常用、适用广、易操作的口对口呼吸法：

(1)如果伤病员口中有异物，要迅速用手指或用包着布的手指擦净。

(2)头向后仰，以便下腭朝上。

(3)推或拉腭部使其突出。

(4)救护者嘴张大并紧紧地对着伤病者的嘴，此时，掐住伤病者的鼻孔或用救护者的面颊堵住鼻孔，吹入空气直到略微遇阻。

(5)移开嘴，松开掐鼻子的手，救护者的头转向一侧，并注意听表明空气互换的空气反冲，反复努力吹。

3. 外伤出血的紧急救护

较大的血管损伤会导致较多出血量，轻则出现休克，重则会有生命危险，因此应当首先采取紧急止血措施，然后再进行紧急救护或者送往医院。下面介绍几种常见的紧急止血的方法：

(1)指压止血法。指压止血法是在动脉出血时的一种临时紧急止血方法，救护者根据动脉的分布情况，在出血动脉的上方(近心端)找到动脉血管，用手指、手掌或拳头用力将其压迫在骨头上，以切断血流，达到临时止血的目的。

(2)加压包扎止血法。有两种方法：一是敷料加压包扎止血，即将无菌纱布或洁净的毛巾、布料、手帕等遮盖在伤口处，然后用绷带或毛巾、布条适当加压固定，达到止血的目的，但是该方法不适用于有骨折或伤口内有异物存在的情况；二是屈肢加压屈关节，用绷带、布条或三角巾等缚紧固定好。该方法适用于无骨折的四肢部位的出血。

(3)止血带止血法。用橡皮或布条缠绕扎紧伤口上方肌肉多的部位，其松紧程度以摸不到远端动脉搏动、伤口止血为宜，过松无止血作用，过紧会影响血液循环，损害神经，造成肢体坏死。要在明显部位标明上止血带的时间，超过 2 小时者，每隔 1 小时放松 1～3 分钟，改为指压止血。此法适用于不能用加压止血的四肢大动脉出血。

止血带止血法如果不注意会引起远端肢体坏死、急性肾功能不全等并发症，因此应在医生指导下进行。

4. 骨折的紧急救护

骨折部位一般都有疼痛、肿胀、畸形、功能障碍等症状，一般分为闭合性骨折和开放性骨折两种情况，如骨折端刺破大血管时还有大出血。骨折或疑为骨折时，要包扎伤口，防治感染，避免移动伤者或伤肢，对伤肢应加以固定与承托(有出血者要先止血后固定)，使伤员在运送中不因搬运、颠簸而导致断骨刺伤血管、神经，免遭额外损伤，加重病情。

5. 头部外伤的紧急救护

首先检查头部外伤的程度，头部外伤轻者为脑震荡，一般无颅骨骨折，有轻度头痛头晕，即使有昏迷也不超过 30 分钟；重者颅骨骨折为脑挫伤、脑出血、昏迷不醒。查看伤者的神志、瞳孔、呼吸、脉搏等生命体征，心脏呼吸停止时进行心肺复苏，出血较多时采用加压包扎法。不做不必要的搬动和检查，保持呼吸道通畅。发现伤者鼻孔、耳朵流血或者淡红色液体，是脑脊液外漏的征象，病情危急，应该让伤者平卧，受伤侧向下，切不可堵塞耳鼻，以免引起颅内感染。如有脑组织从伤口脱出时，不能加压包扎。头部外伤中许多伤者需要做开颅手术来挽救生命，因此必须分秒必争，通知医院前来及时抢救。

6. 颈椎损伤的紧急救护

跌倒等意外伤害的发生可引起腰椎、胸椎、颈椎损伤，以后者最为严重。跌倒时头部着地可造成颈椎脱位、骨折，多伴有脊髓损伤，四肢瘫痪，因此，必须第一时间通知医院从速前来抢救。现场急救时，应让伤者就地平躺或将伤员放置在硬质木板上，颈部两侧填充沙袋，使颈椎处于稳定状态，保持颈椎与胸椎轴线一致，切勿过伸过屈或旋转。

7. 烧烫伤的紧急救护

(1)立即让伤员脱离伤源，离开烧(烫)环境，除去被燃、被热液浸透或化学物质污染的衣服，以及指环、手镯、皮带、皮靴等束缚性物品，如身上仍着火时，切勿乱跑，可浇水或跳入水中，或在地上滚动，或用浸湿后的棉被、大衣包裹，以便灭火。

(2)小面积的轻度烧(烫)伤的处置，可用流动的清洁水或冷开水、盐水冲洗伤口处以降温，然后涂上植物油或蜂蜜或鸡蛋清或凡士林，以保护创面，防止起泡和感染；已起泡者切勿穿(擦)破，已破者可涂上抗生素软膏，暴露创面，保持干爽。

(3)强酸强碱烧伤可用清水反复冲洗伤处，强酸烧伤可用小苏打水等碱性溶液冲洗，以中和余酸；强碱烧伤可用稀盐酸或食醋冲洗，以中和余碱，然后包扎伤处；误服强酸强碱时，不得催吐、洗胃，可服相应的中和溶液、牛奶、蛋白清、植物油等流汁，以保护食管和胃黏膜。

(4)一般烧(烫)伤病人，尤其是化学烧伤的病人，应尽快送医院紧急处理。

8. 溺水的紧急救护

溺水又称淹溺，常因失足落水或者游泳中发生意外所致。溺水的进程很快，一般5~6分钟就可因呼吸停止而死亡，必须积极及时进行抢救。

(1)应当将溺水者腹部置于高于地面的硬物(如木凳、石块)上，背部朝上，头足下垂，不时颠簸或压背抬胸，以倾出呼吸道的积水，或将其仰卧于地，头置于侧位，以便于水可以从口中流出。

(2)立即清除口鼻内的污泥、呕吐物，保持呼吸道畅通。

(3)出现呼吸停止时，应立即进行口对口人工呼吸。

(4)经心肺复苏，伤者恢复心跳呼吸后，可用干毛巾擦遍全身，由四肢、躯干向心脏方向摩擦，以促进血液循环。

9. 触电的紧急救护

心室纤颤是触电死亡的主要原因，当电流量接触身体达到18~22毫安(MA)时，会引起呼吸肌不能随意收缩，致使呼吸停止，产生严重窒息。触电电源与皮肤接触的部位主要表现为烧伤。此外，由于触电时肢体肌肉强烈收缩，还可发生骨折或关节脱位，电击伤也可引起内脏损伤或破裂。

(1)迅速切断电源，在此之前不能触摸受伤者，否则会造成更多的人触电，如果一时不能切断电源，救助者应穿上胶鞋或站在干的木凳上，双手戴上厚的塑胶手套，用干的木棍、竹竿等不导电的物体，挑开受伤者身上的电线，尽快将受伤者与电源隔离。

(2)对触电者的急救应分秒必争，若发现心跳呼吸已停止，应立即进行口对口人工呼吸和胸外心脏按压等复苏措施，除少数确实已证明被电死者外，一般抢救维持时间不得少于60~90分钟，如果抢救者体力不支，可轮换人操作，直到使触电者恢复呼吸心跳，或确诊已无生还希望时为止。

(3)应一面进行抢救，一面紧急联系把病人送就近医院做进一步治疗，在转送医院的途中，抢救工作不能中断。

第二节 反对恐怖活动

随着恐怖主义的日益猖獗，恐怖活动对国际社会的冲击明显加剧，已成为影响地区和世界安全的一个新的不稳定因素，尤其是“9·11”事件的发生给世界各国敲响了警钟：现代恐怖主义无处不在，无时不有。伴随科学技术突飞猛进的发展，其手法、策划乃至活动地域都大大超越了传统意义上的恐怖活动模式，方式也日益翻新。恐怖活动除劫机、爆炸、绑架、劫持人质、劫船、劫车、暗杀、袭击等传统模式外，新型恐怖活动如金融恐怖、网络恐怖、生化恐怖、大规模杀伤性武器的恐怖悄然兴起，并改变与扩大着恐怖活动的内涵和外延，对世界、国家、人民以及对整个社会所带来的危害广泛而深刻，是普通恐怖活动所无法比拟的。

一、恐怖活动的界定、性质及其特点

恐怖主义在不同的历史时期扮演了不同的角色，由于价值观和观察角度的不同，使得各国政府和学者对此问题有着不同的回答，恐怖主义的不断发展也改变着传统恐怖主义的内涵。以“基地”组织为典型代表，20世纪90年代以来，恐怖主义活动进入了新的发展阶段。

与传统恐怖主义活动相比，新型恐怖主义活动更加血腥和具有致命性，其动机更加多元化，行动范围更具跨国性。新型恐怖主义活动在很大程度上是全球化的产物，它在今天更多地扮演了破坏者的角色。

(一)恐怖活动的界定

1. 恐怖活动的概念

根据《中华人民共和国反恐怖主义法》第三条规定：恐怖主义是指通过暴力、破坏、恐吓等手段，制造社会恐慌、危害公共安全、侵犯人身财产，或者胁迫国家机关、国际组织，以实现其政治、意识形态等目的的主张和行为。

2. 国际社会的反响

虽然不少国家拥有相对完善的反恐怖立法，但基本上都是根据各自国内具体情况而制定的更多反映本国利益的相关立法。从所涉及的反恐怖内容到所认定的恐怖组织来看，除对一些公认的恐怖活动和组织"英雄所见略同"外，几乎所有国家都有自己特殊的解释或黑名单。如在1000多个大大小小的恐怖组织中，美国最新列出的只有27个；英国2000年《反恐怖法》认定的有21个；印度2001年《反恐怖法》列出的是23个。当然其中有交叉，如"基地组织"等，但大部分是不相同的。美国国务院在每年发表的《国际恐怖主义年度报告》中明确指出，美国只把对其国民及国家安全利益构成威胁的暴力活动组织界定为恐怖组织。英国界定的恐怖组织大多为国内极右暴力组织。印度则是把许多因宗教及克什米尔问题引发的暴力活动组织列为恐怖组织。

由此可见，各国在如何界定恐怖主义、什么是恐怖组织等方面仍存在一定的差异，且各国所面临的恐怖活动的威胁程度不同，因而在确立相应法规、采取相应措施以及防范和打击恐怖活动的侧重点等方面都不尽相同。

国际上对恐怖主义的禁止可以追溯到1937年。1934年10月，法国外交部长巴都和南斯拉夫国王亚历山大一世在马赛被纳粹匪徒暗杀后，法国政府向国际联盟行政院建议缔结反恐怖主义公约。1937年11月16日，在国际联盟的主持下，27个国家的代表在日内瓦签署了《防止和惩治恐怖主义公约》。由于第二次世界大战的爆发，该公约未能生效。战后，特别是20世纪70年代以来，国际上针对猖獗的恐怖主义活动，先后签订了一系列国际公约，主要有1970年的《海牙公约》、1971年的《蒙特利尔公约》、1973年的《关于防止和惩处侵害应受国际公约保护人员包括外交代表的罪行的公约》、1979年的《反对劫持人质国际公约》和1996年联合国制定的《打击国际恐怖主义的措施》等。同时某些区域性制裁恐怖主义的公约也先后签订，主要有1971年2月2日的《美洲国家组织关于防止和惩处恐怖主义公约》、1976年11月10日的《欧洲制止恐怖主义公约》。

(二)恐怖活动的性质

从根本上看，恐怖活动具有以下性质：

1. 反政府的性质

恐怖活动一般带有强烈的政治色彩，恐怖活动的实施者是往往要推翻现政权或建立自己的国家。

2. 反社会的性质

恐怖活动通过威胁公共安全达到影响或反对一些具体社会政策，借以发泄对社会的不满与敌视情绪。

3. 反人类的性质

新型恐怖主义活动更倾向于滥杀无辜，“要更多人看，也要更多人死”成为恐怖活动实施者的行动指南，违反了人类普遍的价值观。恐怖活动指向的客体是侵害了公共安全，即不特定的多数人的生命安全、健康或重大公私财产的安全。恐怖组织是以实施恐怖活动为目的的犯罪组织，因而恐怖活动对社会公共安全构成了极大的威胁，具有极大的社会危害性和危险性。

（三）恐怖活动的特点

第一，恐怖活动涉及暴力使用或暴力威胁性。暴力性是恐怖活动最本质的特征，恐怖组织策划的恐怖活动更注重暴力事件产生的社会影响。

第二，恐怖活动具有政治目的性。

第三，恐怖活动的暴力具有不可预测性。有组织的恐怖活动具有一定的隐蔽性，因此事先往往难以预料。

第四，恐怖活动的受害者具有象征性价值。恐怖活动的袭击对象不完全是随意挑选的，这些目标之所以被选中，是因为他们的身份、他们所在的地点、他们的活动，象征着恐怖组织想要打击的目标。

第五，恐怖活动的实施者希望引起公众的注意。恐怖活动不仅仅是为了恐吓或杀害直接受害人，其重要的意图在于影响更大范围的人群。

（四）恐怖组织的特点

1. 集团性

实施恐怖活动的主体必须是 3 人以上，实践中恐怖组织的人员少则几十人，多则几百人，上千人，规模大小不等。

2. 严密性

实施恐怖活动的组织成员固定且内部存在着领导与被领导的关系，有组织者、领导者、积极参与者，还有一般成员，各司其职，等级森严，纪律严密，有一套成文或不成文的“律规”。

3. 稳定性

恐怖组织自建立以后，在较长时间内反复多次进行恐怖活动，其实施一次恐怖活动后，恐怖组织不是被解散了，而是继续存在，继续实施新的恐怖活动。

4. 极大的社会危害性和危险性

实施恐怖活动的组织为了达到某个政治目的，往往不惜一切代价通过传统或非传统的暴力手段造成巨大的人员伤亡和财产损失，造成社会恐慌，从而严重冲击国家安全和社会稳定，甚至严重影响世界政治、经济和安全局势，因此具有其他犯罪活动无法比拟的社会危害性和危险性。

二、恐怖活动对大学生安全的威胁

由于国际恐怖主义在亚洲日益渗透，在我国也已出现了带恐怖组织性质的犯罪。我国虽然是一个稳定国家，但同样面临恐怖主义的现实威胁。

(一)中国面临的恐怖主义威胁

目前中国面临的恐怖主义威胁主要来自两个方面：

1. “东突”恐怖主义威胁

从20世纪90年代以来，我国在国内面临的恐怖威胁主要是“东突”恐怖主义势力，该势力是在新疆境内外地区以恐怖主义、分裂主义和极端主义为手法的一股势力。“东突”恐怖主义势力，以实现建立所谓“东突厥斯坦国”为目的。至21世纪初，在中国境内策划、组织了一系列爆炸、暗杀、纵火、投毒、袭击等恐怖暴力事件，造成包括维吾尔族在内的无辜群众、基层干部和宗教人士伤亡，严重危害了中国各族人民群众的生命财产安全和社会稳定，并对有关国家、地区的安全与稳定构成了威胁。

2. 国际恐怖势力威胁

国际恐怖势力对中国的威胁也是现实存在的，主要表现为一些国际恐怖组织和恐怖分子直接在海外针对中国的利益进行攻击，比如2005年在巴基斯坦和阿富汗就发生过恐怖分子袭击中国工程和技术人员的事件。国际恐怖主义的活动使我国的战略目标和战略利益受到威胁。

(二)高校等“软目标”正成为恐怖活动的袭击目标

第一，恐怖袭击的具体目标由攻击政府或军事设施等“硬目标”转向防范薄弱的公共场所等“软目标”。

“9·11”后，以美国为首的国际社会一方面加强了联合军事打击，另一方面建立反恐全球情报网络，加强了政府部门等要害部门的防卫。国际恐怖主义组织在高压态势下，当然避实就虚，出其不意地制造骇人听闻的恐怖事件。2004年发生在俄罗斯北奥塞梯共和国别斯兰市第一中学的武装劫持人质案件，造成包括172名儿童在内的331人死亡，700多人受伤。别斯兰人质事件是典型的恐怖主义严重犯罪行为，表明学校易受袭击的脆弱性，同时反映此类恐怖事件所产生的独一无二的轰动效应开始成为恐怖组织和一些其他严重刑事犯罪分子所青睐的袭击目标。由于高校校园是向公众开放的场所，众多的学生和教师都密集在校园这个小范围地区内，很容易遭受恐怖分子的袭击。如果大学校园遭到袭击，那将是一场损失惨重和影响深远的灾难。

第二，高校等公共场所正成为恐怖活动的袭击目标。

进入20世纪90年代，在极端主义、分裂主义和国际恐怖主义的影响下，境内外部分“东突”势力转向以恐怖暴力为主要手段的分裂破坏活动。一些“东突”组织公开宣扬要通过恐怖暴力手段达到分裂国家的目的。“东突”三股势力一方面鼓吹民族分裂主义，另一方面积极从事恐怖活动，在中亚、南亚地区比较活跃，宣传宗教仇恨思想，鼓吹“圣战”，公开号召中国境内的极端分子通过爆炸、投毒等手段，针对幼儿园、学校、政府等目标制造恐怖事件或袭击中国武装力量和政府部门。

三、我国恐怖活动的应对

为了防范和惩治恐怖活动，加强反恐怖主义工作，维护国家安全、公共安全和人民生命财产安全，根据宪法制定《中华人民共和国反恐怖主义法》，并在2015年12月27日发布，2016年1月1日起施行。有利于进一步打击恐怖组织的组织者、领导者，有利于打击恐怖活动，同时作为联合国1999年通过的《制止向恐怖主义提供资助的国际公约》的缔约国，我国切实承担起了惩处向恐怖主义提供资助的犯罪行为的国际义务。

（一）恐怖活动的形式

根据《中华人民共和国反恐怖主义法》第三条规定恐怖主义活动主要有以下内容。

（1）组织、策划、准备实施、实施造成或者意图造成人员伤亡、重大财产损失、公共设施损坏、社会秩序混乱等严重社会危害的活动的。

（2）宣扬恐怖主义，煽动实施恐怖活动，或者非法持有宣扬恐怖主义的物品，强制他人在公共场所穿戴宣扬恐怖主义的服饰、标志的。

（3）组织、领导、参加恐怖活动组织的。

（4）为恐怖活动组织、恐怖活动人员、实施恐怖活动或者恐怖活动培训提供信息、资金、物资、劳务、技术、场所等支持、协助、便利的。

（5）其他恐怖活动。

(二)高校的反恐怖工作

1. 指导思想

以习近平新时代中国特色社会主义思想为指导，全面贯彻党的十九大会议精神，重点落实习近平总书记有关反恐怖工作的重要指示精神，深入践行总体国家安全观，坚决防止暴恐活动在高校校园打响炸响为总体目标，准确把握恐怖活动的政治属性，积极应对暴恐极端思想的传播变化和特点，结合高校实际，着力健全工作体系，着力加强能力建设，着力强化责任落实，在反恐怖工作上持续发力，努力创造安全稳定的校园环境。

2. 因材施教

围绕立德树人，发挥高校正面宣传教育的优势，面向全校师生，开展反恐防恐教育引导工作，增强防范意识，夯实思想根基，提高全体师生的“免疫力”。

(1)对普通师生员工，全面加强反恐安全教育，高校要组织学习《公民防范恐怖袭击手册》，做到“三能三会”(即能发现、会举报；能避险、会自救；能识别、会自救)。

(2)对少数民族学生，重点开展民族团结教育、宗教政策和法制宣传教育，筑牢各民族学生反分裂思想和反宗教极端思想防线，抵御“三股势力”的拉拢渗透。

(3)对港澳台学生，重点抓好国情教育，培养他们对“和平统一、一国两制”基本方针的理性认识，筑牢文化认同、民族认同和国家认同的思想根基。

(4)对外籍留学生，重点搭建文化互联互通的平台，培养知华友华爱华人士，增强中国文化吸引力，建立“为我发声”的国际朋友圈。

3. 建立和完善各类应急体系

(1)建立教育引导体系，抵御极端思想渗透。进一步推进师生安全教育常态化，营造人人参与的安全氛围。针对高校普通师生员工、少数民族学生、港澳台学生以及外籍留学生，采取不同方式的教育引导工作。

(2)完善校园防恐体系，提升反恐防暴能力。加强校内巡防力量，建立由保卫干部、保安员、兼职保安员和退役大学生组成的校园保安队伍。加强重点部位技术防范，积极配合校园安防系统智能化建设，提升实验室、危化品储存点等重点部位的防护等级。

(3)建立应急处突体系，确保第一时间响应。进一步推进应急预案管理系统化，完善突发事件处置机制。

4. 建立评价辨查体系，分级分类精准管理

（1）坚持评价与管理结合。建立“留学生网格化涉恐分级筛查评价系统”，平时由汉语教师、宿舍管理员、留学生工作人员、留学生辅导员进行观测，每月由留学生办公室进行综合评价，确定“高中低”风险等级，对“高”风险学生建立“一人一策”台账。

（2）坚持助人与育人结合。根据教育部及省、市教育厅（局）统一工作安排，重点帮扶新疆籍少数民族学生。对从事非法宗教活动的学生加强教育引导，落实稳控措施，防止走向极端。

第三节　突发公共安全事件的应急机制

一、突发公共安全事件的界定和特征

（一）突发公共安全事件的界定

突发公共安全事件是指突然发生，造成或者可能造成重大人员伤亡、重大财产损失和重大社会影响，并进而对国家安全、社会稳定、国家政权有较大影响的突发公共安全事件或状态。突发公共安全事件大多具有危机的特质，或者说具有向危机事件转化的潜质。因此，在一定意义上突发公共安全事件也称公共安全危机事件。校园内发生的突发公共安全事件一般指发生突然，成因复杂，并有可能对校园的安全构成或者可能构成重大危害，乃至可能造成重大人员伤亡、重大财产损失和重大社会影响，并对社会稳定和国家安全产生重大影响的事件或状态。

根据国务院《国家突发公共安全事件总体应急预案》的定义，突发公共安全事件主要分为自然灾害、事故灾难、公共卫生事件，社会安全事件等几类：

（1）自然灾害。主要包括水旱灾害，气象灾害，地震灾害，地质灾害，海洋灾害，生物灾害，森林草原火灾，以及由此引发的各类次生灾害。

（2）事故灾难。主要包括火灾，化学危险品事故，交通运输事故，公共设施和设备事故，环境污染和生态破坏事件等。

（3）公共卫生事件。主要包括传染病疫情，群体性不明原因疾病，食品安全和职业危害，动物疫情以及其他严重影响公众健康和生命安全的事件。

（4）社会安全事故。主要包括各类非法集会、游行、示威、请愿及集体罢餐、罢课、上访、聚众闹事等群体性事件；各类非法传教活动、政治性活动；

各类恐怖袭击；重大治安、刑事案件；师生非正常死亡、失踪等可能引发影响校园和社会稳定的事件。

如按照其性质、严重程度、可控性和影响范围等因素可分为4级：

特别重大的突发公共安全事件是I级，用红色表示。

重大的突发公共安全事件是II级，用橙色表示。

较大的突发公共安全事件是III级，用黄色表示。

一般的突发公共安全事件是IV级，用蓝色表示。

(二)突发公共安全事件的特征

现实生活中，突发公共安全事件危机的形态各异，变化诡谲多变，但大多具有爆发突然、起因复杂、进程迅速、危害严重、影响广泛的特点，且相互交织，一旦处置不当可能会产生连锁反应。一般有以下几个共同特征：

1. 突发性

突发公共安全事件虽然是由一系列细小事件逐渐发展而来的，有一个量变到质变发展的轨迹，但事件爆发的时间、规模、态势和影响深度，却经常出乎人们的意料之外，即事件发生突如其来，进程较快，一旦爆发，其破坏性的能量就会被迅速释放，并呈快速蔓延之势，而且事件大多演变迅速，解决问题的机会稍纵即逝，如果不能及时采取应对措施，将会造成更大的危害和损失。

2. 公共性

突发公共安全事件所产生的影响和涉及的主体具有公共性，或者尽管突发公共安全事件的直接涉及范围不一定是在普遍的公众领域，但因为迅速传播引起了公众的关注，成为公共热点并造成公共损失、公众心理恐慌和社会秩序混乱。也就是说，虽然突发公共安全事件可能源于他人、他地，但在一个开放的、动态的、回应的社会系统内部，来自感知的强刺激使得公众身心紧张，对事态严重关注，从而促使政府必须要通过调动相当的公共资源，进行有序的公共组织协调才能妥善予以解决。如美国发生的炭疽菌攻击，实际发生案例并不多，但造成的影响和恐慌却是全国性的。又如国内的非典(SARS)和新型冠状病毒疫情爆发，对包括高校在内的整个社会均造成了前所未有的重大影响。

3. 不确定性

不确定性表现在突发公共安全事件的原因、变化方向、影响因素、后果等各方面都无规律，变化无常，有可能是在一定区域，也可能是起因在校内或校外，难以准确预测和把握。危机的不确定性和人类理性的有限性使得人们在事件面前往往无所适从，更增强了恐慌感并扩大不安全感。

4. 多样性

多样性也称事件的独特性。突发公共安全事件的发生发展具有不同的情景，在表现形式上各有特色，事件的独特性导致难以照章办事。突发公共安全事件的分类有近百种之多，而且同样的事件发生的时间、地点、原因及变化的趋势又各不相同和千变万化。

5. 危害性

不论什么性质和规模的突发公共安全事件，必然不同程度地给社会造成破坏、混乱和恐慌，而且由于决策的时间以及信息有限，容易导致决策失误，造成无可估量的损失和社会危害。而且危机往往具有连带效应，可能引发次生或衍生事故，导致更大的损失和危机。在高校领域，任何一个突发公共安全事件，都有可能把潜在的各种社会矛盾引爆，并威胁整个社会的稳定。

二、校园突发公共安全事件应急预案的制定

(一)应急预案

应急预案是指人们为了应对自然灾害、重特大事故、环境公害以及人为破坏的各类突发公共安全事件，预先制定应急管理、指挥、救援计划等，一旦发生突发公共安全事件，即予以启动各项预先设置的应急措施，从而最大限度地减少灾害的发生。

目前，我国国家层面的突发公共安全事件应急预案编制工作已基本建成，全国应急预案框架体系初步建立，作为法律支撑的突发事件与紧急状态处置等相关法规也已颁布实施。全国高校系统自2005年起根据教育管理部门的要求，相继制定了各项突发公共安全事件处置预案，并在近两年发生的各种重大校园突发事件中发挥了积极作用，相关学校在实际工作中已初步形成了有效的危机管理机制。根据国务院关于“建立健全各种预警和应急机制，提高政府应对突发事件和风险的能力”的要求，制定、修订突发公共安全事件应急预案成为加强应急机制建设的重要组成部分和基础性工作。

(二)应急预案的指导思想和制定原则

(1)坚持以习近平新时代中国特色社会主义思想为指导，落实总体国家安全观。

(2)以人为本，健全机制。

(3)依靠科学，依法规范。

(4)统一领导，分级响应。

(5)加强协调，快速处置。

(6)平战结合，资源整合。

(三)制订应急预案的范围

校园被人们称为社会状态的“晴雨表”，无论从横向的世界性角度来看，还是从纵向的历史角度来看，实现校园的稳定，是确保社会稳定的重要方面。当前，处于社会转型时期的高校，面临着来自社会因素、学生自身因素和国际因素等三大方面的挑战，这些挑战影响着高校的安定，是诱发校园突发公共安全事件的重要因素。

一般来说，为应对可能出现的校园突发公共安全事件，下列几种情形应当制订工作预案：

(1)群体性上访，围堵、冲击学校，干扰正常工作、生活秩序的事件。

(2)重大的刑事案件，严重暴力犯罪案件。

(3)集体中毒、火灾、溺水、交通事故、建筑物倒塌、化学危险物品泄漏等造成人员伤亡或环境污染的重大事故。

(4)自然灾害造成人员伤亡的紧急事件。

(5)散布错误言论、进行“法轮功”等邪教宣传、窃取国家机密等严重危害国家安全的重大事件。

(6)敏感时期进行非法集会、游行、示威、静坐、抗议等群体性政治事件。

(7)各类非法传教活动、政治性活动引发的群体性不安定因素。

(8)师生非正常死亡、失踪等可能引发影响校园和社会稳定的事件。

(9)其他重大安全事故。

(四)应急预案中的组织指挥体系建设

1. 应急指挥体系

在学校党委的领导下，学校成立预防和处置紧急突发事件工作领导小组(或指挥中心)，按照学校党委书记是稳定工作的第一责任人、校长是安全工作的第一责任人的原则，校党委书记、校长担任组长或总指挥，分管机关、学生、保卫、后勤等相关的副书记、副校长，分别担任处置突发公共安全事件领导小组(或指挥中心)的副组长，学校的党委办公室、校长办公室、学生工作部(处)、保卫部(处)、研究生部、人事处、工会、宣传部、后勤集团等部门主要负责人为突发公共安全事件处置领导小组(或指挥中心)的成员。

领导小组(或指挥中心)的职能是：

(1)发生安全事故时，由领导小组发布应急命令。

(2)组织指挥安全事故救援及善后处理工作。

(3)及时向上级有关部门汇报和向有关单位通报事故情况。

(4)配合有关部门开展事故调查，在调查取证基础上写出书面材料。

(5)必要时向上级及有关方面请求紧急援助。

(6)代表学校对事故进行法律申诉和应诉的职能。

2. 分级响应的组织架构

领导小组(或指挥中心)下设：

(1)信息联络组(由学校校长办公室、宣传部负责)：担负学校安全事故处理领导小组的通信联络工作，安排值班人员，保证信息通畅；随时了解事件动态并向上级部门汇报，同时负责新闻单位的接待，保证公务用车。

(2)现场指挥组(由保卫、学生、相关处室及相关学院领导组成)：及时向领导小组组长报告事故现场的态势及救援情况，提出处理意见，执行组长的决策、指令、命令，指挥现场处置；抢救伤员，采取应急措施控制事故险情蔓延；合理调配现场工作人员及救护装备物资，指挥现场救护；学生处要调动各学院学生工作干部深入学生中间，及时了解学生动态，做好学生的思想工作和稳定工作。

(3)现场警戒维护组(由保卫部门负责)：突发公共安全事件发生后，保卫处迅速组织有关人员进入现场，做好现场保护工作和疏散周围群众的工作，并配合公安及政府相关部门做好事故调查工作。

(4)紧急抢险救灾组(由后勤、保卫、学工等部门组成)。发生突发公共安全事件后，紧急抢险救灾组迅速集结并开赴现场，投入抢险救灾活动或协助有关部门共同做好维护校园稳定的各项工作。

(5)医疗抢救组(由校医院负责)：突发事件发生后，校医院要迅速组织医护人员准备好抢救器械、药品、救护车等，迅速赶到现场对受伤师生员工进行救援。

(6)善后处理组(由保卫、学工、财务、校医院、校工会、人事、学校法律顾问及学生教职员工所在部门领导组成)：人事处、工会、学院要做好学生、职工及其相关人员的劝解、安抚、慰问工作和善后事宜的接待、学生职工的稳定工作，消除不稳定因素；保卫处、学工处、人事处、工会组织协调相关部门，做好安全事故的善后处理工作。

(7)后勤保障组(由后勤集团、财务等部门组成)：按照处置突发公共安全事件的类型及时预先储备抗灾、抢险的防毒、防传染、救生等防护用具，以及药物、食品、设备、工具等物资，在重大突发事件爆发时，以应燃眉之急所需。

3. 相关部门的工作职责

(1)校长办公室：经常与校内各院(部)、各部门保持密切联系，注意收集相关信息，发生紧急突发事件后，完成领导小组交办的工作，及时了解事件动态，随时向上级有关部门汇报情况，同时协调校内各有关部门，齐心协力处理紧急突发公共安全事件。

(2)学工部(处)、团委、研究生部：深入各院(部)学生基层，随时了解学生的思想动态。若发生突发紧急事件，及时到现场进行疏导和劝阻，发现异常情况，及时向领导小组报告。

(3)保卫部(处)：密切注意校园公共部位、敏感区域及各学生宿舍区等公共场所内外的一切动向，落实好校园昼夜巡逻、加强重点部位监控。发生紧急突发事件后，立即组织力量赶赴事故现场先期处置并尽力控制事态发展，同时向领导小组及公安机关、安全部门汇报事件情况。

(4)宣传部：及时了解掌握教职工的思想动态，做好舆论引导；发生紧急突发事件后，负责学校广播电视、网络的安全工作及事件的对外报道和解释工作。

(5)后勤集团：做好后勤服务工作，保证水、电、餐饮服务的安全运行和正常供给；发生紧急突发事件后，确保事故处理所需的物资供应及有关物资的提供。

三、应急预案的演练

应急预案的演练是检验、评价和保持应急能力的一个重要手段，其重要作用突出体现在：可在危机事故真正发生前暴露预案和程序的缺陷，发现应急资源的不足(包括人力和设备等)，改善各应急部门、机构、人员之间的协调，增强公众应对突发重大事故救援的信心和应急意识，提高应急人员的熟练程度和技术水平，进一步明确各自的岗位与职责，提高各级预案之间的协调性，提高整体应急反应能力。在校园内部，可以有针对性地选择与师生密切相关的突发公共安全事件预案进行演练，如突发公共卫生事件、重大火灾处置等，让他们通过参与各类突发公共安全事件的演练，提高师生预防各类突发事件的应对能力，增强师生面对突如其来的灾害或事故时保持平稳的心理状态。

(一)演练的类型

可采用不同规模的应急演练方法对应急预案的完整性和周密性进行评估，如桌面演练、功能演练和全面演练等。

1. 桌面演练

这是指由应急组织的代表或关键岗位人员参加的，按照应急预案及其标准工作程序，讨论紧急情况时应采取行动的演练活动。桌面演练的特点是对演练情景进行口头演练，一般是在会议室内举行。其主要目的是锻炼参演人员解决问题的能力，以及解决应急组织相互协作和职责划分的问题。桌面演练方法成本较低，主要为功能演练和全面演练做准备。

2. 功能演练

这是指针对某项应急响应功能或其中某些应急响应行动举行的演练活动，主要目的是针对应急响应功能，检验应急人员以及应急体系的策划和响应能力。例如，指挥和控制功能的演练，其目的是检测、评价多个政府部门在紧急状态下实现集权式的运行和响应能力，演练地点主要集中在若干个应急指挥中心或现场指挥部，并开展有限的现场活动，调用有限的外部资源。功能演练比桌面演练规模要大，需动员更多的应急人员和机构，因而协调工作的难度也随着更多组织的参与而加大。

3. 全面演练

这是指针对应急预案中全部或大部分应急响应功能，检验、评价应急组织应急运行能力的演练活动。全面演练一般要求持续几个小时，采取交互式方式进行，演练过程要求尽量真实，调用更多的应急人员和资源，并开展人员、设备及其他资源的实战性演练，以检验相互协调的应急响应能力。与功能演练类似，演练完成后，除采取口头评论、书面汇报外，还应提交正式的书面报告。

无论选择何种演练方法，应急演练方案必须与本地区、本单位可能出现的突发公共安全事件类型和资源条件相匹配。

(二)演练结果的评价

应急演练结束后，应对演练的效果做出评价，并提交演练报告，详细说明演练过程中发现的问题。按照对应急救援工作及时有效性的影响程度，对演练过程中发现的问题进行整改。

(三)突发公共安全事件的处置要求

(1)领导要靠前指挥。不论发生群体性事件还是突发公共安全事件，学校领导必须迅速到达第一线，这样既能在第一时间掌握情况，又能形成现场的指挥中心。

(2)迅速查明情况。情况明，决心才能大，处置才能果断。学校有关领导和职能部门的负责人应迅速查明情况，及时向突发公共安全事件处置领导小组(或指挥中心)报告。

(3)果断处置。对发生的突发公共安全事件应及时启动应急预案，按照“早发现、早报告、早控制、早解决”的要求和“疏堵结合，以疏为主”的原则，迅速调动各种有利于化解突发公共安全事件的资源，在保护好现场的同时，果断实施人员和财产抢救，以减少损失，控制事态。

(4)依法处置。校内一切突发公共安全事件的应急工作，都要坚持严格按照有关法律、法规、规章的规定，依法采取措施果断处置，严防事态进一步扩大。同时，为了今后的善后处理有据可查，应及时在事件中做好取证工作，对各项决策做好记录。

(5)正确引导。在信息社会中，突发公共安全事件发生后，各种信息会通过各种渠道迅速传播，成为社会热点和境外媒体报道的焦点。因此，事件的真相在新闻处理上极为重要，稍一迟疑，就会错失良机造成被动局面，并可能造成危机进一步升级。

(6)加强请示报告。校园内发生的突发公共安全事件，有可能会向社会进一步蔓延，处理不当会演化成全局性的事件。因此，在事件发生的第一时间要将有关事件发生的原因、规模、预判及时向有关部门报告，以便于上级部门掌握情况，做出判断，发出指示，有利于事件迅速、果断地得到处置。

(7)做好善后工作。一是总结经验、教训，及时举一反三，对工作中的薄弱环节认真加以整改。二是进一步修改和完善应急预案，使之更加实用，便于操作。三是做好后期处置。对有违法嫌疑的师生要谨慎处理，避免反弹；对意外事故中受伤的人员要及时进行抚恤和补偿；对突发事件中遭受损坏的实施要及时进行修复。

第五章 消防安全

高等院校是社会的一个重要组成部分，是培养高级人才、开展科学研究的重要单位，同时也是高级人才和现代科研机构、设备比较集中的教学机构。良好的安全环境既是高校正常教学秩序、科研工作顺利进行的有力保证，也是确保学校和师生人身、财产安全的一个重要因素。在经济高速发展和现代高科技广泛运用的同时，作为高校安全的一个重要组成部分，消防安全工作也益发显现出其重要地位和作用，并得到了不断的发展。但是，在不断发展的背后，也存在着一些不容忽视的问题。如何正确地解决这些问题，做好高等院校消防安全工作，成了一个现实的课题。

第一节 高校消防工作形势特点

消防工作是人们同火灾作斗争的一项专门工作，它的任务是“预防火灾和减少火灾危害，保护公民人身、公共财产和公民财产的安全，维护公共安全，保障社会主义现代化建设顺利进行”。做好消防工作是国家建设的需要、人民安全的需要，是全体社会成员的共同责任，任何单位和个人都有维护消防安全和预防火灾的义务。高等院校有着人员多、精密仪器多、三级建筑多、图书珍贵标本多等特点，也存在着一些不容忽视的问题。因此加强消防安全管理工作是高校行政管理工作中的一项重要工作，是高校发展的重要组成部分，具有重要的意义。

一、消防的概念及工作方针

（一）消防的概念

我们现在讲的“消防”一词是从日本引进来的，在此之前，我们历史上一般将同火灾作斗争称为“火政”“火禁”“救火”等。20世纪初“消防”一词引进我国时，曾泛指“消灭和预防火灾、水灾”等灾害。随着社会的发展，火灾事故的日益突出，以及人们对消防的逐渐认识，一个完整的、独立的同火灾作斗争的体系逐渐形成。这样，人们就把专门同火灾作斗争称为“消防火灾”，才有了现在的“火灾消防”的特定含义，通常简称为“消防”。

（二）消防的工作方针

《消防法》第二条规定：“消防工作贯彻‘预防为主，防消结合’的方针。”这个方针科学、准确地表达了“防”和“消”的辩证关系，反映了人们同火灾作斗争的客观规律，也体现了我国消防工作的特色。

“预防为主，防消结合”，就是要把同火灾作斗争的两个基本手段——预防和扑救有机地结合起来。防火和灭火是一个问题的两个方面，是相辅相成、有机结合的整体。“防”中有“消”，“消”中有“防”；“防”为“消”创造条件，“消”为“防”提供补充。“防”可以减少火灾的发生，避免火灾的危害，而“消”则可以减少已发生火灾所造成的损失和伤亡。就整体而言，只重视某一方面而忽视另一方面，或者把两者对立起来，都是不利于同火灾作斗争的。只有全面地把握，正确地理解，认真地贯彻执行这个方针，才能把消防工作做好。

二、高校消防工作特点及存在问题

自党的十一届三中全会以来，我国的高等教育事业有了很大的发展，学校管理逐步得到加强。从消防管理方面来说，与别的单位和部门相比，高校的消防工作有着自己的特点。

（一）高校消防工作特点

1. 人员聚集，结构复杂

随着连年扩招，高校规模的不断扩大，高校最大的特点就是人员数量庞大、相对聚集。高校不仅教师多、专家学者多，学生更多，而且从院士到教师，从学生到民工，面临不同类型的人员。此外，不同时间段人员分布情况也不尽相同，上课的时间教学楼里人员多；开饭的时间饭厅里人员多；自习的时间图书馆、阅览室里人员多；就寝的时间学生宿舍里人员多。还有一点要指出，特别是近几年，随着高等教育事业的蓬勃发展、学校建设也迅速发展，在后勤服务、生产与值班保卫等工作上涌入校园务工的人员和建筑队的施工人员也明显增多。

2. 图书多，珍贵标本文物多

为了教学和科研的需要，高等院校藏有少则几十万、多则成百万、千万册图书；采集和珍藏大量的生物、化学、人体、考古、地质等方面的珍贵标本，这些图书和珍贵标本是高校自建校以来几代人辛勤劳动的珍品，这些珍贵图书、标本，为国家、为社会、为科技发展做出了巨大的贡献，使广大学生获得了丰厚的知识。保护好这些图书、标本是高校防火工作的重点。

3. 贵重仪器设备多

因教学和科研的需要，高校购置了各种价值昂贵的国内、外先进的精密仪器、设备，这些仪器、设备在培养学生的感性认识、动手能力和高尖端科学研究等方面发挥了重要的作用。若这些贵重仪器设备被烧毁，将给教学、科研造成重大损失。

4. 存在火灾隐患的三级建筑多

很多高校建校历史悠久、老式建筑多，不少都是国家级的文物建筑，有的是木制建筑，有的是三级闷顶建筑，由于当时的建筑设计标准和防火要求、配送电设备的技术标准和水平有限，现在已经远远不能适应日益增长的用电量的需要。因此无论在用电线路方面，还是在建筑物的使用性质方面均存在很大的火险隐患。这些文物建筑一旦发生火灾，造成的经济损失也是无价的。

(二)高校消防工作存在的问题

1. 安全措施不落实和违反实验操作规程的现象仍一定程度存在

开展各项科学研究需要大量的实验数据，也就离不开实验室工作，在实验室中有许多化学危险物和易燃易爆物品，还有一些性质不明的物料。另外，在一些常见的蒸馏、回流、萃取、电解等火灾危险性较大的作业操作中，用火用电一旦发生操作失误，就会引发火灾。

高等院校的实验室一般有两大危险因素：一是化学危险品多；二是电器设备多。有的学生在进行课题实验时，违反实验管理规定，擅自离开实验台，导致发生火灾。有的学校实验楼的化学实验虽然有管理制度和操作规程，但没有将其落到实处，化学实验操作未得到严格有效的监管。2018 年北京某高校一实验室在垃圾渗滤液污水处理实验过程中操作不当引发爆炸，过火面积约 60 平方米，事故导致 3 名参加实验的学生死亡。

2. 电器原因是引发电教中心和计算机中心等部位发生火灾的主要原因

电教中心和计算机中心等部位都有相同的特点，电器设备多，用电负荷高，电器线路布满整个中心，电器线路超负荷运行及短路现象随时都有可能发生。内部装修所用材料，大多是可燃材料，有的甚至有纤维、泡沫、布条等易燃材料作为隔音的填充材料，一旦因电器原因发生火灾，不仅火势蔓延迅速，而且会产生大量的有毒气体，直接威胁师生生命安全。

3. 老旧建筑耐火等级低，安全通道设计不合理

一些建设年代久远的学校建筑，布局不合理，耐火等级低，消防通道不畅，防火间距不足，防火分隔设施和消防设施缺乏。尤其是一些旧图书馆，由于采光度低，为了照明的需要，使用大功率的照明灯具。灯具离书架太近，一旦电器线路故障发生火灾，火势蔓延迅速，不仅会使很多珍贵资料化为灰烬，造成无法弥补的损失，而且还会危及人身安全。2017 年、2018 年，北京某高校两栋文物保护建筑发生火灾，损失严重。

4. 消防安全意识差，违反用火用电规定是学生公寓发生火灾的主要原因

随着经济的发展，许多学生配备了电脑、电风扇等电器设备，而一些老旧的学生宿舍楼配电设计远远不能满足现在的使用情况，学生们又不按照安全用电的有关规定，随意安接插座，拖拉电线，增加用电设备，超负荷用电现象严重。有的还在宿舍使用电水壶、吹风机、电磁炉、电油汀等危险性大的电器，有的甚至在楼内停放电动自行车并为其充电。这些都极易造成电气故障，引发火灾。2008 年上海某高校一学生宿舍楼发生火灾，4 名女生在消防队员赶到之前从 6 楼宿舍阳台跳楼逃生，不幸全部遇难。经查，起火原因为女生宿舍内使用的“热得快”引发电器故障并引燃周围 可燃物所致。

高校中有的学生抽烟现象严重，个别学生在公共场所不敢明目张胆地抽烟，而在宿舍中，则你一支我一支，抽完烟后随意乱扔，而他们不知烟头的内部温度高达几百度，一旦未熄灭而扔进废纸篓、垃圾桶等易燃物上面，很容易引起火灾。

5. 高校出租房屋消防管理混乱

随着经济的快速发展，越来越多的高校也走向市场或引入市场竞争机制，有的将部分房屋改建为商铺或饭店，出租给别人经营管理；有的将内部的食堂

承包出去，这些出租房和承包房的独立经营，使双方都片面追求经济效益，忽略了消防安全管理，导致大小火灾时有发生。

第二节 火灾的预防

2009 年至 2019 年十年间，全国共发生学校及学生宿舍火灾 13676 起，死亡 22 人、伤 40 人，直接经济损失约 6385 万元。其中，电气原因引发的占 47.3%，生活用火不慎引发的占 15.3%，吸烟引发的占 5.2%，放火引发的占 1.2%，自燃引发的占 1.5%，其他原因引发的占 25%，原因不明的占 4.5%。

一、火灾分类及等级

火灾依据物质燃烧特性，可划分为 A、B、C、D、E、F 六类。

A 类火灾：指固定物质火灾。这种物质往往具有有机物质的性质，一般在燃烧时产生灼热的余烬。如木材、煤、棉、毛、麻、纸张等火灾。

B 类火灾：指液体火灾和可熔化的固体物质火灾。如汽油、煤油、柴油、原油、甲醇、乙醇、沥青、石蜡等火灾。

C 类火灾：指气体火灾。如煤气、天然气、甲烷、乙烷、丙烷、氢气等火灾。

D 类火灾：指金属火灾。如钾、钠、镁、铝镁合金等火灾。

E 类火灾：指带电物体和精密仪器等物质的火灾。

F 类火灾：指烹饪器具内的烹饪物(如动植物油脂)火灾。

根据现行等级标准，火灾可划分为：特别重大火灾、重大火灾、较大火灾和一般火灾。

特别重大火灾：指造成 30 人以上死亡，或者 100 人以上重伤，或者一亿元以上直接财产损失的火灾。

重大火灾：指造成 10 人以上 30 人以下死亡，或者 50 人以上 100 人以下重伤，或者 5000 万元以上 1 亿元以下直接财产损失的火灾。

较大火灾：指造成 3 人以上 10 人以下死亡，或者 10 人以上 50 人以下重伤，或者 1000 万元以上 5000 万元以下直接财产损失的火灾。

一般火灾：指造成 3 人以下死亡，或者 10 人以下重伤，或者 1000 万元以下直接财产损失的火灾。(注：“以上”包括本数，“以下”不包括本数。)

二、火灾的预防

针对高校消防中的问题隐患，为了减少火灾损失，我们要加强火灾的预防工作：

(一)加强消防法规和防火知识宣传

新生入学时要进行安全教育、节假日也要集中学习，不同季节进行重点教育，使消防宣传做到经常化；组织职工观看火灾纪实、消防知识竞赛等多种形式的宣传活动，消防宣传内容多样化。通过宣传使师生员工充分认识火灾对学校发展、职工利益、人身安全造成的危害，吸取特别重大和重大火灾的惨痛教训，了解并掌握防火的有关知识。有条件的学校还可以将消防安全与其他如治安、交通等安全工作作为学生的一门必修课，重点对学生进行安全教育，使大学生牢固树立安全意识。同时对特殊岗位人员、外来打工人员要进行重点教育，持安全证上岗。

(二)加强消防管理，确定重点防火部位

针对高校人员多、精密仪器多、三级建筑多、图书珍贵标本多等特点，在消防安全管理工作中，首先应根据部位防火实际，如人员聚集，贵重物品集中，发生火灾影响大、损失大，火险隐患多等特点确定消防安全的重点部位，明确防火责任人，岗位、部位防火负责人，建立健全各项防火管理制度；其次是确保人员聚集场所安全出口畅通，安全标志明显，严禁堵塞、占用安全疏散通道；再次是加强易燃、易爆等危险品登记注册，加强危险品储存、使用等环节的管理工作；复次是对学校举办的集会、晚会等大型活动，必须报相关职能部门审批，做好应急预案工作，经检查合格方可举办；最后是配齐各部位的灭火设备，要求各类人员会使用、会灭火。

(三)开展安全检查，加大处罚力度

防火工作是一项经常性的工作，若想确保学校安全，在日常工作中，必须做到警钟长鸣，加强防火检查、巡视，通过检查，能够及时掌握高校各部位防火工作开展的情况，岗位人员用火、用电有无违章情况，安全出口疏散通道是否畅通，安全提示、消防器材是否完整好用，重点防火部位人员及制度执行情况等；通过检查，及时制止违章，及时发现隐患，及时进行整改，确实达到“防范胜于救灾”之目的。防火检查要遵循自检自查与学校及上级消防安全机

关检查相结合，普查与重点抽查相结合，注重检查实效，发现情况认真落实整改，对违规违法行为从重处罚。

(四)层层落实消防安全责任

“防火安全、人人有责”，高校消防工作不是某个人、某个部门的工作，它是每位教职工、学生应尽的责任与义务。要建立健全防火安全责任制，防火工作“谁主管、谁负责”，因为必须领导重视，从领导抓起，领导要有较高的防火意识和责任感，通过领导在落实防火责任制中的思想与行动上的表率作用来影响教职工和学生。要逐级签订防火安全责任书，实施防火责任分流，从校级领导、院系等中层单位到教研室、班级、班组等基层单位，做到横向到边、纵向到底，直至落实到房间、明确到个人。在落实防火责任制中要与建立完善的规章制度相适应，这就是说高校要建立健全各项规章制度，各院系、各部门都要认真落实，并根据实际情况制定本单位的操作规程和管理办法。

(五)加大经费投入，改善消防设施

消防设施和设备的配备率和完好率，是衡量高校消防安全工作开展好坏的一个重要标准。新科技的运用，群体相对的高度集中，消防意识的相对弱化和知识的相对缺乏，这就对高科技消防设施和装备提出了较高的要求。首先，作为高校管理部门，要及时对消防投入和整改所需资金进行核算，并针对隐患列出整改计划，将经费列入学校经费开支的总预算中，设立消防专项基金，不断改善消防装备条件，有计划地消除火灾隐患；其次，要广泛动员，爱护设施，要加强对消防设施、设备的管理和维护保养，建立专人专门的保管制度，改善消防器材的存放条件，确保使用寿命的延长。

第三节　火灾的扑救与自救

提高师生员工抗御火灾事故的能力，要求我们不仅要做好火灾的预防工作，而且要学会处置火灾事故的方法，比如火灾的报警，初期火灾的扑救，火场的逃生等，以最大限度地控制火灾事故的扩大，减少或降低火灾事故造成的危害。

一、火灾的报警

《消防法》第四十四条规定：“任何人发现火灾都应当立即报警”。消防工

作实践证明，报警晚是酿成火灾的重要原因之一，除自然灾害和易燃易爆危险品发生特殊火灾外，几乎所有大火都与报警晚有密切关系。

(一)报火警的方法

除装有自动报警系统的单位可以自动报警外，其他单位或个人可根据条件分别采取以下方法报警。

1. 向学校和周围的人群报警

(1)使用手动报警设备报警。如使用电话、警铃、汽笛、敲钟、手提警报器或其他平时约定的报警手段报警。

(2)派人或打电话到学校的保卫部门报警。

(3)派人或打电话向本单位的领导报警。

(4)使用有线广播报警。

(5)大声呼喊报警。

2. 向消防救援部门报警

(1)拨打“119”火警电话向消防救援部门报警。

(2)与消防救援部门有对讲(专线)电话的，要立即用专线电话报警。

(3)与消防救援部门有无线报警联网的及时用无线报警设备报警。

(4)没有电话且离消防救援部门较近时，可迅速到消防救援部门报警。

总之，方法要因地制宜，以最快的速度将火警报出去是最终目的。

3. 报火警的内容

在拨打火警电话向消防救援部门报火警时，必须讲清以下内容：(1)发生火灾单位或个人的详细地址；(2)起火物。要讲明起火物为何物，如液化石油气、汽油、化学试剂、棉花等，以便消防部门根据情况派出相应的灭火车辆及设备；(3)火势情况。如只见冒烟、有火光、火势猛烈、有多少间房屋着火、有无人员被困等；(4)报警人姓名及所用电话的号码，以便消防部门电话联系，了解火场情况。报警后，还应派人到路口接应消防车。

(二)谎报火警和阻拦报警的处罚

任何单位、个人都应当无偿为报警提供便利，不得阻拦报警。严禁谎报火警。每个地区所拥有的消防力量是有限的，因谎报火警而出动车辆，必然会削弱正常的值勤力量。如在这时某单位正好真的发生火灾，就会影响正常出动和扑救，以致造成不应有的损失。阻拦报火警，也会因延误报警时机，而造成火灾扩大。按照《消防法》第六十二条的相关规定，谎报和阻拦报火警是扰乱公共秩序、妨害公共安全的行为，视其情节要受到罚款或拘留的处罚。

二、灭火的基本方法

灭火的基本方法，就是根据起火物质燃烧的状态，为破坏燃烧必须具备的基本条件而采取的一些措施。具体有以下4种：

(一)冷却灭火法

冷却灭火法，就是将灭火剂直接喷洒在可燃物上，使可燃物的温度降低到燃点以下，从而使燃烧停止。用水扑灭火灾，其主要作用就是冷却灭火。一般物质起火，都可以用水来冷却灭火，如用清水灭火器及简易的水桶快速扑灭等。火场上，除用冷却灭火法直接灭火外，还经常使用水冷却尚未燃烧的可燃物质，防止其达到燃点而着火；也可用水冷却建筑构件、生产装置或容器等，以防止其受热变形而爆炸。

(二)隔离灭火法

隔离灭火法，就是将燃烧物体与附近的可燃物质隔离或疏散开，使燃烧停止。这种方法适用扑救各种固体、液体和气体火灾。

采取隔离灭火法的具体措施有：将火源附近的可燃、易燃、易爆和助燃物质，从燃烧区内转移到安全地点；关闭阀门，阻止气体、液体流入燃烧区；排除生产装置、设备容器内的可燃气体或液体；设法阻拦流散的易燃、可燃液体或扩散的可燃气体；拆除与火源相毗邻的易燃建筑结构，造成防止火势蔓延的空间地带；用水流封闭或用爆炸等方法扑救油气井喷火灾；采用泥土、黄沙筑堤等方法，阻止流淌的可燃液体流向燃烧点。

(三)窒息灭火法

窒息灭火法，就是阻止空气流动到燃烧区，或用不燃物质冲淡空气，使燃烧物质断绝氧气的助燃而熄灭。这种灭火方法适用于扑救一些封闭式的空间和生产设备装置的火灾。

在火场上运用窒息灭火法扑灭火灾时，可采用石棉布、浸湿的棉被、湿帆布等不燃或难燃材料，覆盖燃烧物或封闭孔洞；用水蒸气、惰性气体(如二氧化碳、氮气等)充入燃烧区域内；利用建筑物上原有的门、窗以及生产设备上的部件，封闭燃烧区，阻止新鲜空气进入。此外在无法采取其他扑救方法而条件又允许的情况下，可采用水或泡沫淹没(灌注)的方法进行扑救。

采取窒息灭火法扑救火灾，必须注意以下几个问题：

(1)燃烧的部位较小，容易堵塞封闭，在燃烧区域内没有氧化剂时，才能采用这种方法。

(2)采取用水淹没(灌注)的方法灭火时，必须考虑到火场物质被水浸泡后能否产生不良后果。

(3)采取窒息方法灭火后，必须在确认火已熄灭时，方可打开孔洞进行检查。严防因过早打开封闭的房间或生产装置的设备孔洞等，而使新鲜空气流入，造成复燃或爆炸。

(4)采取惰性气体灭火时，一定要将大量的惰性气体充入燃烧区，以迅速降低空气中的氧含量，窒息灭火。

(四)抑制灭火法

抑制灭火法，就是将化学灭火剂喷入燃烧区使之参与燃烧的化学反应，从而使燃烧反应停止。采用这种方法可使用的灭火剂有干粉和卤代烷灭火剂及替代产品。灭火时，一定要将足够数量的灭火剂准确地喷在燃烧区内，使灭火剂参与和阻断燃烧反应；否则将起不到抑制燃烧反应的作用，达不到灭火的目的。同时还要采取必要的冷却降温措施，以防止复燃。

采用哪种灭火方法实施灭火，应根据燃烧物质的性质、燃烧特点和火场的具体情况，以及消防技术装备的性能进行选择。有些火灾，往往需要同时使用几种灭火方法。这就要注意掌握灭火时机，搞好协同配合，充分发挥各种灭火剂的效能，迅速有效地扑灭火灾。

三、火场自救

一场大火降临，在众多被火围困的人员中，有的人生灵涂炭，命赴黄泉；有的人跳楼丧生或造成终身残疾；也有人化险为夷，死里逃生。这固然与起火时间、起火地点、火势大小、建筑物内消防设施等因素有关，但也与被火围困的人员在灾难降临时有没有逃生的本领有关。

火灾事故发生时，建筑物内的可燃物，特别是化学合成材料容易着火，燃烧过程中能产生大量的 CO、CO_2及其他有害气体，同时消耗空气中大量的氧气，严重危害人体，人员如果不及时疏散，势必造成中毒、窒息或烧伤致死。所以，发生火灾时，除参加扑救的人员外，其他人员都应该迅速撤离现场。如果被大火围困，特别是被围在楼上，应采取一切措施自救逃生。其主要方法有：

（一）熟悉环境，临危不乱

首先要了解和熟悉我们经常或临时所处建筑物的消防安全环境。对我们通常工作、学习或居住的建筑物，事先可制定较为详细的逃生计划，以及进行必要的逃生训练和演练。对确定的逃生出口、路线和方法，要让所有人员都熟悉掌握。可把确定的逃生出口和路线绘制成图，张贴在明显的位置，以便平时大家掌握，一旦发生火灾，则按逃生计划顺利逃出火场。当人们外出，走进商场、宾馆、酒楼、歌舞厅等公共场所时，要留心看一看疏散通道和安全出口，留意消防器材和救生器具的位置，以便遇到火灾时能及时疏散和灭火。只有警钟长鸣，养成习惯，才能处险不惊，临危不乱。

（二）扑灭小火，险而无灾

消灭火险，就是最好地保护自己。小火初起，在报警的同时，应奋力将小火控制、扑灭。如电器起火先切断电源，燃气设施起火及时关闭阀门，办公室设施起火马上用灭火器扑救，等等。千万不要惊慌失措，更不要置小火于不顾而酿成火灾

（三）撤离险地，不贪财物

在火场中人的生命最重要，逃生行动是争分夺秒的行动，一旦听到火灾警报或意识到自己可能被烟火包围，就要尽快撤离，千万不要迟疑，要立即跑出房间，设法脱险，切不可延误逃生良机，不要因害羞或顾及贵重物品，把宝贵的逃生时间浪费在穿衣或寻找、搬离贵重物品上。

（四）保持镇静，明辨方向

确定撤离时，要强令自己保持镇定，要根据平时对环境的熟悉情况，迅速判断危险地点和安全地点，决定逃生办法。不要盲目地跟从人流相互拥挤、乱冲乱撞；要朝明亮处或外面空旷的地方跑；尽量往楼层下面跑，若通道口已被烟火封阻，则背向烟火方向离开；也可通过阳台、窗台等逃生。

（五）简易防护，匍匐撤离

为了防止火场浓烟呛人，可采用湿毛巾、口罩蒙住口鼻，也可采用向身上浇水的办法，或者用湿毯子将身体裹好，再冲出去。火灾中产生的一氧化碳在空气中的含量超过 1.28%时，即可导致人在 1～3 分钟内窒息死亡。同时，燃

烧中产生的热空气被人吸入，会严重灼伤呼吸系统的软组织，严重的也可致人窒息死亡。逃生者大多数要经过充满浓烟的路线才能离开危险的区域。逃生时，可把毛巾浸湿，叠起来捂住口鼻，无水时，干毛巾也可。身边如没有毛巾，餐巾布、口罩、衣服也可以代替。要多叠几层，使滤烟面积增大，将口鼻捂严。穿越烟雾区时，即使感到呼吸困难，也不能将毛巾从口鼻上拿开，烟雾很大时，最好采用匍匐前进的方法。

(六)选择通道，慎入电梯

楼房着火时，应根据火势情况，优先选用最便捷、最安全的通道和疏散设施，如疏散楼梯、消防电梯、室外疏散楼梯等。规范、标准的高层建筑，都会有两条或两条以上的疏散楼梯或通道，火势一旦起来，就要及时选择相对安全的通道撤离。千万不要乘用普通电梯逃生，因为普通电梯的供电系统在火灾发生时会随时断电，或因热的作用导致电梯变形而将人困在电梯内。同时，由于电梯井犹如贯通的烟筒般直通各楼层，有毒的烟雾会直接威胁被困人员的生命。

(七)缓降逃生，滑绳自救

当各通道全部被浓烟烈火封锁时，高层、多层公共建筑内一般都备有高空缓降器或救生绳、救生带，逃生者可以通过这些设施安全地离开危险的楼层；或用床单、窗帘、衣服等自制简易救生绳，可用水打湿，从窗台或阳台沿绳缓降到下面楼层或地面，安全逃生。

如果被火困在二层楼内，若无条件采取其他自救方法并得不到救助，在烟火威胁、万不得已的情况下，也可以跳楼逃生。但在跳楼之前，应先向地面扔些棉被、枕头、床垫、大衣等柔软物品，以便“软着陆”，然后用手扒住窗户，身体下垂，头上脚下，自然下滑，以缩小跳落高度，并使双脚首先落在柔软物上。如果被烟火围困在三层以上的高层内，千万不要急于跳楼，因为距地面太高，往下跳时容易造成重伤和死亡。只要有一线生机，就不要冒险跳楼。

(八)避入房内，固守待援

如果逃生通道已被切断，或房门用手摸时已烫手，这时若再开门，火苗与浓烟就会迎面扑来。此时应关闭迎火的门窗，打开背火的门窗，用湿毛巾、湿布堵塞迎火的窗缝，或用水浸湿棉被蒙上门窗，然后不停地用水淋湿房间门窗等可燃物件，防止烟气渗入，固守在房内等待救援人员的到来。

在无路可逃生的情况下，应积极寻求暂时的避难处所，以保护自己，择机而逃。如果在综合性多功能大型建筑物内，可利用设在电梯、走廊末端以及卫生间附近的避难间，躲避烟火的危害。如果处在没有避难间的建筑里，被困人员应创造避难场所与烈火搏斗，求得生存的机会。首先，应关紧房间迎火的门窗，打开背火的门窗，但不要打碎玻璃，窗外有烟进来时，要赶紧把窗子关上。如门窗缝或其他孔洞有烟进来时，要用毛巾、床单等物品堵住，或挂上湿棉被、湿毛巾、湿床单等难燃物品，并不断向迎火的门窗及遮挡物上洒水，最后淋湿房间内一切可燃物，一直坚持到火灾熄灭。

(九)巧示信号，寻求援助

被烟火围困暂时无法逃离的人员，应尽量在阳台、窗口等易于被人发现和能避免烟火近身的地方。白天，可以向窗外晃动颜色鲜艳的衣物等；晚上，则可以用手电筒、手机等照明发光物体不停地在窗口闪动，或者敲击盆子等声响大的东西，发出求救信号，引起救援者的注意。

(十)发扬风格，互助互救

在众多被困人员逃生过程中，极易出现拥挤、聚堆，甚至倾轧践踏的现象，造成通道堵塞和不必要的人员伤亡。相互拥挤、践踏，既不利于自己逃生，也不利于他人逃生。在火场自救中要发扬互助精神，帮助老人、小孩、病人先疏散，对行动不便者，可用被子、毛毯等包扎好，用绳索吊下逃生。

第六章　交通安全

随着我国社会经济的快速发展和人民生活水平的不断提高，近年来，各类机动车辆发展迅猛，城市道路机动车流量大幅攀升，交通拥堵现象日趋严重，交通事故频发。高校校园内的人流量、车流量亦随之急剧增加，校园交通环境日益严峻，交通事故逐年增多，对在校大学生的生命财产安全构成了安全隐患。因此，在大学生中开展交通安全教育，使其了解交通安全的基本常识，掌握自我安全防范的基本技能，对于增强大学生交通安全意识和能力、确保大学生人身财产安全十分必要。

第一节　交通事故及其原因

一、交通事故的界定

（一）交通事故的定义

目前，我国对交通事故的定义依据是《中华人民共和国道路交通安全法》第 119 条的规定："交通事故"，是指车辆在道路上因过错或者意外造成的人身伤亡或者财产损失的事件。

（二）交通事故的构成要素

根据交通事故的定义，构成交通事故应当具备下列要素：

第一必须是车辆造成的。车辆包括机动车和非机动车，没有车辆就不能构成交通事故，例如行人与行人在行进中发生碰撞的就不构成交通事故。

第二是在道路上发生的。道路是指公路、城市道路和虽在单位管辖范围但允许社会机动车通行的地方，包括广场、公共停车场等用于公众通行的场所。

第三是在运动中发生。是指车辆在行驶或停放过程中发生的事件，若车辆处于完全停止状态，行人主动去碰撞车辆或乘车人上下车的过程中发生的挤、摔、伤亡的事故，则不属于交通事故。

第四是有事态发生。是指有碰撞、碾压、刮擦、翻车、坠车、爆炸、失火等其中的一种或几种现象发生。

第五是造成事态的原因是人为的。是指发生事态是由于事故当事者(肇事者)的过错或者意外行为所致。如果是由于人无法抗拒的各种自然灾害造成，均不属于交通事故。

第六是必须有损害后果的发生。损害后果仅指直接的损害后果，且是物质损失，包括人身伤亡和财产损失。

第七是当事人心理状态是过失或有其他意外因素。若当事人心理状态出于故意，则不属于交通事故。

(三)交通事故的分类

交通事故一般有以下分类：按事故损害后果分类、按事故原因分类、按事故性质分类、按车辆类型分类、按事故现象分类等。通常普遍使用的是按交通事故造成的损害后果进行分类，一般将交通事故分为轻微事故、一般事故、重大事故、特大事故 4 类，其具体的认定标准是：

(1)轻微事故：指一次造成轻伤 1~2 人，或者财产损失的数额中机动车事故不足 1000 元，非机动车事故不足 200 元的事故。

(2)一般事故：指一次造成重伤 1~2 人，或者轻伤 3 人以上，或者财产损失不足 3 万元的事故。

(3)重大事故：指一次造成死亡 1~2 人，或者重伤 3 人以上 10 人以下，或者财产损失 3 万元以上不足 6 万元的事故。

(4)特大事故：指一次造成死亡 3 人以上，或者重伤 11 人以上，或者死亡 1 人，同时重伤 8 人以上，或者死亡 2 人，同时重伤 5 人以上，或者财产损失 6 万元以上的事故。

二、交通事故的主要原因

近年来，我国交通事故呈逐年上升趋势，给人民群众的生命及财产带来了无法弥补的损失。据统计，我国每年共发生交通事故 30 余万起，伤亡人数 40 余万人，导致的直接经济损失近 20 亿元。发生交通事故的原因多种多样，既有驾驶人员违规和操作不当，又有道路状况差，行人及非机动车违规等多种原因。归纳起来，比较常见的有以下原因：

(一)驾驶人员造成交通事故的原因

1. 无视交通法规，不遵守机动车通行规定

一些机动车驾驶人员没有严格按照《道路交通安全法》的有关规定驾驶车辆，超速行驶、遇行人时未减速行驶、随意变道超车、闯红色信号灯、转弯不减速、行驶中没有保持足够的车距是发生交通事故的主因。

2. 酒后驾驶

饮酒后，酒精会对人的中枢神经起麻醉抑制作用。实验证明，饮酒者每 100 毫升血液中含酒精 50 毫克时，反应能力即有所下降，达到 100 毫克时，下降约 35%，达到 150 毫克时，下降 50%，使人动作失调、手脚失控。一些驾驶人员觉得自己能喝，抱着少喝一点没事的侥幸心理，往往酒后甚至醉酒状态开车，从而导致发生交通事故。据统计，饮酒后发生交通事故的比率要比没有饮酒时高 16 倍。

3. 新手多、驾驶技术差，遇突发情况处置不当

近几年来，随着私家车进入千家万户，很多车主都是刚学完驾驶，领到驾照后就驾车上路，而这部分驾驶人员中由于驾驶技术不精、经验欠缺，遇突发情况时容易出现精神紧张，从而导致操作失误而发生交通事故。

4. 车况差，带故障上路

有些驾驶人员容易忽视对车辆的日常保养和检查，不熟悉车况，往往因车辆方向盘、制动等主要部件失灵而导致交通事故，甚至是重大交通事故。

5. 疲劳驾驶

人在每天中午、晚饭后、午夜三个阶段大脑神经容易疲劳，此时开车容易诱发交通事故，而有些驾驶人员，特别是长途车驾驶人员由于经常得不到正常休息或者长时间、远距离驾驶，因过度劳累导致反应迟钝而发生交通事故。

6. 精力不集中

驾驶人员在驾驶车辆时与旁人说笑、聊天、接打电话，从而导致精力分

散，遇到意外情况时处置不正确，也是诱发交通事故的主要原因。

(二)行人造成交通事故的原因

1. 不走人行道

行人在户外行走时，有时为图方便不走人行道，在机动车道上行走又不注意身后来车，从而造成交通事故的发生。

2. 与机动车抢行

行人在横穿人行横道，特别是在车辆较多的路段等待横过马路时，往往缺乏耐心，不按“一看、二等、三通过”的方法行事，与机动车抢行，容易造成机动车驾驶员应急处置不及而发生交通事故。

3. 翻越护栏，强行进入禁行区

有些行人为了少走弯路，强行翻越交通护栏或进入禁止行人通行的路段。由于这些路段禁止行人通行，车速相对较快，且机动车驾驶员往往不太把注意力集中在行人身上，对突发的情况反应较慢。因此，极易造成交通事故。

4. 在公路上嬉闹、玩耍

年轻人活泼好动，喜欢在行走时蹦蹦跳跳、嬉戏打闹，甚至有时还在公路上进行球类活动或在机动车道上玩轮滑，造成机动车驾驶员猝不及防而发生交通事故。

5. 乘坐交通工具时不遵守安全规定

行人在乘坐交通工具时，车未停稳就匆忙上下车，车辆行驶中把肢体伸出窗外，这些都容易诱发交通事故。

6. 思想麻痹，安全意识淡薄

行人在道路上行走时，边走边看书、手机或听音乐、聊天说话，导致精力不够集中，也容易发生交通事故。

7. 骑自行车带人，骑飞车

骑车时带人、高速骑行、冲坡、双手不握自行车把、炫弄车技等行为也是诱发交通事故的原因之一。

(三)路况差及交通设施不全造成交通事故的原因

1. 路况差

有些道路损坏得不到维护，或因工程施工后未能及时恢复，导致路面高低不平，坑沟较多，增加了驾驶难度，容易诱发交通事故。

2. 交通配套设施不全

在行人多的路段未科学设置信号灯、交通隔离护栏和施画人行横道线，造成交通秩序混乱，从而诱发交通事故。

3. 交通配套设施缺失

有些路段虽然设置了配套设施，但因人为损坏而没有及时进行更换维修。例如，窨井盖破损、被盗，交通护栏损坏等都可能导致发生意外交通事故。

导致发生交通事故的原因很多，以上列举的是主要原因。因此，防范交通事故的发生，必须从车辆驾驶人、行人以及交通基础设施几个环节抓起，从而确保交通参与者的人身安全，减少财产的损失。

三、校园交通事故的主要特点

随着高校的快速发展和教育改革的不断深化，高校与社会的交流越来越频繁，致使校园内人流量、车流量急剧增加，而高校校园道路基础设施建设滞后于机动车的发展速度，一般校园道路、特别是老旧校区道路通常较为狭窄，且停车场地匮乏，加之校园人员居住密集，人流、车流集中，致使校园交通环境日趋复杂，交通事故呈现大幅度增长的态势，其特点主要有：

(一)交通事故发生率呈现快速上升的势头，重大交通事故增多

随着进入校园的各类机动车辆持续增加，校园交通环境日益严峻，交通违规现象增多，由此导致校园交通事故频频发生。近几年来，校园交通事故发生率逐年增加，对大学生的人身安全构成了严重威胁。

(二)违法驾驶、超速行驶导致的校园交通事故

一些社会车辆进入校园后，少数驾驶人员不顾校园限速行驶的管理规定，在校园内高速行驶，个别人(包括少数大学生)驾驶无牌、无证大功率摩托车在校园内高速行驶甚至飙车，是导致校园交通事故增多的主因。

(三)驾龄在2年以内的新驾驶人员交通肇事的现象突出

随着机动车数量的增加，新驾驶人员所占的比例越来越大，而新驾驶人员中由于驾驶技术不熟练、驾驶经验欠缺、遇突发情况时的应变能力差，造成交通事故的概率较大。

(四)从车辆类型看，小型车所占的比例较大

在校园所发生的交通事故中，以私家车、摩托车和电动车为主，占90%

以上。这说明，私家车驾驶人员大多为兼职司机，专业驾驶技能普遍较差，而摩托车肇事大多则是由于无证驾驶或超速抢行造成的。

(五)教学区以及人流量较大的主、次干道为校园交通事故的多发区域

教学区是师生集中工作和学习的场所，人流量、车流量是校园中最密集的区域。人车争道、抢行的现象屡见不鲜，因而成为校园交通事故的频发区域。

(六)校园交通事故的多发时段

白天上下班(课)时间，9:30—10:30，18:00—21:00是校园交通事故的多发时段。这说明，每天师生集中上班(课)、下班(课)以及上午学生集中换课的时段是最容易发生交通事故的时段，而18:00—21:00则是师生集中出行的时段，因此，也是最容易发生交通事故的时段。

根据校园交通事故特点，大学生应加强自我保护防范意识，自觉遵守交通法规，自觉维护校园交通安全。

第二节 高校交通事故的预防及其处理

高校交通事故的预防及其处理是指大学生在校园内行走或乘坐交通工具时，防范交通事故发生的正确方法和应采取的基本措施，是大学生应该具备的基本知识，这对确保大学生自身交通安全是至关重要的，也是非常必要的。

一、大学生易发交通事故的主要类型

(一)思想不重视，安全意识淡薄引起的交通事故

许多大学生特别是新生，离开父母和相对封闭的学习环境不久，缺乏交通安全知识和应对复杂交通环境的经验，对交通安全的重要性认识不足，少数学生思想上容易形成在校园内骑车或行走，无论什么场合都应该车让人的错误认识，于是不管在校园道路上行走还是横穿马路时，往往目中无车而导致交通事故的发生。

(二)在校园道路上进行娱乐活动而造成的交通事故

大学生精力旺盛，很多人喜欢体育活动，但有少数大学生不顾交通安全，

在人来车往的道路上踢足球、玩篮球、打羽毛球、玩滑板等，由于在运动的过程中，精力全部集中在自身活动上，对身边发生的其他事物视而不见，遇来车时往往因躲闪不及而发生交通事故。

(三)在道路上嬉戏、打闹造成的交通事故

大学生年轻，活泼好动，在道路上结伴同行时，有时喜欢推推打打，甚至相互追逐，一旦突然遇到来车会因处置不及而发生交通事故。

(四)玩手机戴耳塞(机)造成的交通事故

有些大学生喜欢在行走时玩手机或戴着耳塞(机)边走边看边听，由于注意力对外界的反应明显减弱，对来车无法察觉，因此，极易引发交通事故。

(五)骑自行车、电动车车速过快，下坡冲坡造成的交通事故

校园面积通常比较大，为了学习、生活方便，许多大学生都购买了自行车、电动车或骑行共享单车，但有些学生喜欢骑快车、骑“飞车”，有时甚至与机动车比速度。除此之外，骑车带人、冲坡，甚至不握车把的现象也很常见，这些都是交通安全的严重隐患，在以往的校园交通事故中，此类事故是最为常见的交通事故之一。

(六)不走人行道造成的交通事故

有些学生总是认为，校园的主体是学生，在校园道路上，无论是人行道，还是车行道，学生都应受到保护。因此，少数学生往往有人行道不走，偏偏要与机动车争道、抢行，由于校园机动车道多较狭窄，因此，在机动车道上行走，尤其是夜间在机动车道上行走，与机动车发生碰撞的概率增大，发生交通事故也就在所难免。

(七)横穿马路造成的交通事故

随着进入高校校园的机动车辆逐年增多，一些校园主、次干道的车流量也越来越大，而校园的教学区、学生区一般都建在交通比较便利的主、次干道附近，遇上、下课时容易形成人流、车流高峰，此时有些学生横过马路不按“一看、二等、三通过”的基本方法行事，强行横穿马路，从而导致交通事故的发生。

(八)无证驾驶而导致的交通事故

为了方便学习和出校办事，少数学生违反交通法规和校园交通管理的有关规定，私自购买无牌照摩托车，且在未取得合法驾驶证的情况下，违法驾驶摩托车上路，由于此类摩托车均未经检验，安全性能差，加之无证驾驶，驾驶技术不过关，少数车主甚至还驾驶无牌照大功率摩托车在校园内飙车，其后果是不但造成对自己的伤害，也严重威胁他人的人身安全。近几年，高校校园摩托车交通肇事的案例时有发生，是校园交通事故比较多见的类型之一。

以上八种情况是高校校园常见的交通事故类型，大学生在校园日常学习和生活中，应针对上述情况举一反三，加强防范。

二、大学生交通事故的预防

交通事故的发生，必然给大学生的生命财产带来无法弥补的损失。因此，如何避免和减少交通事故，对每一个大学生来说都具有十分重要的现实意义。那么，大学生怎样才能有效预防交通事故的发生呢？

(一)提高交通安全意识，自觉遵守交通法规

交通安全意识是支配人们日常交通行为的准则，直接决定着人的交通行为取向，而遵守交通法规是避免或减少交通事故发生的有效办法，也是每一个公民应该具备的基本常识。因此，作为大学生应该具备较强的交通安全意识，掌握基本的交通安全知识，自觉做遵守交通法规的模范。只有这样，交通事故才会远离你的身边，才能保证交通安全。

(二)自觉遵守道路通行规则

行人在道路上行走时，应走人行道，无人行道时应靠右行走，步行时思想要集中，在车辆较多的路段，要尽可能做到“眼观六路，耳听八方”，应尽量避开经过身边的各类车辆，更不能与机动车争道抢行。横过马路时，要尽量走人行横道线，无人行横道线的路段，要耐心等待最佳的穿越时机，千万不可突然横穿，更不得闯红灯或翻越交通护栏。只要每一个大学生都能认真遵守行人通行规则，做到人车各行其道，个人的交通安全就会得到有效保障。

(三)骑车时的安全防范

大学生骑自行车是主要的出行方式，因骑车而发生交通事故历来是大学生

交通事故的主要形式。因此，防范骑车时发生交通事故，对大学生来说尤为重要。骑车时预防交通事故的方法主要有：一是不要骑快车，尤其不要骑“飞车”“霸王车”，因为自行车的安全性能相对较差，高速骑行时，遇突发情况容易造成翻车，而此时由于车速过快，造成较大的冲击力，对人身的伤害往往很大，严重的可能导致车毁人亡的后果；二是遇陡坡或急转弯时不要冲坡，一般应下车推行；三是不要骑车带人，骑车带人对方向的操控和刹车的要求可能超过了自行车的设计要求，加大了骑车人对车的操作难度，因此，十分容易造成交通意外事故；四是在道路上骑行时，要走非机动车道，无非机动车道的路段，要靠路右骑行，尽量避免逆向行驶。

(四)乘坐交通工具时的安全预防

乘坐公共交通车时要等车停稳后，依次上下车，车辆行驶时不得将肢体伸出窗外，探亲旅游乘坐长途客车时，千万不要贪图便宜而乘坐车况不好的车，更不能乘坐无营运证的车辆，购买车票时要同时购买人身保险；乘坐火车、轮船、飞机时，一定要遵守车站、码头和机场的各项安全规定，不能携带各类违禁物品，如易燃、易爆或管制刀具等，以免发生意外事故。

(五)不要在机动车道上进行球类活动或嬉笑打闹

在公路上玩球或打闹，增加了发生事故的突然性，容易造成机动车驾驶员慌张而导致操作失误，若遇驾驶经验不足的司机时，发生交通事故在所难免。因此，大学生应尽量避免在机动车道上进行球类等娱乐活动，以便更好地规避交通事故。

(六)骑电动车、摩托车时交通安全事故的防范

近年来，大学生骑电动车、摩托车的人数有逐年增多的趋势。电动车和摩托车一般车速都比较快，对车辆的驾驶难度相对较大，要求驾车人具备熟练的驾驶技巧。因此，对摩托车驾驶人员交通法规明确规定：必须取得合法驾驶证件后，才能驾驶摩托车上路。对电动车驾驶人员，交通法规虽然没有明文规定，但很多地方性法规都明文禁止车速超过每小时 22 公里的电动车上路行驶。近年来，随着电动车的车速有越来越快的趋势，已有很多人建议将超过每小时 25 公里车速的电动车作为摩托车来进行管理。由此可见，无论是摩托车还是电动车，车速均较快，发生交通事故的概率相对较高。因此，驾驶上述两种车辆时，一是要保持一定的车速，不可过快；二是要戴好头盔，以便发生意外时

减轻对脑部的冲击；三是不要驾驶安全性能差的电动车或摩托车，更不要驾驶无牌照或大功率的摩托车上路行驶，以免造成对自己或对他人的伤害。

三、交通事故发生后的应对与处理

在交通事故发生后的应对与处理方法主要有以下几种：

(一)熟悉交通法规和交通安全知识，是预防交通事故的关键

大学生普遍比较年轻，交通安全防范经验欠缺，对交通事故的危害认识不足。常言道，“车祸猛如虎”，就是告诫人们充分认识车祸的危害性。大学生应加强学习交通法规和其他交通安全知识，增强自我防范意识，养成良好的交通行为和习惯，这是避免和减少大学生发生交通事故标本兼治的基本方法，也是预防发生交通事故的源头性工作。

(二)交通事故现场的处理

学生发生交通事故以后，应做好以下工作：(1)如学生人身受到伤害，应迅速就近到医院抢救，无论何时何地，抢救人的生命永远都是第一位的工作；(2)要保护好现场，因为交警对交通事故责任的认定，现场勘查结论是其重要依据之一，若事故现场被破坏，必然给交通事故最终定性带来困难，从而影响受害方的切身利益；(3)要设法控制住肇事车辆，不让其逃离现场，若一时无法控制，应牢记肇事车牌及其车型特征，以便为公安交通管理部门追查肇事车辆提供证据；(4)要及时报案，可以迅速拨打“122”报警电话，通知交警尽快赶到现场，交警到现场后会尽快展开现场勘查，可有效避免因时间过长等原因而对现场造成的破坏，同时可组织伤员抢救，并控制肇事者，除轻微交通事故外，一般应尽量避免与肇事者“私了”；(5)如果学生驾车发生交通事故，首先要立即停车，千万不能逃离现场，应立即抢救受伤人员，待交警到达现场后积极协助调查处理；(6)应及时向机动车投保的保险公司报案，以便于事故保险赔付，把事故损失降低到最低限度。

(三)交通事故的善后处理

在学生伤情基本痊愈，交通管理部门对事故责任基本认定以后，学校应协助受害学生或受害方家长参加由交警主持的事故损害赔偿调解。事故损害赔偿的内容包括：人身损害的赔偿项目、医药费、护理费、营养费、误工费、住宿费、交通费、住院伙食补助费、财产直接损失费等。若造成残疾和死亡的，还

应增加以下赔偿项目：残疾赔偿金、死亡赔偿金及被抚养人的生活费、残疾辅助器具费、丧葬费及办理丧葬事宜的费用。除此以外，受害方还可要求精神损害抚慰金，但此赔偿项目一般适合进入司法程序的案件。关于人身损害的赔偿标准，应按照《最高人民法院关于审理人身损害赔偿案件适用法律若干问题的解释》中的有关规定执行，若受害方与肇事方最终无法就赔偿达成协议，则可起诉至人民法院，由人民法院审理后判决执行。

(四)对受害学生家庭成员进行安抚

学生发生交通事故后，必然对其家长及主要家庭成员的精神造成极大的伤害。因此，学校除积极协助做好受害学生的护理及追偿损害赔偿外，应对其家庭主要成员进行精神安抚，尽可能帮助受伤害学生及家庭成员，并提供人道帮助，让其真正感受到学校这个大家庭的温暖。

第三节 交通法规及其交通安全常识

了解掌握交通法规及其交通安全常识，对于预防交通事故的发生是至关重要的，学好、用好交通法规和交通安全常识，一方面可以更好地保护自己免受伤害，另一方面也能帮助社会创建有序的交通环境，减少交通事故的发生，为创建和谐社会作出应有的贡献。因此，高校大学生应加强交通法规和交通安全常识的学习，并能熟练应用。

一、我国现行的交通法规

(一)中华人民共和国道路交通安全法

根据2007年12月29日第十届全国人民代表大会常务委员会第三十一次会议《关于修改〈中华人民共和国道路交通安全法〉的决定》进行了第一次修正，根据2011年4月22日第十一届全国人民代表大会常务委员会第二十次会议《关于修改〈中华人民共和国道路交通安全法〉的决定》予以了第二次修正。

《中华人民共和国道路交通安全法》(以下简称《道路交通安全法》)全法共分8章，124条，现就主要内容介绍如下：

第一章，总则，共7条。明确了立法目的和适用范围，规定了政府和相关职能部门应该履行的职责，强化了宣传教育的重要作用。

第二章，车辆和驾驶人，共17条。本章对车辆登记、车牌号的使用、车辆安全检查、强制报废、强制保险以及非机动车的登记都作了明细具体的规定，同时规定了驾驶证是驾驶机动车辆唯一的合法证件，对已取得合法驾驶证者还提出了明确的要求，特别规定了5种不得驾驶机动车的情形，如饮酒、使用精神、麻醉药品、患有妨碍安全驾驶机动车的疾病、过度疲劳等。

第三章，道路通行条件，共10条。本章对道路交通信号灯、交通标志、标线、交通警察指挥以及其他交通设施的设置、使用、保护作出了明确的规定，是确保道路交通安全的重要措施之一。

第四章，道路通行规定，共35条。本章对一般通行、机动车通行、非机动车通行、行人和乘车人通行、高速公路通行分别做了具体的规定，是本法的核心部分。一般通行规定主要指右侧通行和分道通行的原则，机动车通行对车速、车距、超车、避让行人、载人载物量、载客限制等作出硬性规定，对车辆停车、安全带及头盔的使用也提出了要求。非机动车通行是指残疾人机动三轮车、电动自行车、畜力车，规定驾驶上述非机动车时的时速不得超过15公里，同时规定应在非机动车道内行驶，没有非机动车道时应靠右侧行驶。行人和乘车人通行规定中，规定行人应在人行道行走，无人行道时应靠边行走，通过路口或横过道路时，应依照信号灯在人行横道上通过，无信号设施时，应在确认安全时通过，同时规定了行人应当禁止的行为。对于乘车人，主要禁止以下三种情形，禁带危险品乘车，不得向外抛洒物品，不得有影响驾驶人员安全驾驶的行为。高速公路特别规定，一是指行人、非机动车以及时速低于70公里的机动车不得进入高速公路；二是除公安机关依法执行紧急公务外，任何单位及个人不得在高速公路上拦截检查行驶的车辆；三是在高速公路上进行故障处理时应设立警示标志。

第五章，交通事故处理，共8条。本章对交通事故发生后的现场处理、事故认定、事故赔偿作出了原则性规定。关于事故现场处理，规定车辆驾驶人员在发生交通事故后必须采取以下紧急措施：一是立即停车，二是保护现场，三是抢救伤员，但在未造成人员伤亡的情况时，可以即行撤离现场，自行协商处理赔偿事宜，也可不撤离现场，等待交通警察到现场进行处理。事故的认定，是指由公安交通管理部门根据对事故现场的调查、勘验、鉴定并得出结论，对事故的责任进行认定，即事故的发生由哪一方当事人的责任造成的，或者双方各自对该事故应承担多大的责任。事故的赔偿是根据公安交通管理部门对事故责任的认定，依据交通事故的赔偿原则，由公安交通管理部门组织调解。如当事双方达成并履行了协议内容，则本交通事故终结，如未达成协议或调解书生效后不履行协议的，当事人可向人民法院提起民事诉讼。对于解决交通事故的赔偿争议，公安交通管理部门的调解不是必经程序，不具有法定约束力。当事人可以选择先调解，达不成协议后再起诉至人民法院，也可以选择直接提起诉讼到人民法院。但在司法实践中，由于调解方便快捷、成本低、效率高，因此，在交通事故中被广泛使用。

第六章，执法监督，共 9 条。本章条款主要是对公安交通管理部门及交通警察在执法过程中应当遵守的原则和纪律作出了具体规定，同时规定对于公安交通管理部门及交通警察的执法活动，应当接受公安警察部门内部和行政监察机关的依法监督，同时应当自觉接受社会和公民的监督。

第七章，法律责任，共 32 条。本章是《道路交通安全法》的另一核心部分，主要围绕机动车驾驶人、非机动车驾驶人、行人、乘车人，在违反道路交通安全法相应的规定后应承担的法律责任，明确规定了违法情形及其对应的处罚种类。处罚共分 4 类：警告、罚款、暂扣或吊销机动车驾驶证、拘留。具体的处罚由公安交通管理部门及其交通警察依据事实，对各类交通违法行为依法予以处罚。本章对机动车的生产、销售、道路施工以及在道路上设置影响安全视距等涉及交通安全的行为亦作了具体的规定。

第八章，附则，共 6 条。主要是针对几种特殊情况作出的规定，如军队在编机动车由军队有关部门管理，上路行驶拖拉机由农业主管部门按本法有关规定行使公安交通管理部门的职权。境外机动车入境后必须遵守我国的道路交通规则，并接受我国有关主管部门的统一管理。

(二) 中华人民共和国道路交通安全法实施条例

本条例自 2004 年 5 月 1 日起施行，共分 8 章，115 条，是国务院根据《中华人民共和国道路交通安全法》而制定的，是道路交通安全法的实施法。本条例将《中华人民共和国道路交通安全法》的条款内容细化，是一部执行性法规。2017 年 10 月 7 日，国务院总理李克强签署第 687 号国务院令，对《中华人民共和国道路交通安全法实施条例》进行了修改。

(三) 道路交通安全违法行为处理程序规定

本规定分为 8 章，83 条，是根据《中华人民共和国道路交通安全法》及其实施条例而制定的。

本规定是公安机关交通管理部门及其交通警察对道路交通安全违法行为实施处罚的依据，是一部程序性法规。

(四)道路交通事故处理程序规定

本规定共12章，114条，是为了规范道路交道事故处理程序，保障公安机关交通管理部门依法履行职责，保护道路交通事故当事人的合法权益，根据《中华人民共和国道路交通安全法》及其实施条例等有关法律、法规而制定。

(五)最高人民法院关于审理交通肇事刑事案件具体应用法律若干问题的解释

本解释是为人民法院依法审理交通肇事犯罪而作出的司法解释，共9条。对因不同情形交通肇事而构成犯罪的，人民法院依照本解释作出判决。

(六)中华人民共和国刑法

刑法关于交通肇事犯罪的相关内容共7条，分别为第119条、第133条、第136条、第232条、第233条、第234条、第235条。

二、校园交通安全管理规定

校园是大学生活动的重要场所，校园交通安全与大学生的人身及财产安全密切相关。因此，确保校园内的交通安全，构建有序的校园交通环境，是学校安全工作的重要内容之一。近几年来，随着高校机动车辆的迅速增加和办学规模的不断扩大，加之校园交通资源缺乏，校园交通环境呈现日益严峻的趋势。为了建立良好的校园交通秩序，保障师生人身及财产安全，各高校均相继加大了交通管理力度，并出台了校园交通安全管理规定。

校园交通安全管理规定是依照道路交通安全法的相关规定，结合校园自身的交通特点而制定的，是道路交通安全法的有效补充。各高校的交通安全管理规定基本相同，又因各校交通实际情况不同而有所区别，内容大致分为：

(一)关于机动车辆的入籍与办理通行证

为了强化对校园内车辆的管理，及时了解掌握校内机动车辆的增减情况，新购车辆应到学校交通管理部门申报并办理校园车辆出入授权或通行证后，方可在校园内行驶。

(二)关于车辆及车辆驾驶人员的管理

校园公私车辆及驾驶人员除应具备公安交通管理部门规定的必备条件外，

凡进入校园的车辆还应遵守以下规定：

(1)限速要求，一般规定在校园内行驶的车辆速度不得超过 25 公里/小时。

(2)禁止在校园内鸣笛以及遇行人时应减速避让。

(3)所有车辆进入校园时应主动接受门卫检查。

(4)禁止在校园道路上进行驾驶技术学习。

(5)无牌号及排量在 250cc 以上的大功率摩托车不得在校园道路上行驶。

(6)进入校园的车辆应在指定的区域停放，不得在主干道以及其他禁止停放车辆的路段停放。

(7)对非机动车驾驶人员的要求主要有以下几点：

一是骑自行车进出校门时，一般应下车推行。

二是骑自行车在校园道路行驶时，不得并排骑行或嬉戏打闹、相互追逐或双手撒把骑行，遇陡坡或其他禁止骑行的路段应主动下车推行，禁止冲坡或高速骑行。

三是停放非机动车时，应在规定的地点有序停放，不得随意挤占路面，影响道路畅通。

四是不得在骑车时做玩耍车技等危及交通安全的危险驾驶动作。

(三)对行人及乘车人的规定

行人及乘车人在校园内行走或乘车时，除应严格遵守交通法规外，还应遵守以下规定：

(1)不在校园道路上结伴并排行走。

(2)不在道路上嬉戏、踢球及进行其他有碍交通的活动。

(3)不得损坏校园交通设施，不得移动、毁损交通标志牌。

(4)乘车时不得向车外抛物、吐痰，不得与驾驶人员闲谈或进行其他妨碍行车安全的行为。

(四)关于对校园道路的管理

对校园道路的管理主要有以下规定：

(1)在校园道路上或在道路附近进行开挖、维修、砍伐树木等施工作业时，施工前应报学校相关职能部门审批同意后方可进行，施工时应设立明显的警示牌，夜间还应设立照明光源。

(2)未经许可不得在道路上堆放建筑材料或建筑垃圾，不得在路面上摆摊设点或设置影响交通安全的障碍物。

(3)开展大型活动及其他特殊情况需要临时占用路面，应至少提前一天向有关管理部门提出申请，获准后应采取有效的安全防范措施。

(4)未经许可不得在道路两边设置宣传牌、广告牌、牛奶箱等，经有关部门同意后在道路上方悬挂的横幅，净空不得低于地面 4 米，不得遮挡交通标志牌。

(5)学校可根据需要，临时决定封闭局部路段，并采取临时交通管制措施。

(五)关于对违反校园交通管理规定的处理

对违反校园交通管理规定的行为，应视其情节轻重，由学校主管部门及交通管理人员作出以下处理：警告、责令书面检查、责令进行交通法规学习、校纪校规处罚、移交公安交通管理部门依法处理等。处理的目的是为了更好地维护校园正常的交通秩序，确保学生的人身及财产安全，构建和谐的校园交通环境。

三、交通安全常识

了解掌握交通安全常识，是大学生必须具备的基本技能，在机动车已进入千家万户、道路交通川流不息、交通事故频发的时代，学习掌握交通安全常识，对于确保个人的人身及财产安全尤为重要。因此，作为当代大学生，更应当学好交通安全知识，做维护交通安全的表率。下面就常见交通安全常识介绍如下：

(一)常见交通信号

交通信号灯一般分为：机动车信号灯、非机动车信号灯、车道信号灯和人行通行信号灯等。

1. 机动车信号灯和非机动车信号灯的识别

(1)绿灯亮时，准许车辆通行，但转弯车辆不得妨碍直行车辆通过。

(2)黄灯亮时，已越过停车线的车辆可以继续通行，未越过停车线的车辆应继续等待下次绿灯亮时通过。

(3)红灯亮时，禁止车辆通行，在未设置信号灯的路口，应按照一慢、二看、三通过的要求减速行驶，遇行人时应主动避让。

2. 车道信号灯的信号识别

(1)绿色箭头灯亮时，允许本车道车辆按指示方向通行。

(2)红色箭头灯亮时，禁止本车道车辆通行。

3. 人行横道信号灯的信号识别

(1)绿灯亮时，准许行人依次通过本人行通道。

(2)绿灯闪烁时，行人停止进入人行横道，但已进入人行横道的行人可以继续通过。

(3)红灯亮时，禁止行人通过。

(二)行人在道路上行走时的交通安全常识

1. 行人横过道路时的安全要求

(1)遇有信号灯的路口，应按信号灯的指示依次通过，通过时要特别注意转弯车辆，如遇转弯车辆时应主动避让。

(2)遇未设置交通信号灯的路口，行人通过时一定要看清左右方向的来车，确保能安全通过时再行通过，切忌与机动车抢道或在机动车临近时突然跑步通过，一般的方法是先看左边方向来车，再看右边方向来车，确保安全后中速通过。

(3)行人横穿未设置交通隔离带的道路时，一般先看左边方向来车，到达道路中心线后再看右边方向来车，确定安全后再行通过；遇设置了交通隔离带或设置有禁止行人通行的路段时，千万不要攀越交通护栏强行通过，应就近找到过街天桥或人行地下通道通过。

2. 行人在道路上直行的交通安全常识

(1)行人在道路上直行时，一般应走人行道。

(2)在未设置人行道的路段上行走时，一般应靠右侧行走。

(3)行人在人车混合道路上直行时，要集中精力，注意身后来车，遇车辆靠近时要主动避让，切莫与来车赌气抢道或挡在车前故意不避让。

(三)候车或乘车时的交通安全常识

(1)候车时，一般应在站台上等候，不要在公路上拦车或在车未停稳时上车。

(2)乘坐汽车，尤其是乘坐公共电车、公共汽车时，一定要等车进站停稳后依次上、下车，乘车时车内无座位需要站立时，要两脚分开站稳，双手握紧扶手，避免车辆行驶过程中因处置突发情况时而发生意外安全事故。

(3)不要将肢体伸出车窗外，不要向车外丢弃物品，以免发生意外。

(4)乘坐长途汽车时，一般选择居中靠里的位置就座，随身携带的大件物品应摆放在行李架内或交乘务员统一保管，贵重物品或现金一般应随身携带，大额现金最好存入卡内随用随取。

(5)购买车船票时，一定要同时购买人身意外伤害保险。

(6)要乘坐正规营运公司的公共汽车，切莫贪图便宜而乘坐无安全保障的汽车，更不要乘坐无准运证，甚至是未年审或无车牌号的车辆。

(7)不搭乘货物运输车辆。

(四)骑车时交通安全常识

(1)转弯前应减速慢行，向后观望并向转弯方向伸手示意。

(2)经常检查所骑车辆刹车的灵敏度及其性能，防止刹车失灵或其他故障而影响安全。

(3)骑行时双手不离把，不相互追逐或呈S形曲线行驶。

(4)遇陡坡时应自觉下车推行，禁止冲坡行为。

(5)不骑车带人，不攀扶其他车辆行驶。

(6)超越前车时，不要妨碍前车的正常行驶。

第七章 人身安全

人身安全是指个人的生命、健康、行动等与人的身体直接相关方面的平安健康，没有危险，不受到威胁。人身安全是人的安全之本，是大学生学习、生活的基本保障。随着社会的发展进步，大学生生活空间大大扩展，交流领域不断拓宽，危及大学生人身安全的因素也不断增多。变质的食品、医药的隐患、校园暴力侵犯、突发意外事故等都会危及我们的人身安全。因此，增强人身安全意识，提高安全防御能力，是大学生安全教育之根本。

第一节 饮食、用药安全与传染病预防

一、饮食安全

(一)常见食物中毒及预防

食物中毒是因为食用了含有某种细菌、细菌毒素或混有重金属、农药或其他毒物的食物，以及食用有毒的动植物所引起的中毒。食物中毒是校园威胁大学生人身安全的主要因素之一。

1. 食物中毒的类型

细菌性食物中毒：细菌可污染食物，并在食物中大量繁殖，有的还产生毒素。人吃了含有大量细菌或含有细菌

毒素的食物就会发生食物中毒。易被细菌污染的食物有肉、鱼、蛋、乳制品等，尤其是卤肉类、凉菜、剩余饭菜。

化学性食物中毒：进食了含有有毒的化学物质的食品，如被农药污染的蔬菜、水果等，会发生中毒。

有毒动植物食物中毒：常吃的食物由于加工、烹饪方法不当，没有把食物中的有毒成分除去，或食用了腐烂、霉变的食物，以及误食了有毒的动植物，也会引起食物中毒，如毒蘑菇、发芽的马铃薯、霉变的甘蔗等。

2. 食物中毒的特点

食物中毒的种类虽然很多，发病情况也各不相同，但一般都具有以下特点：

第一，中毒的潜伏期比较短，很多人在短时间内(大多数为0.5~24小时以内)发病或先后发病，发病情况一般都比较急骤。

第二，所有病人都具有相同的症状或症状基本类似。

第三，病人在相同的时间内，食用过某种食物，发病范围局限于食用过该种有毒食物的人群。

第四，食物中毒没有人与人之间的接触传染。

3. 预防常识

一是树立卫生防疫意识，养成良好的个人卫生习惯。饭前便后要洗手，餐具要消毒，不和别人共用餐具。

二是把好“进口关”，坚决杜绝“不干不净，吃了没病”的思想。购买食品时，尽量选择新鲜食品。不吃未彻底煮熟、发霉变质的、过期的或受污染的食品。生吃水果要彻底洗净或削皮。不光顾无证照的流动摊点和卫生条件差的饮食店。不喝不符合卫生标准的饮用水。不吃有毒或可能含毒的食物，少吃腌、熏制食品等。

三是了解食物禁忌。据人们长期生活经验和现代科学研究证明，有些食物同吃可能会引起身体不适或中毒。例如，猪肉忌菱角，同食会引起腹痛；牛肉忌栗子，同食会引起呕吐；兔肉忌芹菜，同食会伤元气；鲤鱼忌甘草，同食会中毒；螃蟹忌柿子，同食会引起腹泻；鸡蛋忌糖精，同食会中毒，重者死亡，等等。

四是学会鉴别食品安全。掌握鉴别食品的基本知识可避免劣质食品的危害。

果汁含乳饮料的鉴别。尽量挑选生产条件好，管理规范，产品质量较稳定的大企业生产的知名产品；对包装损坏，发生泄漏、涨袋的饮料不能饮用；发现饮料有异味或结块、变酸时不能再饮用；注意产品的生产日期和保质期，不购买过期的产品。

熟肉制品的鉴别。在购买酱、熏、炸、叉烧类熟肉制品时，可采用看、嗅、摸的方法来鉴别新鲜程度。肢体破碎、颜色晦暗、有异味，手摸发黏的为变质熟肉制品。不购买挂糊的熟肉制品，因为有些变质的鱼、肉经挂糊炸制后不易鉴别。灌制食品如香肠、火腿肠、红肠等，一般以填充坚实、空洞少的为佳。如香味减退或消失，有酸味或其他异味，表面发黏，则不能食用。

定型包装食品的鉴别。定型包装食品俗称小包装食品，主要是各类零食。购买这类食品时最好选择大型正规商店，同时要注意检查包装是否完好，产品的名称、厂名、厂址、生产日期、保质期、执行标准等是否齐全，是否在保质期限内等。

(二) 急性食物中毒的现场救护

一旦出现上吐、下泻、腹痛等食物中毒症状，应立即到医院就诊，并报告当地的疾病预防中心，防止蔓延扩大。同时将病人食用的可疑食品、呕吐物或粪便封存，送医院检查以便诊断。

如中毒者情况严重，在医院救治到达前，可采取现场急救法：

(1) 催吐。如吃下食物的时间在 1~2 小时内，可使用催吐方法。具体方法是：将 20 克盐加 200 毫升白开水，冷却后一次喝下，如果不吐，可多喝几次；也可用鲜生姜 100 克，捣碎取汁，用 200 毫升温水冲服；如果吃的是变质的荤食，可服用十滴水催吐；还可用筷子或手指等刺激咽喉引发呕吐。

(2) 导泻。如果吃下食物的时间已超过 2~3 小时，而且精神较好，可用些泻药，促使致毒食物尽快排出体外。

(3) 解毒。如果吃了变质的鱼、虾、蟹等引起的食物中毒，可取食醋 100 毫升，加水 200 毫升，稀释后一次服下；若是误食了变质的饮料或防腐剂，最好的方法是用鲜牛奶或其他含蛋白质的饮料灌服。

(三) 酒精中毒的预防与处置

过量饮酒会导致酒精中毒，一次饮用大量酒精饮料会对中枢神经系统产生先兴奋后抑制的作用，重度中毒可使呼吸心跳抑制而死亡。酒精对人的黏膜和腺体分泌有刺激作用，会引起食管炎、胃炎、胰腺炎等，此外众所周知的是酒精还会造成肝损害。长期大量饮酒后还会出现神经系统病变，如酒精中毒性遗忘症、酒精中毒性幻觉症(幻听、常失眠)、酒精中毒性痴呆等。在酒精的刺激下，还容易引发校园暴力事件。因此大学生一定要把握合适的尺度，避免过量饮酒。

一旦发生急性酒精中毒，应采取如下措施进行现场救护：对轻度中毒者，首先要制止其再饮酒；其次可找些梨子、马蹄、西瓜之类的水果给其解酒，也可用刺激咽喉的办法(如用筷子等)引起呕吐反射，将酒等胃内物尽快呕吐出来(对于已出现昏睡的患者不宜采用此方法)，然后安排其卧床休息，注意保暖，注意避免呕吐物阻塞呼吸道，观察呼吸和脉搏情况，如无特别，一觉醒来即可自行康复。如果卧床休息后，还有脉搏加快，呼吸减慢，皮肤湿冷，烦躁甚至昏睡、脱水、抽搐、休克、呼吸微弱等现象，则属于严重的酒精中毒，应马上送医院救治。

二、用药安全

(一)药物不良反应

药物不良反应是指药物在正常用法、用量的情况下出现对人体有害或意外的反应。药物通常有它的两重性，一是药物的治疗作用，即可改善人体状况或抵抗病原体；二是用药产生的不良反应产生，即药物的毒副作用危害人体。药物不良反应有许多种，最常见的是副作用、毒性反应和过敏反应。有些不良反应很严重，甚至会致命，必须密切注意。

1. 副作用

药物产生副作用是最常见的，是药物固有效能的一部分，伴随治疗作用而出现的。如服用抗过敏药物，可能会使人精神不振，甚至昏昏欲睡。副作用危害一般不大，但也需注意，副作用大时应减少药量。

2. 毒性反应

药物引起人体各系统的变化而有害于机体称为毒性反应。如药物对肝脏、肾脏、造血系统、神经系统等的损害即为毒性反应。毒性反应的轻重程度与药物剂量及用药时间长短密切相关。因此，用药不可轻易增加剂量或延长疗程，以免增加毒性反应。

3. 过敏反应

过敏反应也叫变态反应，实为免疫力反应。这种反应轻重差异较大，表现多种多样，难以预料。过敏反应可发生在人体许多部位，总的可分全身性过敏反应和皮肤反应。轻者停药自愈或迅速治愈，重者可危及生命，其中以过敏性休克的危险性最大。皮肤反应最多见，包括药疹、皮炎、水疱等。过敏反应的特点是很小的药量就可引起严重反应，虽然只发生在少数人身上，但也须提高警惕，不可忽视。

(二)日常用药的注意事项

用药发生不良反应是常见的，想完全防止可能性不大。不过，如能准确选择药品，科学地掌握用药剂量、方法、时间和妥善地配药，至少可以减轻不良反应，避免发生较大意外。

1. 注意病史和用药史

曾患过何种疾病，哪些药产生过不良反应，去看病时要向医生讲清。如果自己是过敏性体质，更要谨慎。

2. 注意用药方法

用药方法要严格遵循药品说明书，凡宜口服的药物最好采取口服用药，若因特殊原因需要注射时，须慎重进行，同时注意速度不可过快，不得漏于血管外。使用抗生素静脉注射之前一般要做过敏反应测试，测试期间不得自行离开，以免发生意外。

3. 注意用药量

若在医院开药，必须按医师的指示用药，不得随意改变。若自购药品，一般可按说明书用药。对不熟悉或未曾用过的药品最好先从小剂量开始，边用边观察，根据情况可做适当调整。

4. 购买和使用非处方药品注意事项

非处方药品是消费者可不经医生处方，直接从药房或药店购买，且可不用在医疗专业人员的指导下就能安全使用的药品。在购药前，应根据症状，结合自己掌握的医药知识，对疾病做出明确判断，也可向销售药品的专业人员咨询，以便准确选择药品。

非处方药品一定要到正规药店购买，选购药品时首先要看外包装，是否有药品生产批号及药物成分、含量是否符合标准；其次要注意药品疗效是否对症及有何不良反应，药品是否在有效期内；最后要打开外包装观察药物，如有霉点或破损，则不能使用。购买完药品，要求开具发票，写清药名，并妥善保存，以防不测。

服用非处方药品时，应遵照说明书的用法、用量、次数、疗程准确用药，也不可多种药品混用。

(三)科学认识，不盲目用药

1. 滥用抗生素害处多

抗生素类药品具有抗菌、抑杀菌等作用，主要针对细菌，能够对机体中的细菌进行有效杀伤。但抗生素的副作用也较大，如滥用抗生素衣服一方面容易使细菌产生耐药性，从而使抗生素的抗菌作用减弱或消失；另一方面，滥用抗生素必然增加过敏反应，引发一系列的毒性反应。如有些抗生素易引起耳鸣、耳聋，有些易损伤肝脏、肾脏等。生活中，多数的上呼吸道感染(俗称感冒)大多是由病毒引起，病毒感染是没有特效药的，但许多大学生一出现感冒症状后就服用抗生素，不仅无助于疾病的治疗，还会造成身体伤害。

2. 服用补药要适可而止

补药一般是指各种营养药，如维生素类、蛋白质类、钙类、铁类等。根据目前的生活水平来看，缺乏营养的人只是少数，一般营养都可在每日的膳食中获得，不必另补。补入人体营养素，应该是缺什么补什么，缺多少补多少，不能乱补或滥补。很多人认为维生素类药物都是“补品”，是蔬菜、水果的“代用品”，因此，不少人以吃维生素类药替代吃蔬菜、水果，其实不然，维生素类药物也必须按规定的适应症、用法用量服用，否则也会引起不良反应，甚至危及生命。例如，长期、大剂量服用维生素 A、D 可能引起发热、腹泻、中毒等，对身体造成伤害。

3. 慎用安眠类药物

顾名思义，安眠药就是帮助和改善睡眠的药品，有睡眠障碍时可在医生指导下科学服用，超量服用安眠药，会使中枢神经系统受抑制，引起中毒。表现为：各种反应迟钝，瞳孔缩小或放大，瞳孔对光反应消失，脉搏加快而微弱，呼吸不规律，最后可因呼吸中枢麻痹而死亡。因此，日常生活中，同学们一定要慎用安眠药，一是要在专业医生指导建议下服用，不要随意服用和超量服用；二是发现中毒后，可先行紧急处置，如催吐后送医院诊治。

三、传染病的预防

传染病即传染性疾病，是指由病原微生物和寄生虫等感染人体后产生的有传染性、在一定条件下可造成流行的疾病，如结核病、鼠疫、艾滋病(AIDS)、流行性乙型脑炎、流行性感冒、严重急性呼吸综合征(SARS)以及新近发现的新型冠状病毒肺炎等。传染病可直接或间接在人与人之间传播而造成流行，其流行必须具备三个基本环节：传染源、传播途径和易感人群。因此，预防传染病的一般措施也就是针对这三个方面。

大学校园人员密集，接触频繁，应高度重视传染病的预防，下面介绍几种常见传染病的防治知识。

(一)流行性感冒

流行性感冒又称流感，多发生在春季和冬季。流感不同于普通感冒，是由流感病毒引起的呼吸道传染病，具有潜伏期短、传播速度快、发病率高等特点。预防流感的措施是：常洗手，注意室内通风；多参加户外运动，加强体育锻炼，以增强自身防御疾病的能力；合理膳食，多吃含维生素 E 和维生素 C 的食品；接种流感疫苗。一旦发生流感，要加强护理，发病后卧床休息，多饮水，进食易消化、营养丰富的食物，必要时给予对症处理，如发热头痛时可服用解热镇痛药。

(二)肠道传染病

这是一组经消化道传播的疾病，常见的主要有伤寒、副伤寒、细菌性痢疾、霍乱、甲型肝炎等，往往引起腹痛、腹泻、恶心、呕吐及发热等症状。肠道传染病主要是因吃了不清洁的食物所引起的。因此，预防肠道传染病的关键是做好饮食卫生，防止“病从口入”。此外，充足的睡眠和丰富的营养有助于增强体质、预防夏季肠道传染病。

(三)病毒性肝炎

病毒性肝炎由侵犯肝脏、导致肝组织发炎坏死的肝炎病毒引起，它的传染性较强，传播途径复杂，流行面广，发病率较高，对人类健康威胁较大。预防病毒性肝炎要养成良好的个人卫生习惯，注意饮食卫生，不食用生的或未煮熟的海产品。有条件的可注射疫苗。

(四)非典型肺炎和新型冠状病毒肺炎

传染性非典型肺炎和新型冠状病毒肺炎是由冠状病毒引起的急性呼吸系统传染病。非典型肺炎是 2003 年首次暴发，世界卫生组织将其称为“严重急性呼吸综合征”(简称 SARS)。新型冠状病毒肺炎是 2020 年暴发，这两种肺炎都对人民生命带来了巨大威胁。目前这两种传染病尚无有效的治疗药物，但可预防。主要的预防措施有：保持良好的个人卫生习惯，勤洗手；不到人群集中的场所，佩戴口罩，室内经常通风换气，衣物勤洗勤晒，加强锻炼，充分休息等。

(五)艾滋病

艾滋病的医学全名为“获得性免疫缺陷综合征”(英文缩写 AIDS),是由艾滋病病毒(人类免疫缺陷病毒——HIV)引起的一种严重传染病。艾滋病病毒侵入人体后破坏人体的免疫功能,使人体发生多种难以治愈的感染和肿瘤,最终导致死亡。

目前世界上还没有药物和方法可以彻底治愈艾滋病,因而死亡率极高。它的传播途径主要有三种:(1)血液传播。输入被病毒污染的血液或使用了被血液污染又未严格消毒的注射器、针灸针、拔牙工具等,都有可能感染艾滋病毒,是艾滋病最直接的传播途径。(2)性传播。与艾滋病病毒感染者进行没有预防保护的直接有体液交换的性行为,是目前艾滋病感染的主要途径。(3)母婴感染,也称“垂直感染”。如果母亲是艾滋病病毒的感染者,那么她极有可能(约 30%的机会)经由母体及母乳直接将艾滋病病毒传染给新生的婴儿。

了解了艾滋病的主要传播途径,预防滋病应注意以下几点:

(1)洁身自爱、遵守性道德、约束个人性行为是预防艾滋病的根本措施。

(2)拒绝毒品,共用注射器吸毒是艾滋病传播的重要途径。

(3)不注射未经国家检验的血液和血液制品,不到不可靠的医疗单位打针、拔牙、针灸、手术。

(4)不用未消毒的器具穿耳洞、文身、美容,不与他人共用剃须刀、牙刷。

(5)及早治疗并治愈性病可减少感染艾滋病的危险。

第二节 意外事故伤害的预防

意外事故是指由于不可预见的原因或者不可抵御的力量而导致的人身伤害事故。日常生活、学习中的意外事故也是造成大学生人身伤害的一个重要原因。大学生在参加群体性活动、实验实习、外出旅游以及体育锻炼、比赛时,都有可能遇到由于自身和外界因素造成的意外事故。因此,增强安全意识和掌握预防意外事故的基本技能十分必要。

一、校内外活动安全

(一)群体性活动安全

为丰富校园文化生活,大学生经常组织各类群体性活动,如学术报告、文艺表演、校园招聘等。这些活动一般都在大型场所，人数都在几百上千人，甚至上万人。由于在有限的空间，人员高度集中，一旦发生意外，比如突发地震、火灾等情况，现场秩序极易遭到破坏，人群出现混乱，互相拥挤、踩踏，极易产生群死群伤的灾难性后果。作为个体，大学生在参加群体活动时，应牢记以下几点：

(1)熟悉所处场所的环境。保持安全警惕性，尽量避免有危险的地方或存在安全隐患的场所。到人员聚集的场所，尤其是室内场馆时，要牢记安全门等安全设施的位置和安全疏散通道的方向。

(2)遵守活动秩序。要听从老师或现场管理人员的指挥，不要嬉戏、打闹、追逐，或发生其他影响秩序的行为。

(3)一旦出现意外情况，要保持头脑清醒，切忌惊慌失措。如果现场秩序混乱、无人疏导，不要急于从出口外出，应保持在原地不动或选择人少的地方等待，避免踩踏事故。如果可能的话，可以自行组织维护现场秩序，指挥疏散。

(二)实验、实习(实践)安全

实验、实习(实践)是大学生学习中的重要内容，在实验、实习(实践)过程中有可能接触、使用一些具有危险性的化学物质，如易燃易爆物品、放射性元素，也可能使用一些机械、电器、压力容器等工具，如果麻痹大意，操作不当，就会发生触电、爆炸、化学物品灼伤、烧伤等危险。因此，在实验、实习过程中应做到以下几点：

(1)严格遵守安全纪律。实验、实习(实践)动手时严格按照操作规程要求进行，按规定穿戴劳保用具，仪器、设备如发生故障，应立即停止，立即报告教师，切勿私自拆卸。不要有过于自信、麻痹以及好奇等心理。

(2)注意安全用电。凡涉及用电的实验，一定要经指导老师检查，以防漏电或电击伤人；使用高温炉、红外线灯时要遵守操作制度，不要靠近高压设备及电源箱等，严禁私接、乱接和电源。

(3)化学实验中，取用易燃易爆、剧毒性等药品时，一定要在老师的指导下，随用随取；取用化学危险品必须谨慎小心，严防震动、撞击、摩擦、重压和倾倒，易燃易爆的化学危险品不得混用；容易剧烈反应或灭火方法不同的化学药品，不可放置在一起；实验室内严禁烟火，杜绝一切可能产生火花的隐患。

(4)在工厂实习(实践)过程中，要严格遵守规定，不要接近危险区，尽量不随意走动；在车间不随便触摸正在运行的机器及操作按钮等；严格按照操作程序操作，防止损坏仪表仪器及机械设施，遇到危险情况及时报告，防止发生人身伤亡事故。

（三）旅游安全

随着人们物质生活、精神生活的日益丰富，旅游已成为人们生活中重要的内容之一。尤其是年轻的大学生，旅游是开阔视野、增加阅历、增长知识的绝佳途径。外出旅游，只有安全得到保障，才能乐在其中。

1. 外出旅游应注意事项

（1）长途旅行要根据当时季节和沿途各地的气候及环境，带足适用的衣物，夏天应防中暑，温热地带防蚊虫叮咬，冬天注意防寒；要及时了解气候变化，及时调整计划，防患于未然，避免因气候、环境因素遭受人身伤害。

（2）讲究饮食卫生，不吃不洁瓜果和饭菜，不喝过期或不卫生饮品，对陌生人敬让的饮料、食品、香烟、纪念品，要婉言谢绝；在流行性疾病传播季节和寄生虫病流行地区，尽可能避免和疫水接触，做好相应的预防工作。

（3）尽量避免与他人争执，也不宜参与别人的争执。年轻人火气较盛，易冲突，要防止因话不投机发生争斗，造成伤害。

（4）旅行中，特别注意交通安全，不与机动车抢时间、比速度；乘车时不要将肢体伸出窗外；当发现乘坐的汽车司机心情沉重，或醉意朦胧、疲惫不堪，或异常激动时，应毫不犹豫地要求更换司机或改乘其他车次。

（5）旅途中临时留宿时，要用短暂时间对周围环境有一个大致了解，明白自己所处的位置、方向，了解安全通道，防火、防盗、防毒设施；睡觉时注意关好门窗，外出时锁好门；如与陌生人同住一间房，既要文明礼貌，热情大方，又要提高警惕，不要轻信他人。

（6）进行登山、滑雪、漂流、攀岩等户外活动时，事先要制订周密的计划，对可能发生的意外情况要准备好应急措施；要携带必要的安全用具，如绳子、电筒等；要量力而行，身体不适或感觉疲劳时，千万不要勉强；在野外行走时，要防止毒蛇、野兽侵害。

（7）在深山密林中行走，要注意防止迷路，特别是在阴雨或大雾天气。不要单独行动，事先最好找个向导同行。为了防止迷路，可每隔几步在同一方向做上不易消失而又明显的记号，以便返回时识别。这里介绍一些简单的方法：枝叶茂盛、树冠大的一侧是南方；树干有阴湿的苔藓、树皮粗糙的一侧是北方。

2. 旅游意外事故处理

(1)中暑防范急救。

中暑是由于人体长时间被烈日暴晒或处在高温环境下，而出现的头痛、恶心、头晕、意识丧失等一系列症状。中暑的急救处理可采取以下措施：

① 立即将患者转移至阴凉通风处，松开其腰带，解开颈部衣扣或者脱去外衣，用手指掐捏患者人中、百会、合谷及十宣等穴位。

② 服用冷盐水、绿豆汤等，或口服葡萄糖盐水、十滴水、仁丹等防治中暑药品。

③ 高热者应迅速进行冷水喷淋，或用风扇吹风，也可在头部、心前区放置冷毛巾降温。

④因中暑引起的呼吸停止者，应立即进行人工呼吸，并迅速送往医院救治。

(2)兽咬伤的救助。

人被犬、猫等动物咬伤后，有可能导致致病微生物的沾染，并引起继发感染。最严重的是狂犬病病毒，由患狂犬病的犬、猫等动物咬伤或抓伤而带入人体组织，其死亡率为100%。被猫、狗咬伤后的紧急处理原则：

① 避免过分恐惧，尽可能安静、放松、减少活动，以免毒素扩散。

② 先用盐水反复冲洗伤口，也可以用20%的肥皂水清洗伤口，至少半小时。

③ 对较深的伤口用3%的过氧化氢冲洗，不予缝合，以利引流。

④ 及时注射狂犬疫苗。

(3)毒蛇咬伤的救助。

毒蛇咬伤处，一般会有“八”或“八”牙痕，局部红肿疼痛，牙痕周围发硬，肤色转成青紫。早期即有精神不振、全身酸疼、头昏眼花、恶心、呕吐、气急、心慌等症状。晚期毒性作用出现嗜睡、昏迷、四肢抽筋、呼吸困难、脉细，最后出现呼吸循环衰竭。

①被毒蛇咬伤后，立即坐下，不要乱跑，以减少身体吸收毒素的速度。就地止血将伤肢放在低位，同时用布条距伤口5~10厘米处绑扎，四肢绑扎时多在关节上方，每隔15~20分钟放松2~3分钟，以免肢体远端缺血坏死。用清水或肥皂水反复冲洗伤口，冲洗后可用碘酒、酒精局部消毒。牙痕经上述处理后，可用火焰灼烧伤口，破坏蛇毒。尔后将牙痕伤口用小刀挑开呈“+”“*”或“-”形切口，检查伤口有无毒牙残留，如有残留，应及时排除，同时用上述冲洗法反复冲洗伤口。

②迅速及时将其毒液挤出或吸出。具体方法：一是用手指从四周向伤口挤毒液至少15分钟以上，直到伤口引流出淡黄色清水为止；二是直接用嘴吸吮伤口中的毒液，吸吮时把嘴对准伤口，使劲地往外吸毒液，吸一口，吐一口，并及时漱口，如口中有破溃，如口腔溃疡或龋齿等，则不应用口吸法，以防毒液经破溃处进入人体。

③如随身带有蛇药可即刻服用20片，同时将药片捣碎以酒或水混合呈糊状外涂于伤口处。确定是被毒蛇咬伤经就地急救处理后，应尽快到医院治疗。

二、运动安全

(一)体育运动安全

大学生大多热衷体育运动，喜爱参加体育锻炼。由于较多体育运动有一定的体能要求和技巧，不少项目还有较强的对抗性，因此，一定程度上具有潜在的不安全性。大学生参加体育运动应当循序渐进、量力而行、合理安排、全面发展，否则容易发生运动损伤。

例如，某高校一次运动会上，某同学参加3000米长跑项目比赛。到达终点后，该同学突然瘫倒在跑道上，口吐白沫。紧急送到医院抢救，但抢救无效而死亡。该同学是学校的长跑运动员，多次在长跑项目中夺魁，为什么会突然死亡呢？通过调查和尸检发现，该同学当时患感冒并发病毒性心肌炎，由于比赛的剧烈运动，导致心力衰竭而死亡。

1. 预防运动损伤注意事项

(1)充分了解自己的身体和健康状况。从事体育活动之前，必须充分了解自身的健康状况，以确定是否要参加某项活动，并结合身体状况的实际，正确地选择锻炼的方式和方法，调整运动内容、强度和重点，患有疾病或身体不适的同学，千万不可进行剧烈的体育运动，定期进行身体检查。月经期的女同学要避免进行大幅度或震动大的跑跳运动，也不要进行增加腹压的力量性训练。

(2)做好运动准备活动。严禁不做准备活动就参加锻炼和比赛。充分的准备活动，可以使人体有准备地从安静状态逐步过渡到运动状态，加强肌肉韧带的柔韧性、弹性和肌肉的黏滞性，使身体各组织器官做好充分准备，从而减少运动性外伤。

(3)加强运动中的保护。练习者在学会自我保护的同时，要注意对器械、场地和着装进行选择，不使用损坏的器械进行锻炼，在场地差的地方锻炼要格外小心，着装要方便参加的体育活动。在危险动作练习时，要请教练或有经验人员进行保护。要克服“运动损伤不可避免”“小伤无害”的麻痹思想，也要防止运动竞赛中故意伤人的错误倾向。

2. 体育运动损伤的处理办法

常见的体育运动损伤有骨折、脱位、闭合性软组织损伤、开放性软组织损伤等，其中以闭合性软组织损伤最为常见。一旦在运动过程中发生损伤，受伤人一定要保持冷静，在场的同学要尽量消除受伤人的紧张和顾虑，积极利用身边的药品、物品进行救助。

(1) 如有大量出血和休克现象，应首先进行止血和抗休克(可以用手指按压当事者的人中)。

(2) 在不明伤情时，切忌毫无救助常识地实施护理、复位等处置，以免加重伤情。

(3) 尽快护送受伤者到医院进行救治，为帮助医生了解受伤经过及受伤的程度，应将受伤及急救的情况详细告诉医生。

(二) 游泳安全

人淹没于水中，由于呼吸道被水、泥沙、杂草等阻塞，喉头、气管发生反射性痉挛，引起缺氧和窒息，甚至死亡，称为溺水。游泳是大学生喜爱的运动，然而如果准备不充分，遇到意外时慌张，不能沉着自救，极易发生溺水伤亡事故。

1. 预防溺水的注意事项

(1) 不独自外出游泳，不到不熟悉水情或比较危险的水域游泳。有组织地在熟悉水性的人带领下游泳，并确保救生员做安全保护。

(2) 要了解自己的身体健康状况，平时四肢容易抽筋者不宜参加游泳或不到深水区游泳。下水前先活动身体，如水温太低则应先在浅水处淋洗身体，待适应水温后再下水游泳；有假牙的应将假牙取下，以防呛水时假牙落入食管或气管。

(3) 对自己的水性要有自知之明，下水后不能逞能，不要贸然跳水和潜泳，更不要酒后游泳。

(4) 在游泳中，若小腿出现抽筋，千万不要惊慌，可用力蹬腿或做跳跃动作，或用力按摩、拉扯抽筋部位，同时呼叫同伴救助。如果突然觉得身体不舒服，如眩晕、恶心、心慌、气短等，要立即上岸休息或呼救。

2. 溺水的救助方法

(1) 游泳时如意外溺水，附近又无人救助时，溺水者首先要保持镇静，千万不要手脚乱蹬拼命挣扎，这样可减少水草缠绕，节省体力，避免身体下沉更快。正确的自救做法是：溺水后立即屏住呼吸，放松肢体，保持身体平衡，并尽可能地保持仰位，使头部后仰，使口鼻浮于水面之上；呼吸时尽量用嘴吸气、用鼻呼气，以防呛水；用手、脚轻轻划水，慢慢游向岸边或浮于水面等待救援。

(2)在游泳中遇到溺水事故时，现场急救刻不容缓。救护溺水者，应迅速游到溺水者附近，从其后方出手救援。或投入木板、救生圈、长杆等，让落水者攀扶上岸。

(3)将溺水者救上岸后，首先判断溺水者意识和生命体征。如果均正常，可视情况帮助清除口腔、鼻咽腔的呕吐物和泥沙等杂物，加强护理；如果意识丧失，生命体征存在，应去除口腔异物，包括取下假牙，保持呼吸通畅。应将其舌头拉出，以免后翻堵塞呼吸道。

(4)如果溺水者呼吸、心跳已停止，应立即进行人工呼吸，人工呼吸一般以口对口吹气为最佳，最初吹气时必须用大力，以便使气体加压进入灌水萎缩的肺内，尽早改善窒息状态。在急救的同时应迅速送往医院救治。

第三节 校园暴力及防范

校园暴力是指在学校实施正常管理、教育职能期间，发生于校园内及周边，师生之间、学生之间以及非学校人员对学校师生所实施的暴力行为。它属于社会暴力的一种。大学校园本是一片净土，但是近年来，高校暴力案件时有发生，校园暴力也成为危害大学生人身安全的主要因素。减少和避免校园暴力，需要社会、学校和大学生的共同努力。作为大学生，一方面要加强遵纪守法的观念，努力提高个人修养，同时也要学会应对免遭暴力伤害和威胁的策略及方法，以避免造成人身伤害。

一、校园暴力产生的原因

校园暴力是社会不良因素的影响和大学生主观心理发展缺陷互相作用的结果。校园暴力产生的原因可以分为客观的外在原因和主观的内在原因两大方面。

(一)客观原因

1. 社会经济文化发展变化带来的影响

随着改革开放的深入推进和社会主义市场经济的建立，社会生活的各个方面发生了结构性的变迁，也打破了原来生活观念、状态和秩序，深刻地影响和塑造着大学生的思想和行为。一方面，随着市场经济的建立，社会活力不断激发，社会财富极大丰富，与此同时，市场经济也拜金主义、享乐主义盛行；另一方面，随着改革开放的深入推进，西方思想、文化不断涌入，国内出现了文化的多元化，新文化同传统文化不断发生冲突，极端个人主义、自由主义思想不断蔓延，这些都使大学生的价值观、人生观在不知不觉中发生变化，少数趋乐避苦，急功近利，当通过正当渠道不能达到目的的大学生，就会采取违纪违法甚至暴力犯罪的方式等来实现。

2. 学业、就业压力带来的影响

随着高校从规模发展向内涵发展的变化，以及双向选择就业制度的全面实施，大学生的学业压力和就业压力将越来越大，绝大多数的大学生虽已成年，但心理、生理还远未完全达到社会上成年人的成熟阶段。加之现今就业困难的无形压力，更使大学生心理压力倍增。大学生活中不如意的事情和压力积累到一定程度，如一旦受突发事件的刺激，便很可能引发校园暴力。

3. 家庭变化带来的影响

近年来，家庭变化主要体现在两个方面，一个是独生子女家庭的普遍性，二是特殊家庭(单亲家庭、组合家庭)的增多。这两种家庭的出现都对子女的成长带来了较大的影响。独生子女家庭普遍存在溺爱子女，过分满足子女要求甚至放纵怂恿的现象，这些使子女从小养成唯我是从，蛮横任性的性格。而特殊家庭由于缺少父(母)爱，家庭氛围的不和谐、缺乏温情，容易使孩子养成孤僻、冷酷、无情、悲观的性格特征。大量事例表明，一些大学生实施校园暴力从而走上违法犯罪的道路，与他们的家庭教育及家庭氛围的影响有着直接或间接的联系。

(二)主观原因

1. 思想观念错位

产生暴力行为的大学生，有的是自我修养不够，价值观念错位落后；有的只从本位、自我欲望去判断和行动，一切以自我为中心，不能从他人、社会角度去进行价值判断，不惜以暴力手段去追求自我价值的实现。如发生在某医科大学大三学生马某因功课不好，被学校“劝其退学”而杀死爸爸和奶奶的案件中，马某原本准备自杀，又担心自己死了会引起亲人伤心，进而采取一了百了的极端方法杀死亲人。从表面上看，马某自始至终心中都有亲人，一直在替亲人着想，但本质上，他思考、处理问题仍以“自我”为中心，并未真正从亲人、从社会角度来分析和处理问题。

2. 法制观念不足

法制观念是法律意识的组成部分，通常指人们对现行法律和法律制度所持基本肯定的认识和态度。法治社会的推进要求人们树立法制观念，增强法治意识。大学生作为国家和社会未来的希望，更应该支持依法治国，带头知法守法。而校园暴力事件频发，很大一部分原因就是大学生法律知识不足，法制观念不强。因此，大学生在校期间要加强学习法律知识，增强法制观念，做到知法、守法、敬法、普法。

3. 个性心理不成熟

大学生处于青年期，其心理正在迅速走向成熟但又未完全成熟，这一时期心理起伏较大、易冲动、自我控制能力较差、做事欠考虑。大学生心理脆弱主要原因：一是对自我要求高于自的素质、能力；二是客观生活环境困难。如2004年，云南某大学学生马某与同学打牌发生争执，马某认为同学的言语极其伤害自尊，让马某多年的积怨彻底爆发，于是用石工锤残忍杀害了4个朝夕相处的同学。马某在发生“打牌”事件之前，心理压力早已“忍辱负重”，无论是自己的贫穷，无法找回的自尊，快毕业的惶然，还是父母家族的众望，使他积聚了过多的心理压力，有着强烈的反抗心理和仇恨情绪，而同学的言语刺激，最终导致悲剧的发生。

二、校园暴力的特点及危害

（一）校园暴力的特点

（1）多为突发性。高校学生大多来自五湖四海，没有宿仇，但往往由于日常生活中一些鸡毛蒜皮的小事发生口角，当事人一时想不通就实施暴力，以泄一时之气。所以此类暴力主要表现为行为的发生不具有规律性。多数行为出乎人们的预料，并且在没有任何防范的情况下发生。因此，突发性是高校暴力事件的最显著特征。

（2）社会影响大。高校是人才培养的场所，是高素质人才集聚之地，受社会关注度高。一旦校园发生暴力事件，不仅对被害人的生命、健康造成严重危害，给家庭带来巨大灾难，也会被社会广泛关注并快速传播，从而给学校和社会造成较大的负面影响。

（3）心理健康欠缺明显。统计分析近年来高校暴力事件（尤其是恶性案件）

的施暴者个性特征发现，校园暴力事件的主体——在校大学生，实施暴力事件时期，普遍存在精神健康状态不佳、心理障碍严重等心理健康问题。

(二)校园暴力的危害

(1)校园暴力严重危害大学生的身心健康。校园暴力可以直接导致对身体的伤害，有的会造成终身遗憾。它除了造成被害人生命、健康、财产损失外，还形成极为恶劣的心理伤害，严重的有自杀倾向，有的甚至还会形成暴力习惯或倾向。另外，大学生受到校园暴力的侵害，容易使他们对社会的认识产生偏差，他们对社会产生极度的恐惧心理而自我封闭、逃避社会，导致他们的社会适应能力低下，或是因对社会产生憎恨心理而报复社会，走上违法犯罪道路。

(2)校园暴力严重扰乱了学校的正常教学秩序。校园暴力会扰乱学校的工作节奏，分散了学校的工作精力，不仅影响了学生的学习意愿和老师的教学成效，也严重影响了学生和家长正常的社会生活，引发许多社会问题。校园暴力还极易引发治安案件，严重影响社会治安，构成社会的不稳定因素。

(3)校园暴力会使一些原本品行良好的学生成为施暴者。校园暴力的一个重要特点是一个人在多次受害之后往往具有行凶的倾向，许多行凶者都是从受害经历中学会对他人施暴的。

(三)校园暴力的防范

校园暴力是个人、家庭、学校和社会等多方面原因综合作用的产物，是社会多方面消极因素的综合体现。校园暴力的防范，需要社会各界的广泛关注和全社会的共同努力，才能取得明显效果。从大学生个体来说，应注重以下几个方面：

1. 注重思想道德修养，形成良好的道德风尚

大学生要自觉加强理想教育、诚信教育、爱国主义教育以及形势政策教育，正确认识自我，认识社会，树立正确的世界观、人生观、价值观，增强大学生的公德意识，提升思想道德修养。事实表明，许多大学生进入大学后，往往缺乏新的追求目标，没有目标规划，从而造成理想缺失，结果在大学里浑浑噩噩，产生迷茫感与失落感，导致心理问题和疾病，最后走向违法犯罪。

2. 自觉学习法律知识，增强法制观念

虽然学校开展了法律教育，但由于法制观念淡薄，部分大学生仍然不知法、不懂法，有的甚至是法盲，如把寻衅滋事看成游戏，把打架斗殴看成是哥们义气，等等。针对这种现象，大学生要自觉强化法制教育，做到知法、懂

法、守法，通过教育，了解法律，知道行为的法律后果；增强人身安全防范意识，弄清什么是犯罪，提高辨别是非和抵御错误思想侵袭的能力，正确理解权利与义务的关系，养成维护法律尊严的思想和遵纪守法的良好习惯。

3. 加强心理引导，提升自我心理素质

第一，大学生要学会控制情绪和自我宣泄。要选择适当的途径对产生的不满、愤怒和痛苦进行宣泄释放，如进行快跑、拳击等激烈的体育运动，以减轻心理压力。同时学会自我调适，学会处理现实与理想的矛盾，学会事前理智思考，而不应产生错误的想法和采取极端的行为。

第二，大学生应建立和谐的人际关系。大学生要克服心理障碍和自闭倾向，学会与人沟通，积极在现实生活中寻找朋友；要充满信心地对待生活，能够接纳他人，使自己的心理处于轻松愉快之中；同学之间要相互尊重、相互欣赏、取长补短，减少人为隔阂。对待同学应有一颗宽容的心，避免产生矛盾的尖锐化，减少暴力的诱因。要以严肃的态度对待爱情，保持稳定的情绪及健康的心理。

第三，大学生应培养一定的抗挫折能力。大学生进入校园就开始了独立的学习与生活，难免在生活学习中有不少困难难以轻易克服，甚至不能避免失败的发生。挫折教育就是采用心理调节方法，克制不良习惯，建立良好的心态，增强心理承受能力，增强斗志和克服困难的信心，以便从悲观的情绪中走出来。

第四，大学生要能够正确评价自己。正确认识自己、评价自己是建立良好自我意识的基础，同时也是健全人格形成的重要保证。健全的人格能够推动健康社会行为的产生，而有缺陷的或不健康的人格则可能推动反社会行为。因此，积极建立平衡、协调、统一的自我意识的，能提高大学生心理健康水平和心理素质，预防违法犯罪的产生。

4. 增强安全防范意识，提升安全防范能力

个人贵重物品妥善保管，不贪财，不露富，夜间休息要关好宿舍门窗，使违法犯罪分子无机可乘。暴力镜头、暴力文化是暴力行为的催化剂，大学生应自觉抵制暴力文化的散播，不到有暴力镜头的网吧、游戏室、录像厅、歌舞厅等娱乐场所，不看不健康的书、刊、画、音、影、游戏等，增强自我抵御能力。同时，大学生要学习一些基础防身术，一旦遭遇侵害，即便遇到突发性暴力袭击，及时进行自我保护，将损失减少到最低限度。在遭受不法暴力侵害时，应当临危不惧，沉着冷静，正确运用正当防卫这一法律武器同罪犯做坚决斗争，保护自己的人身和财产安全，同时使犯罪分子受到应有的惩罚。在搞好

自我防范的同时，也要发扬见义勇为精神，团结起来，共同打击违法犯罪行为。

(四)校园网络暴力的预防

网络暴力是指一类由网民发表在网络上的并且具有“诽谤性、诬蔑性、侵犯名誉、损害权益和煽动性”的言论、文字、图片、视频等，并对他人的名誉、权益与精神造成损害的网络行为。网络暴力是一种危害严重、影响恶劣的暴力形式，是社会暴力在网络上的延伸。相对于传统的校园暴力，网络暴力是一种新型的网络暴力，是随着网络技术的广泛应用和新媒体技术的不断发展而产生和发展的。网络暴力虽然是匿名的、虚拟的，但给当事人带来的伤害却是真实的。

1. 网络暴力的主要特点

(1)传播活动自发形成。

网络暴力事件的始终，不存在任何强迫行为。无论是首次传播，还是二次传播或多次传播都是网民的自发使然。无论是出于道德使命感还是情绪宣泄需要，网络暴力事件的传播都是在自发状态下进行的，纵使存在一些背后别有用心的事件操控者的主观行为，也是在不被发现的隐性状态下进行的，大多数参与者并没有意识到其行为的被操控性，所以说网络暴力传播活动基本上都是自发的，至少是在参与者自认为自发状态下进行的。

(2)信息结构的开放性。

在网上，谁都有说话的权利和自由。只要你注册了一个论坛，就有在里面说话的权利和自由。在整个网络暴力的传播过程中，只要你的言论于论坛无害，一般版主就不会删除你的发言。你可以补充任何信息，只要它是真实的，甚至只要是网民希望真实的，都可以造成新一轮的传播活动。总之，网络暴力的传播处于一个极度开放的传播结构中，这就为传播影响的不可控制性埋下了伏笔。

(3)恶劣影响的虚拟促成。

由于网络的虚拟性而产生的监管难度大，使得很多在现实中不好做的事情，或者不好说的话在网络上便可以旁若无人地做，肆无忌惮地说。在这种环境下人们往往容易产生“很安全”的观念，网民的诚信意识及道德观念容易缺失，因而在网络世界里，人们做出一定的行为根本就用不着深思熟虑、谨慎再三，完全实现了“思想有多远，路就能走多远”的愿望，很多人把这里作为对现实不满宣泄的平台，甚至一些无从证实的传闻、流言、诽谤、谎言等各种不健康信息在网络里却可以大行其道。

(4)传播效果容易失控。

大多数网络暴力看起来似乎总发端于对不合情理现象的讨伐，但由于总是在狂热、非理性的支配下，再加上网络传播结构的开放性和流言传播的易失实性，使得网络暴力很容易出现差错或被人利用，使无辜的当事人蒙冤。网络暴力的背后是以讹传讹在作祟，这些虚假或片面消息的扩散传播，影响受众做出非理性举动，最终导致传播失控而形成网络暴力事件。

2. 网络暴力主要表现形式

网络暴力的主要表现形式有：

(1)网民对未经证实或已经证实的网络事件，在网上发表具有伤害性、侮辱性和煽动性的失实言论，造成当事人名誉损害。

(2)在网上公开当事人现实生活中的个人隐私，侵犯其隐私权。

(3)对当事人及其亲友的正常生活进行行动和言论侵扰，致使其人身权利受损等。

具体表现形式为：

①以文字语言为形式的网络暴力。文字语言暴力这种形式在如今人流量大的网站随处可见，如天涯论坛、百度贴吧、微博、腾讯新闻评论等。任何一个网络暴力事件，不难发现，其中文字语言暴力必定不会少，粗俗、恶毒的攻击性语言推动了网络暴力的扩散，也增加了网络暴力的危害。

②以图画信息为形式的网络暴力。图画信息暴力在网络暴力事件中也并不鲜见。我国发生过很多例子，例如篡改他人传上网络的照片，通过照片的篡改进行侮辱、诽谤、攻击等。或者以惊恐的图片恐吓他人，通过 Photoshop 技术恶搞、损毁他人照片，以此攻击他人，这也是一种图片信息的网络暴力。

③非理性人肉搜索。网络暴力事件的另一主要类型是非理性人肉搜索。非理性的人肉搜索最易侵犯受害者的隐私权，而参与者往往认为是一件刺激而有趣的事，在这个过程中更多的是满足于自身“FBI”能力的窃窃自喜。

④充斥谣言的网络暴力。源于谣言的网络暴力最开始是由利益人发布不法的谣言，再煽动不知情的网民推波助澜，而利益人则等待事件扩散，坐收其中利益。谣言的危害性是非常明显的，不法者恶意编造，网民成为被利用者，谣言伤害了网民群体的相互信任感。

3. 网络暴力的社会危害

每个人都可能成为网络暴力受害者，网络暴力以其独有的方式破坏公共规则、打破道德底线。从近年发生的网络暴力事件分析，其危害主要有以下方面：

(1)网络暴力混淆真假。

通常，对真理的曲解并不在于信息源本身，而在于真理在传播的过程中被歪曲混淆。在网络暴力事件的不断冲击下，原本难以辨识的真善美和假丑恶变得更加难以区分。网络暴力事件，往往是真理被曲解的过程，在这个过程中，混淆了对与错、真与假。

(2)网络暴力侵犯当事人权益。

网络暴力中，参与者非理性的群体攻击侵犯了网络暴力事件当事人，对当事人的身心造成了伤害，并直接侵扰了当事人的现实生活。尤其人肉搜索风靡开始，网民已不再局限于在网络上通过语言文字或图像的方式对当事人进行攻击讨伐，通过人肉搜索手段直接从网络虚拟社会渗透到现实社会，对当事人的现实生活进行骚扰。

(3)网络暴力影响网民的道德价值观。

除了对当事人直接造成的危害和影响外，网络暴力行为的频繁发生，还会影响广大网民的道德观、价值观。正确的价值观念是人类社会秩序正常运行、美好和谐社会得以构建的保障。网络暴力的频繁发生，会对公共道德观念和价值观念产生冲击，从而影响了网民的道德、价值观，进而影响个体行为。

(4)网络暴力阻碍和谐社会构建。

网络暴力事件侵犯了当事人的名誉权、隐私权，泄露了网民的个人信息，更加增强了个人信息的安全风险，引发了社会的恐慌情绪，阻碍和谐社会的进程。与现实社会的暴力行为相比，网络暴力参与的群体更广，传播速度更快，可能比现实社会的暴力产生的危害更大。加之人肉搜索的兴起，私人信息被曝，网民跟风炒作，扩大事情影响，引发网络暴力，给当事人造成严重的身心伤害，严重阻碍和谐社会的进程。

五、校园网络暴力的防治

大学生思想活跃、激情奔放、个性突出，往往是网络中的活跃分子。网络空间的匿名化、虚拟化环境，容易让在生活中遵纪守法的他们，在网络中忽视自我约束力和规范性，针对社会热点或新闻，可能会突破道德底线，情绪化的表达个人观点，逞一时之快而不计后果，最后不自觉参加网络暴力，给自己造成不必要的麻烦，给他人造成不必要的伤害。作为新时代的大学生，不仅应自觉防范成为网络暴力推手，还应积极抵制网络暴力。

学校和大学生应该充分认识网络暴力的危害，共同预防网络暴力的发生。

（一）开展大学生网络道德规范教育

针对校园网络暴力的发展趋势，高校应及时开展大学生网络道德规范教育，帮助学生树立网络法律、道德意识。随着网络法律制度的建立健全，网络不再是一个“畅所欲言、想说什么就说什么”的地方，同样需要得到制约和管束，要积极引导学生学会对网络信息的真伪进行辨别，合理利用网络渠道发表个人观点，正确运用网络资源，养成良好的网络使用习惯。

（二）加强高校网络暴力监管

网络暴力的产生往往需要具体事件的诱导和一定时间的酝酿，如果能在第一时间发现网络暴力事件的苗头，并且采取积极有效的措施及时化解，防止网络事件影响的发酵扩散，则高校网络暴力就会大大降低。因此，学校应建立网络监管体系，落实网络监管责任，提升网络监管技术，及时有效控制网络暴力的酝酿和发生。

（三）大学生要谨慎保护个人信息

大学生平时一定要做好个人信息保护，不要给陌生人透露自己的家庭住址和个人及家人的身份信息，也不要在网络平台、社交软件泄露个人及家人身份、图片等相关信息，防止被不法分子利用这些信息作为人身攻击、诈骗或其他违法犯罪活动。

大学生一旦受到网络暴力侵害，要积极利用正当的法律手段维护个人权利。

六、防治校园网络暴力的方法

（一）收集证据线索

在信息泄露之后，很容易收到各种的邮件，接到不同的电话。这时候要留心，记下对方的电话或者是邮箱地址等有用的信息。为自己维权留下证据线索。

（二）向相关部门报案

个人信息一旦泄露，可向公安部门、互联网管理部门、工商部门、消协、行业管理部门和相关机构进行投诉举报。报案的目的一来是保护自己的权益，二来也是可以备案。

(三)提醒身边的亲朋好友防止被骗

个人信息泄露后，不仅可以用这些信息盗用你的账号，甚至还可能骗你身边的亲朋好友。所以一旦你的信息泄露，或者联系工具账号丢失，一定要第一时间通知你的亲朋好友，要他们倍加防范，以免上当受骗。

(四)委托律师维权

如果个人重要的信息丢失，而且知道怎么丢失的或者是有很多线索，那么就可以向专业的律师咨询相关的法律法规，利用法律的武器维护自己的权益。如果是在消费过程中泄露，还可依据《民法典》《消费者权益保护法》等，要求侵权人赔礼道歉、消除影响、恢复名誉、赔偿损失等。

第四节 女大学生自我安全防范

性侵犯(包括性骚扰和性侵害)是危害高校学生尤其是女学生人身安全、身心健康的主要问题之一，会给被侵害对象的身心造成极大的伤害。对女大学生来说，防范性骚扰和性侵害是突出的安全问题，因此，女大学生有必要掌握预防性侵犯的基本知识。

一、性骚扰和性侵害的主要形式

一般认为，只要是一方通过语言或形体做出有关性内容的侵犯或暗示，从而给另一方造成心理上的反感、压抑和恐慌的，都可构成性骚扰。性侵害是指违反被害人意愿，以权力、暴力、金钱，引诱、胁迫被害人与其发生性关系，并在性方面造成对受害人伤害的行为。

(一)性骚扰的主要形式

一是利用靠近女生的机会，有意识地接触女生的身体。

二是在女生面前公然暴露生殖器。

三是借助电话和手机进行骚扰，或者强行要求谈情说爱，或者无聊地谈天说地，或者发送低级庸俗的信息及黄色短信等，甚至是造谣中伤、恐吓威胁，给被骚扰人造成精神上的痛苦。

《妇女权益保障法》修正草案规定："任何人不得对妇女进行性骚扰"，"用人单位应当采取措施防止工作场所的性骚扰”，“对妇女进行性骚扰，受害人提出请求的，由公安机关对违法行为人依法给予治安管理处罚”，第一次以法律形式对性骚扰行为说“不”。因此，面对性骚扰，女大学生要克服女性的软弱和矜持，不要做沉默的羔羊，要果断和义正词严的拿起法律武器进行打击抵制和自我保护。

（二）性侵害的主要形式

一是暴力型性侵害。犯罪分子采用暴力或以暴力相威胁受害人实施强奸或猥亵等。

二是胁迫型性侵害。侵害人利用自己的权势、地位、职务之便对有求于自己的受害人加以利诱，或利用被害人的过错或隐私进行威胁，从而强迫受害人与其发生非暴力型的性行为。

三是社交型性侵害。此类性侵害多发生在大学生的社会交往过程中，如外出应聘或实习，相约到娱乐场所等，侵害人多与受害人有过交往，如同学、同乡，甚至是男朋友。随着互联网的发展，大学生的社会交往更加广泛，不少大学生热衷于网上交友，甚至远赴外地与网友见面，也给不法分子提供了机会。

四是诱惑型性侵害。利用受害人追求享乐、爱慕虚荣的心理，诱惑受害人而对其进行性侵害。

二、易发生性侵害的时间、场所和易受到侵犯的对象

（一）易发生性侵害的时间

1. 夏天

夏天是女性容易遭受信骚扰和性侵害的季节。首先，夏天天气炎热，夜生活时间较长，人们外出几率较多；其次，夏天气温高，女性衣着较单薄，肢体裸露部分较多，容易引发犯罪分子的歹念；最后，夏季校园绿树成荫，犯罪分子作案后更容易藏身和逃逸。

2. 夜晚

夜间光线暗淡，犯罪分子作案时不容易被人发现和监控，是女生容易受到性侵害的时间，因此女学生应尽量避免或减少夜间外出。

（二）易发生性侵害的场所

1. 僻静场所

校园假山、树林深处、楼顶天台、电梯内、灯光昏暗的小路、尚未投入使用的建筑物内等僻静场所是容易发生性侵犯的场所，女生单独经过或停留时容易遭到侵犯，所以女生要尽量避免单独经过或停留这些场所。

2. 公共场所

有事人多的公共场所也是女生容易遭受性侵犯的地方，因为有些公共场所，如校内的教室、礼堂、运动场馆、食堂，校外的车站、公交车、影院、商场、公园等、人多拥挤时，犯罪分子很容易乘机骚扰、侵犯女生。

(三)易受到性侵害的对象

1. 缺乏经验、单纯幼稚者

大学生与社会接触不多，往往缺乏基本的社会交往经验，在与有着丰富社会阅历的人打交道时，所表现出来的单纯和幼稚，很容易被某些居心叵测的人所利用，并以交友、恋爱、求职等为名，收到性侵害。

2. 贪图虚荣、作风轻浮者

当前社会越来越开放的性观念和日渐多元化、庸俗化的价值观的侵蚀，对处于青春期的大学生造成了一定的负面影响，容易使部分人爱慕虚荣、贪图享受，为达到这些目的甚至无视基本的道德观念，并忽视对自己的保护，在物欲和贪念面前丢失了自己。

3. 精神空虚、漠视法纪者

部分学生进入校园后，往往由于没有奋斗目标而变得精神空虚，如是通过网络等虚拟空间交友、聊天来寻求慰藉，更有甚者幻想通过“一夜情”来获得爱情。还有些学生无视法纪，想通过诈骗、诱惑等手段获得不正当利益或达到某些个人目的，这些都给了犯罪分子可乘之机。

4. 性格懦弱、胆小怕事者

实施性侵害的犯罪分子往往也担心侵害对象勇敢反抗和大胆举报，因此，性格孤僻、怯懦、胆小怕事的女学生更容易被犯罪分子作为性侵害目标。

二、性侵害的预防

(一)树立防范意识

对性行为要有正确的认识，对非正常的性行为要及时控制和制止。增强法制意识，了解相关法律规定。自珍自爱，衣着得体，举止得当。防止因自身原因诱发外界对自己的性侵害。

（二）注意交往安全

与异性朋友交往时，要选择品德高、修养好的人交往。关注其交往真实目的，如发现交往动机不纯或经常有性挑逗行为，要及时终止交往。不要轻易相信对方的甜言蜜语和承诺，也不要随便接受对方昂贵或有特殊意义的物品，不单独接受异性朋友邀请，初次与异性朋友见面最好有朋友陪伴，地点要选择在热闹的公共场所。不要轻易地告诉对方自己的住址、电话和其他联系方式，不过量饮酒，不随便食用不熟悉人给的饮料食品。

（三）留意环境安全

性侵害一般都发生在独处时或偏僻地，所以应尽量避免独处或在偏僻地点逗留。例如，夜间不要单独外出，如果确有必要，要有人同行或者有所戒备；不要在单身男性家过夜；如发现陌生男人尾随或跟踪时，要设法摆脱，必要时可设法求援；不要随意搭乘陌生人的车辆，夜晚一般不要单身乘出租车去偏远的地方。大学生应遵守学校规定，不要违反规定单独在外租房居住。校外居民房环境复杂，没有相应的安全设施，更缺乏必要的管理，安全没有保障。

（四）警惕兼职求职安全

女大学生在参加各类兼职，尤其是求职面试时，一定要慎重，从事社会兼职和寻找工作时，一定要通过正规的中介公司或通过学校有关部门推荐介绍。前往单位面试前，同时要对兼职和应聘单位的基本情况尤其是公司的口碑有基本的了解，尤其是对给予优厚薪酬待遇的公司要更加留意，初次面试最好邀请同学结伴而行。

三、性侵害的应对策略

一旦女大学生不幸遭遇到性侵害时，应当沉着冷静，采取以下策略积极应对，以减轻和避免受到伤害。

1. 以人为本，头脑冷静

当突然遭遇歹徒实施性侵害时，首先是保持头脑冷静，临危不惧。这样不仅可以保证自己临阵不乱，能仔细观察对方的举动和周围环境，正确判断形势寻找呼救和逃脱的机会，而且可以对罪犯起到震慑作用。坚持以人为本的原则，即首先是要保证自己的生命安全和身体不受伤害，在此前提下采取合适的自救措施，避免犯罪分子加剧伤害行为。

2. 随机应变，斗智斗勇

面对性侵害，不能一味屈从，要根据实际情况采取有效措施减轻或避免伤害，如果面对的犯重罪分子是相识的人，要用明确的话语予以制止，千万不要怯懦甚至屈就；如果面对的是陌生人，可采取低姿态麻痹和找借口的办法拖延时间，然后伺机逃脱；或利用语言让犯罪分子情绪放松，通过向对方诉苦引起犯罪分子的同情心理，减轻青海的欲望，同时通过观察和熟悉周边环境，抓住有利时机迅速逃脱。

3. 正当防卫，迅速逃脱

我国《刑法》第 20 条规定：“对正在进行行凶、杀人、抢劫、强奸、绑架以及其他严重危及人身安全的暴力犯罪，采取防卫行为，造成不法侵害人伤亡的，不属于防卫过当，不负刑事责任。”因此，女大学生在遭遇性侵害时要勇敢拿起正当防卫的武器。对犯罪分子实施攻击时，要把握时机，趁对方不备时突然袭击，狠、准、快地，用拳、脚、膝盖或工具猛力攻击对方的面部、小腹和阴部等要害部位，还可以使用身边的木棍、沙石、提包、高跟鞋等进行防卫。一旦正当防卫突袭成功，要迅速脱身并及时报警求助，防止犯罪分子继续伤害。

4. 积极报案，配合调查

如果不幸遭受性侵害，一定要记清犯罪分子的相貌、口音、生理特征、衣着打扮、携带物品等，尽量在犯罪分子面部留下受伤标记，保留沾有精液、血迹、毛发的衣物，暂时不要洗澡，以便进行法医鉴定。受害人要克服内心恐慌，打消顾虑，及时报案或向老师反映，并积极协助配合公安机关侦查破案，将犯罪分子绳之以法，这样不仅可以减少本人再受侵害的几率，还能防止他人再遭毒手。

5. 调整心态，勇敢面对

性侵害会给受害人带来严重的心理创伤，受害人会长期生活在忧郁、恐慌、沮丧的心理状态中，如果不及时调整，会产生无助感和厌世感，丧失对生活的信心，这样将直接影响受害人今后的学习和生活。作为有知识、有文化的当代大学生，我们应该充分认识到遭受性侵害不是自己的错误，不能因此背上沉重的包袱。要及时调整心态，多与家人朋友沟通、倾诉，多参加积极健康的文体活动，必要时可求助于心理医生帮助，尽快走出阴影。

第八章 财产安全

财产安全问题一直是大学生安全中较为普遍的问题，在大学校园里，发案率最高的就是学生财产被侵犯的案件，主要包括盗窃、诈骗、抢劫、抢夺等。大学生个人财产的保护途径主要有两种：一是他力保护，即依据国家法律法规，依靠国家行政、司法机关、高校保卫等职能部门和其他行政组织的保护；二是自力保护或称自我保护，指的是学生个人凭借对财产安全的防范意识和技能，依靠自己的力量，对财产的不法侵犯进行事前预防、事中防卫以及事后保护。实践证明，自力保护能够有效遏制或减少财物侵犯问题的发生，使个人的财产处于相对安全的状态，而且往往比他力保护更为有效，可以使被侵犯的损失降到最低程度。

第一节 防 盗 窃

一、盗窃罪

根据刑法第 264 条的规定，盗窃罪是指以非法占有为目的，盗窃公私财物数额较大或者多次盗窃、入户盗窃、携带凶器盗窃、扒窃公私财物的行为。其主要特征是：

第一，在客观上表现为窃取数额较大的公私财物的行为。

(1)盗窃罪的对象是财物。这里的财物既包括有物体，也包括无物体。根据《刑法》第196条的规定，盗窃信用卡并使用的，以盗窃罪论处。最高人民法院2004年4月28日发布的《关于审理扰乱电信市场管理秩序案件具体应用法律若干问题的解释》规定，盗用他人公共信息网络上网账号、密码上网，造成他人电信资费损失数额较大的，以盗窃罪定罪处罚。在高校里，大学生往往容易忽视“无物体”的盗窃问题，这一点尤其要引起注意。

(2)盗窃罪的行为是窃取他人占有的财物。窃取是指使用非暴力胁迫手段，违反财物占有人的意志，将财物转移为自己或第三者(包括单位)占有。

(3)窃取公私财物数额较大，或者多次窃取公私财物。《刑法》将盗窃数额划分为数额较大、数额巨大、数额特别巨大三个层次，以此作为盗窃罪定罪量刑的标准。根据2013年《最高人民法院最高人民检察院关于办理盗窃刑事案件适用法律若干问题的解释》第1条规定，盗窃公私财物价值1000元至3000元以上、3万元至10万元以上、30万元至50万元以上的，应当分别认定为刑法第264条规定的“数额较大”“数额巨大”“数额特别巨大”。各省、自治区、直辖市，可以根据本地区经济发展状况，并考虑社会治安状况，在上述数额幅度内，研究确定本地区执行的具体数额标准。

第二，盗窃罪的主体只能是已满16周岁，具有辨认控制能力的自然人。

第三，盗窃罪的主观方面只能是故意。即明知自己的盗窃行为会发生侵害公私财产的结果，并希望或者放任这种结果的发生，且具有非法占有公私财物的目的。

关于盗窃罪的刑事责任，《刑法》第264条规定：“盗窃公私财物，数额较大或者多次盗窃的，处3年以下有期徒刑、拘役或者管制，并处或者单处罚金；数额巨大或者有其他严重情节的，处3年以上10年以下有期徒刑，并处罚金；数额特别巨大或者有其他特别严重情节的，处10年以上有期徒刑或者无期徒刑，并处罚金或没收财产。”盗窃金融机构，数额特别巨大及盗窃珍贵文物，情节严重的，处无期徒刑或者死刑，并处没收财产。

特别注意：以非法占有为目的，窃取公私财物，数额较小，尚不够刑事处罚的行为不构成盗窃罪，属于一般盗窃行为。对一般盗窃行为依据《中华人民共和国治安管理处罚法》进行处罚。

二、高校盗窃案件的一般特点和发案原因

(一)高校盗窃案件的一般特点

从作案人员类型上可将盗窃分为内盗和外盗。内盗主要发生在宿舍、自习

室等场所，盗窃主体一般为身边的同学，利用同学间的信任和疏忽大意，对作案现场熟悉，作案后将现场加以伪装掩饰，盗窃后很难发现，但仍有迹可循。外盗的主体主要为活动在高校周边的吸毒人员或其他无业游民。这些人员因为无正当经济来源，又需解决毒资或其他生活开支，屡次到高校作案。另外，一些进入学生宿舍(公寓)推销或怀有其他目的的外来人员也常常成为外盗的主体。他们往往在趁人不备时窃取学生财物并迅速逃离。例如，校外吸毒人员程某窜入某高校学生宿舍，以推销化妆品为名溜门盗窃被抓获。根据程其交代，其曾多次以此方式在该栋学生宿舍盗窃手机。

(二)高校盗窃案件的发案主要原因

盗窃案在高校发生的各类案件中所占比例较大。究其原因，一是学生防范意识不强，给犯罪分子以可乘之机。二是少数大学生对自己要求不严，守法意识淡薄，为追求享乐，不顾家庭和自己的经济承受能力，盲目攀比，没有钱就去偷，见好东西就拿，违法乱纪，有的甚至逐步走上犯罪道路。三是宿舍防范条件较差，管理人员责任心不强，管理出现漏洞，给犯罪分子可乘之机。此外，有关法制尚不健全，打击不力，助长了不法分子的侥幸心理。由于盗窃案件的破案率不高，不能及时有效地打击盗窃分子，使得盗窃分子心存侥幸，继续作案。

三、大学生防盗窃案件的一般策略

在高校内，如何预防各类盗窃案件的发生，确保学生的财产安全，在加强他力保护的同时，更重要的是加强学生的自我保护意识与能力。下面以几个主要案发地点为切入点，重点讲述盗窃案件的预防策略。

(一)学生宿舍(公寓)内盗窃案件的预防策略

(1)养成人走锁好门窗的习惯。最后离开宿舍的同学，一定要将门、窗关好，千万不要怕麻烦，不要因为短暂的离开而不锁门。

(2)不要留宿外来人员。大学生在交往中要注意分寸，不能只讲感情、义气，不讲原则、纪律。如果违反学校学生宿舍管理规定，随便留宿他人，很可能引狼入室，造成宿舍被盗。

(3)警惕陌生或可疑人员。发现形迹可疑的人应加强警惕，多加注意。作案人到宿舍行窃时，往往以找人为借口在楼道里溜达，见管理松散、出入自由、房门大开，便来回走动、窥视张望、伺机行事。遇到这种可疑人员，同学们应主动上前询问。如果来人有正当的理由一般都能说清楚；如果来人无法说明来意或神色紧张，可一方面与其周旋，另一方面派人与学校保卫部门取得联系，由保卫部门进一步核实其身份。

(4)禁止上门推销。遇到进宿舍推销小商品的人，应马上通知楼内管理人员，将其带出楼外，或直接打电话给学校保卫部门。实践证明，一些推销人员在溜门串户过程中，一旦发现宿舍无人，便顺手牵羊，盗窃财物。因此，对这些推销人员切不可掉以轻心。

(5)妥善保管现金及贵重物品。宿舍内不要存放大量现金，可以将钱存入银行等电子账户，即使是少量的生活费，也要随身携带。手机、笔记本电脑等贵重物品千万不要放在宿舍明处，用完后锁在橱柜内。有电脑的宿舍最好换上防盗锁，条件允许的，可以加上明锁，双重保险，或存放到学校在学生宿舍(公寓)内提供的寄存处保管。

(6)确保防盗设施完好。宿舍内的防盗设施如果存在问题，如一楼的窗户没有防盗网、走廊内气窗没有防盗栏，应积极向学校反映。门、锁、门窗玻璃损坏要及时请维修人员修复。

(7)树立集体防范意识。事实证明，室友间的团结友爱，宿舍间的相互照应在一定程度上可预防盗窃犯罪。

(二)公共场所内的盗窃案件预防策略

大学的学习环境属自主开放式，教室、图书馆、食堂、运动场等不同于中学阶段，流动性较大，大学生年级之间、专业之间交叉使用同一教室，聚集在图书馆看书、自习的现象较为普遍，加之学生之间互不熟悉，个别同学对随身携带的财物疏于看管，故而公共场合的盗窃案件时有发生。

公共场所内的盗窃案件，其作案手法最主要表现为顺手牵羊、浑水摸鱼。犯罪嫌疑人往往趁同学们上厕所、借书还书、接听电话时迅速将餐桌或书桌上的财物盗走。为此，提醒广大同学注意：

(1)长时间离开座位时，书包及其他物品一定要随身带走，尤其是现金和贵重物品，千万不要存有侥幸心理。

(2)单独上教室或图书馆，无论是自习还是做实验或上网，最好不要携带大量现金和贵重物品，以免丢失。

(3)去食堂就餐或参加体育活动时，若有熟人可代为看管财物，但贵重物品要随身携带。

(4)排队买饭时不要将书包或背包背在身后，而应尽量置于身前，以防被身后的不法分子伺机盗窃。

(5)参加体育锻炼时尽量不要携带贵重物品在身上，不可避免带的，如手机、平板等应集中放一起，轮流专人照看，有条件的可以将贵重物品暂存于运动场内的暂存柜里，不给不法分子可乘之机。

第二节 防 诈 骗

在现今网络高速发展，网购、信用卡、社交媒体已经普及人们的日常生活，诈骗案特别是电信诈骗案件成为高校各类案件里发案率较高、案发金额较大的案件。诈骗的手段和方式多样，更多的诈骗者都是抓住学生思想单纯、社会经验少、防范意识差的特征，利用心理上的疏忽和弱点开展行骗，我们只有了解行骗者的方法和手段，提高警惕，才能更好地保护自己。

一、诈骗罪与一般诈骗行为

诈骗罪(刑法第266条)是指以非法占有为目的，用虚构事实或者隐瞒真相的方法，骗取数额较大的公私财物的行为。诈骗罪的基本构造为：行为人以不法占有为目的实施欺诈行为→被害人产生错误认识→被害人基于错误认识处分财产→行为人取得财产→被害人受到财产上的损失。诈骗罪的主要特征是：

(一)客观上表现为使用欺诈方法骗取数额较大的公私财物

行为人使用骗术，即以虚构事实或者隐瞒真相的欺骗方法，使财物所有人、管理人产生错觉，信以为真，从而似乎“自愿地”交出财物。“虚构事实”，是指捏造不存在的事实，骗取被害人的信任。“隐瞒真相”，是指对被害人掩盖客观存在的某种事实。这里的“自愿”并非出自被害人的真正意图，而是上当受骗所致。使用欺骗的方法非法占有公私财物是诈骗罪区别于盗窃罪、抢劫罪、抢夺罪的重要标志。

(二)主观上是故意

这是指明知自己的行为会使他人陷入错误认识进而发生侵害他人财物的结果，并且希望或者放任这种结果发生，且具有非法占有公私财物的目的。

(三)犯罪主体为一般主体

年满16周岁具有完全行为能力的人即可成为诈骗罪的主体。

依照《刑法》第266条的规定，犯诈骗罪的，处3年以下有期徒刑、拘役或者管制，并处或者单处罚金；数额巨大或者有其他严重情节的，处3年以上10年以下有期徒刑，并处罚金；数额特别巨大或者有其他特别严重情节的，处10年以上有期徒刑或者无期徒刑，并处罚金或者没收财产。

根据《最高人民法院、最高人民检察院关于办理诈骗刑事案件具体应用法律若干问题的解释》诈骗公私财物价值3000元至1万元以上、3万元至10万元以上、50万元以上的，应当分别认定为刑法第266条规定的“数额较大”“数额巨大”“数额特别巨大”。

二、高校诈骗案件现状

近年来，以大学生为作案对象的诈骗案件逐年上升。高校诈骗案件与社会诈骗案件有很多相同点，但同时也有许多特别之处。要想保护自身人身财产安全，就要掌握这类诈骗案的特点，总结规律，从而提高警惕，有效避免陷入骗局。

高校诈骗案件的特点有以下几点。

(1)诈骗金额大：根据统计，高校诈骗案件的案值基本都在千元以上，有些条件较好的学生甚至可被骗上万元。骗子一旦得手就可以骗走学生几个月甚至一年的生活费、学费，损失之大，让人痛心。如果是家境较贫的学生被骗，往往雪上加霜，对学习、生活都会造成巨大影响。

(2)涉及范围广：高校学生被骗，往往还会连带其家庭、学院、同学受到骗子影响，可能会扩大损失范围。同时，被骗学生自己也不仅仅只是在经济上受损，情绪上很长时间都难以平复，还可能带来心理疾病。

(3)受骗者众多：针对高校诈骗的骗子，往往不会只针对某个人，而是采取“广撒网”的方式行骗，最后造成受骗者众多的情况。

(4)惯用伎俩得逞：骗子的诈骗伎俩往往是惯用手段，但却屡屡得手，特别是电信诈骗手段各异，方式多样，当然，这跟同学们防骗技能学习不到位、安全意识不足有很大关系。

(5)诈骗手段翻新：在使用惯用伎俩行骗的同时，骗子也会利用现代技术，制造新型骗局，如网上中奖、电话诈骗、网络兼职刷单等。但无论花样如何翻新，手段如何先进，骗子的最终目的都是不变的，也就是要钱。

高校诈骗案件的主要类型及案例：

1. 网络兼职诈骗

诈骗者提供在淘宝上兼职刷单，往往在受害人在第一次转款刷单时，会得到一笔返款，从而获得受害人信任，之后再多次以交保证金等各种理由要求受害人多次进行转款，之后就将受害人拉黑。

典型案例：一个陌生的 QQ 号加张女士为好友，然后对方问其要不要刷单，刷一单提成百分之四。对方发给她一个链接，其点击链接进去之后买了一件衣服，衣服的价格是 120 元钱，通过扫描二维码的方式付款。付款成功之后对方返给她 125 元。接下来对方叫她刷项链，项链的价格是 720 元，开始刷了一单 720 元，对方返给她 28. 8 元，接着对方又发了几次链接给我，每次 3 件、5 件、10 件，刷单的数量逐渐增加，一共刷了 20 次，被骗了 80160 元钱。

防范提醒：无论对方提供的兼职报酬多么丰厚，一旦要求先付费的，要果断放弃。

2. 网络购物诈骗(冒充淘宝客服退款诈骗)

典型案例：大学生小可在淘宝网上买了一件女装，很快接到了“店铺客服”人员打的电话。在电话中对方称小可购买的服装质量存在问题无法发货，希望能为她办理退货退款。起初小可也心存怀疑，但对方报出了她在购买该件衣服留下的全部个人信息，包括她购买时留下的名字、衣服的型号，甚至还准确说出了她的收货地址。这让小可完全相信打电话来的就是店铺的客服人员。对方随后在电话中要求小可登录支付宝，填写退款协议单，并按照系统提示一步步核对退款，在完成退款后会将收取的双倍保证金退回。在对方的引导下，小可分两次向对方转账共计 9790 元，而当对方再次要求进行转账时，小可才突然意识到自己可能被骗了。然而正当她再次试图核实对方的真实身份时，对方却突然将电话挂断，此后无论小可如何拨打，该号码一直处于关机状态。直到此时，小可才意识到自己被骗了，她随后报警并联系了淘宝与支付宝客服。

防范提醒：(1)在接到客服电话之后必须先向所购买的商家核实；(2)网络退款并不需要向对方转账；(3)不要随意点开陌生人发来的链接，也不要将银行卡账号、密码和验证码告诉陌生人。

3. 冒充公检法诈骗

犯罪分子冒充公检法工作人员拨打学生电话，以事主身份信息被盗用涉嫌洗钱犯罪为由，要求将其资金转入所谓的“安全账户”配合调查。

典型案例：湖北某高校女生小丽遭遇了一起跨境电信诈骗。骗子先是在电话里假冒“公检法”要求其配合案件调查，威胁她必须支付巨额保证金，才能不被拘捕。骗子还强调，这个过程必须保密，连家人也不能告诉。涉世未深的小丽非常慌张，按照骗子指令，将自己的银行卡信息透露给骗子，卡上的几万元很快被转走。然后，骗子仍不知足，继续向小丽要70万元。为了筹钱，小丽以“留学保证金”为借口向父母索要70万元。骗子还威胁小丽到外地躲避，后又让她以“帮男友担保欠款被绑架”为由，向其家人索要赎金400万元。警方接到其家人报警后，紧急展开搜救，最终发现这起“绑架案”是一出精心导演的骗局，而小丽直到见到民警，还仍对骗局深信不疑。经过民警多番解释、证明身份、联系家属，小丽这才相信自己遇到了骗子，而银行卡上的70多万元早已转给骗子。

防范提醒：公检法办案会通知当事人到执法场所，出示证件等，凡是不见面、不履行相关手续而要求转账汇款的，一律拒绝。

4. 银行卡消费诈骗

不法分子通过手机短信提醒手机用户，称该用户银行卡刚刚在某地刷卡消费，如用户有疑问，可致电查询，并提供相关的电话号码转接服务。如用户回电，则谎称该银行卡可能被复制盗用，逐步将手机用户引入“转用钱”，但自己随身所带钱财不够，从而诱骗事主邮汇钱款。

典型案例：2018年12月11日，家住松阳县西屏镇环城西路115号的受害人李某收到一银行卡消费短信，受害人同短信内所留电话联系，后在12月12日被对方以唱三簧方式从银行转账诈骗走工商银行卡内现金43000元。

防范提醒：凡是涉及转账汇款的一定要警惕，骗子的最终目的是得到钱，任何情况下都要保持头脑清醒，提高防范意识。

5. 虚假征信消除诈骗

犯罪嫌疑人冒充银行、网贷、互联网金融平台(蚂蚁金服、360借条、京东金融等)工作人员，称被害人的信用卡、花呗、借呗等信用支付类工具，有不良记录，需要消除，不消除会影响个人征信；或者称被害人之前有网贷、分期记录，会对个人征信产生不良影响，以可以帮助注销账号、消除分期记录等为由，诱骗被害人转账汇款，从而实施诈骗。

典型案例：2019年7月1日，某高校读研究生赵同学接到一个陌生男子的电话，先是准确报出了他的身份信息、就读院校、所学专业等个人信息，随后表示其在“360借贷”上有一个校园贷账号。当赵同学表示时从来没有注册过时，该男子称可能是赵同学身份信息被冒用，被别人注册了账号，如果不注销将会影响个人征信。后来，该男子又通过加赵同学QQ号方式，向其发送“360公司”的工作证和刘女士征信的相关信息，以此来获得刘女士的信任，并提示，如果不及时消除不亮征信记录将对以后买房买车贷款有很大影响。在不法分子的指导下，赵同学刚好还有其他事情要处理，在紧张急促的情况下，他按照对方要求一步步下载网贷软件，进行借贷，最后从小米借贷、支付宝花呗和360借条上总共借款近13万元，并把款转给了不法分子。当对方还要求其申请“微粒贷”时，赵同学才反应过来被骗。

防范提醒：凡是涉及转账汇款的一定要警惕，骗子的最终目的是得到钱，任何情况下都要保持头脑清醒，提高防范意识。

6. 网络交友诈骗

犯罪嫌疑人利用网络社交工具，与被害人交流，通常以有项目可以投资赚钱(工程项目、影视娱乐等)，或者与被害人交谈共同的兴趣爱好，培养感情，获取信任，后以生活困难、病重求医等为由，诱骗被害人转账实施诈骗。

典型案例：李某在网上认识一个自称是证券公司内部人员的人，逐步与其取得信任，后对方以低投入高回报为由拉其进投资群，刚开始让李某投入少量钱让李某感到有利可图。后劝李某借网贷投资买证券，李某深信不疑，后总共被骗10万余元。

防范提醒：网络交友须谨慎，不能只凭微信或QQ头像就对对方深信不疑，应通过电话或视频进一步核实对方身份，尤其涉及钱财时，更应当面核实，防止不法分子有机可乘。

三、高校诈骗案的发案原因

诈骗分子之所以将诈骗目标盯在大学生身上，且屡屡得手，这除了诈骗分子“能说会道”，将谎言编得美丽动人，让人真假难辨外，更主要的原因在于部分大学生社会经验不足，单纯幼稚，辨别能力差，疏于防范。这主要表现为如下几点：

(一)思想单纯，轻信偏信

一方面，很多同学从小学、中学到大学都是“两耳不闻窗外事，一心只读圣贤书”，与社会接触较少，思想单纯，对一些人或事缺乏应有的分辨能力，更缺乏刨根问底的习惯，对于事物的分析往往停留在表象上，或根本就不去分析，使诈骗分子有可乘之机。另一方面，大学生有较强的社会交往愿望，喜欢交朋结友，容易认识和接触一些别有用心的人员。

(二)感情用事，疏于防范

帮助有困难的人，这是我国的优良传统，是值得我们继承和发扬的。但如果不假思索地去“帮”一个不相识或相识不久的人，这是很危险的。然而遗憾的是，我们有不少大学生就是凭着那种幼稚、不做分析的同情、怜悯之心，一遇上那些自称走投无路急需帮助的“落难者”，往往就会被他们的花言巧语所蒙蔽，继而“慷慨解囊”，自以为做了一件好事，殊不知已落入骗子设下的圈套。

(三)急于求成，轻率行事

高校大学生思想活跃，参与意识很强，希望通过参加各种社会实践活动或勤工俭学丰富自己的社会阅历，提高自己适应社会的能力，为将来走上工作岗位，从而更好地实现自我价值打好基础。由于大学生社会交往的局限，信息来源较少，且无时间、精力到处收集分析信息资料，常常盲目相信各种媒体广告或到处张贴的小广告，只要有信息，便不加辨别地认为是真实可靠的，因而钻进诈骗分子事先设计的圈套，上当受骗。

(四)人生观和价值取向的偏差

随着市场经济深入发展，东西方文化交流加强，我国社会经济、文化、生活发生了很大变化，传统的人生观和价值观受到严峻挑战。部分大学生不能树立正确的人生观和价值观，贪图享受，爱慕虚荣，往往难以抵御外界的诱惑，常因贪小便宜而上当受骗。

四、大学生防范诈骗案件的一般策略

(一)学习观察，正确认识社会

同学们平时除了忙于学业外，还应该多通过报纸、电视、广播、网络等媒体正确认识社会，知晓社会的多重特点；学习法律法规，积极参加学校组织的安全防范教育活动，了解相关的防骗案例，学习防范知识，提高安全意识，掌握防骗技能。

(二)遇事保持镇静，凡事三思而后行

无论遇到什么紧急情况都要保持清醒的头脑，不急不躁，理智分析，不要相信天上掉馅饼的事，积极核实，必要时听取他人建议，三思而后行，才不会落入骗子的陷阱。遇到不能确定的人和事时，要通过巧妙周旋，弄清对方真实意图，只要对方提到金钱、权力等字眼，就要提高警惕，寻找破绽。如果能够确定对方有诈骗意图，还要择机报案，协助警方抓获骗子。

(三)提高警惕，保护个人信息

随时注意保护个人资料和信息，对含有重要身份信息的证件、文件、物品，如身份证、手机、手机卡，银行卡，公交卡、饭卡、借书证等，要妥善保管，不轻易外借，不随意丢弃，也不要直接将证件的复印件交给别人，应在复印件上签得授权信息，如“仅授权××使用本复印件作××使用”字样，再行提交。一旦证件丢失要及时挂失或销户，发现个人信息被人非法利用要立刻报警。

(四)警惕陌生信息，不信不贪不回不汇款

在短信、微信、QQ 等各种通信端收到有关银行卡、金钱、汇款账号等信息时，一定要提高警惕。当不能辨别短信或信息的真假时，要在第一 时间拨打银行的官方查 询电话，而不要拨打短信、信息中所留的电话，或点击短信、信息里的链接；对于一些无法鉴别的陌生短信和信息，最好的做法是不理；如果已经上当，要立即报案。

(五)提防陷阱，慎对虚拟世界

对只有 QQ、E-mail、手机号码而没有固定座机电话和地址的商户，切勿与其进行交易：不要在公共场合使用公用电脑进行网上购物，更不能使用公共 Wifi 进行网银支付等操作；在安全网络环境中登录网上银行时，要注意核对网址，确定自己登录的不是钓鱼网站，不要轻易点击对方发来的任何链接；收到任何抽奖、中奖、获得礼品等信息时，要通过多种方式调查其真实性；如发现可疑网站，要及时向有关部门举报；网络交友一定要慎重，不要在网上泄露自己太多的个人信息。

(六)慎重交友，绝不感情用事

与人交往要区别对待，保持应有的理智。对突然出现的“良师益友”“名人能人”等，要听其言、观其行、辨真伪，不要被对方的表象所蒙蔽。在与人交往的过程中，一旦发现对方有疑点，就要认真观察、仔细辨别。在查证过程发现疑点但无法确定真假且又不愿意轻易拒绝时，要有礼有节，采取一定的谈话、交往策略，注意在此过程中寻找破绽，尝试通过与其周旋来印证自己的猜测，必要时，还可以采取一些虚张声势的言辞，使对方心存顾忌，不敢贸然行事。

(七)师生沟通，依靠保卫部门

在日常生活中，同学间、师生间应该加强沟通和互助，保证安全需要；特别是在遇到紧急事件时，最好能及时与身边的人沟通，大家共同分析，保持镇静，避免上当受骗。当遇到非常可疑或紧急的情况时，要及时向老师或保卫部门反映，请学校的专业保卫人员帮助分析处理，确保人身财产安全。

(八)遵守法规，发挥应有作用

每个高校都有一系列的管理制度和规定，这都是为了维护大家的正当权益和校园秩序而设置的，比如不允许学生私自留宿外来人员是为了控制闲杂人员和骗子混入校园作案。因此，同学们要自觉遵守法规，积极支持高校规定，努力发挥自己应有的作用，保护自己和他人的权益。

五、大学生受骗后的处置办法

(一)及时报案

无论受骗者是因为自己的过错(如贪财、无知、轻信、粗心大意)等，还是因为种种其他原因而受骗，都要及时向公安机关报警，向保卫部门报告，不要在自己受损的情况下，还让骗子逍遥法外。

(二)配合调查

报案的同时，大家还要注意对作案人员遗留下来的文字资料、身份证件、电话号码等证据予以保留，积极向学校保卫部门和公安机关提供骗子的体貌特征、与其交往的经过等线索，配合调查，追缴被骗财物，捕获诈骗人员。

(三)事后补救

诈骗案件发生后，同学们要立刻采取事后补救措施，避免损失进一步扩大。与发生被盗案件类似，如发现信用卡、存折、就餐卡失窃，应立即通过电话银行或直接向发卡银行及有关机构办理挂失手续；若身份证同时遗失应马上到银行冻结存款，也可以采用电话银行挂失的方式先行办理临时挂失，事后再到柜台补办手续，并及时补办身份证等。处置的同时，受骗同学也要保持积极的心态，吸取教训，总结经验，尽快从受骗的噩梦中走出来，提高防骗警惕和安全意识，保护自己的人身和财产安全。

第三节 防抢劫和防抢夺

一、抢劫罪与抢夺罪

(一)抢劫罪

抢劫罪，是指以非法占有为目的，以暴力、胁迫或者其他方法，强行劫取公私财物的行为。本罪除了侵犯了他人财产外，还侵犯了他人的人身权利。这既是抢劫罪区别于其他财产犯罪的重要标志，又使抢劫罪成为侵犯财产罪中最严重的犯罪。抢劫罪的主要特征是：

(1)本罪的客观要件是当场使用暴力、胁迫或其他强制方法，强行劫取公私财物。暴力、胁迫或其他强制方法，是抢劫罪的手段行为；强行劫取公私财物是抢劫罪的目的行为。“暴力方法”，是指对财物的所有人、占有人、管理人不法行使有形力，使被害人不能反抗的行为，如殴打、捆绑、伤害、禁闭等。“胁迫方法”，是指以当场立即使用暴力相威胁，使被害人产生恐惧心理因而不敢反抗的行为，这种胁迫也应达到足以抑制对方反抗的程度。“其他方法”，是指除暴力、胁迫以外造成被害人不能反抗的强制方法。最典型的是采用药物、酒精使被害人暂时丧失自由意志，然后劫走财物。

(2)本罪的客体是复杂客体，即不仅侵犯了公私财产的所有权，同时也侵犯了被害人的人身权利，往往造成人身伤亡。

(3)主观方面是直接故意，并以非法占有公私财物为目的。直接故意包含两层意思：一是对公私财产非法占有的直接故意；二是对使用暴力的直接故意。如果行为人只是抢回自己被他人非法占有的财物，而不具有非法占有他人财物的目的，即使造成伤害，也不构成抢劫罪，但有可能构成伤害罪。

(4)犯罪主体为一般主体。根据《刑法》规定，已满14周岁，具有辨认控制能力的自然人即可成为本罪的犯罪主体。

抢劫罪是侵犯财产罪中危害最大、性质最严重的犯罪。《刑法》规定限制行为能力人(14~16周岁)对抢劫罪负刑事责任，说明了刑法对抢劫罪的严厉态度。抢劫罪的最低法定刑是3年有期徒刑并处罚金，最高法定刑是死刑并处罚金。在实践中，如果行为人使用轻微的威胁手段进行抢劫，如强索、强吃少量食品，数额极其有限，情节显著轻微而危害不大的，应属一般违法行为，不宜定为抢劫罪。

(二)抢夺罪

抢夺罪，是指以非法占有为目的，趁人不备，公开夺取数额较大公私财物的行为。抢夺罪的主要特征是：

(1)本罪的客体是仅限于公私财产，而且应是数额较大。根据《刑法》规定，抢夺的财物必须是数额较大的，才构成抢夺罪，数额不大、情节显著轻微的，不以犯罪论处。

(2)本罪的客观方面，表现为趁人不备，公开夺取数额较大的公私财物的行为。一般是趁财物所有者或保管者不备的情况下抢夺财物，行为发生的时间短暂，被害人会立即意识到财物的损失，这是抢夺罪的重要特点。

(3)本罪的主观方面是直接故意，并具有非法占有公私财物的目的。

(4)本罪的主体为一般主体，即年满 16 周岁具有完全行为能力的自然人。

根据《刑法》规定，抢夺公私财物，数额较大的，处 3 年以下有期徒刑、拘役或者管制，并处或者单处罚金；数额巨大或者有其他严重情节的，处 3 年以上 10 年以下有期徒刑，并处罚金；数额特别巨大或者有其他特别严重情节的，处 10 年以上有期徒刑或者无期徒刑，并处罚金或者没收财产。携带凶器抢夺的，按照抢劫罪处罚。

(三)抢劫罪与抢夺罪的主要区别

(1)侵犯的客体不同。抢劫罪侵犯的是复杂客体，即公私财产所有权和公民人身权，而抢夺罪侵犯的仅是财产所有权。

(2)客观方面的表现不同。在实施犯罪过程中，抢劫罪是对被害人采用暴力、胁迫或其他强制方法，而抢夺罪始终不使用这些方法。尽管抢夺财物也使用一定暴力，但它只作用于被抢夺的财物，不是作用于被害人人身，故不直接侵犯被害人的人身权利。如果行为人在抢夺财物的过程中，因用力过猛，无意中造成被害人受伤的，因不属于故意使用暴力，仍应定为抢夺罪，造成伤害作为抢夺罪的情节从重处罚。

(3)对构成犯罪的财物数额的要求不同。构成抢夺罪必须“数额较大”，构成抢劫罪无此要求。抢夺罪重在保护公民的财产权利，抢劫罪重在保护公民的人身权利。

(4)处罚不同。刑法对抢劫罪的处罚重于对抢夺罪的处罚。抢劫罪的最低法定刑是 3 年有期徒刑并处罚金，最高法定刑是死刑并处罚金；抢夺罪的最低法定刑是 3 年以下有期徒刑、拘役或者管制，并处或者单处罚金，最高法定刑是无期徒刑并处罚金或者没收财产。

抢劫、抢夺案件因其影响十分恶劣，已引起公安机关和学校保卫部门的高度重视。

二、大学生有效避免抢劫、抢夺的一般策略

针对高校抢劫、抢夺案件发生的一般特点，大学生应做好相应的防范，避免遭到抢劫、抢夺，或尽量减少损失。即使不幸遭到抢劫、抢夺，也要正确应对，确保自己的人身安全。

第一，慎选取款点。不要在路边设置的自动取款机里取数额较大的现金，尤其是夜间的时候，因为这样做容易被不法分子跟踪、抢夺或拦路抢劫。

第二，结伴外出。如携带数额较大的现金或贵重物品时，要约上同学、朋友结伴而行。

第三，贴身装带。现金或贵重物品尽量放在贴身的口袋里，不要置于手提包或挎包内。

第四，少走偏僻路段。单独一人外出时，不要图近选择偏僻而又多岔路口的路线，因为那些地方坏人作案时方便隐蔽，作案后又便于逃跑。

第五，勿轻易赴约。不要轻易受骗至偏远地方，以免遭受抢劫。

第六，勿在偏僻的地方逗留。高校校园面积一般较大，绿化带较多，作案人装扮成学生混进校园在天黑前伺机作案的情况时有发生，同学们要避免孤身处于校园的偏僻之所。

第七，警惕被跟踪。注意观察身边的情况，发现有人跟踪盯梢或有不三不四的可疑人尾随时，应随机应变，向旁边的行人求助或尽量朝人多的地方行走。

第八，避免“晚归”。大学生或因自习而晚归，或因在外娱乐而晚归，或因恋爱、约会而晚归。很多案例证明，晚归的大学生常常成为不法分子伺机抢劫、抢夺的对象。

三、遭遇抢劫、抢夺时的应对方法

(一)遭遇抢劫时的应对方法

遇到抢劫时，要沉着应对，克服畏惧、恐慌情绪，要冷静分析自己所处的环境，对比双方的力量，针对不同的情况及时采取不同的对策。

(1)有制服犯罪分子的可能性时，应大胆采取反击措施。因为抢劫犯的目

的是为了获取钱财，必然要对受害人实施搜身搜包，与你进行直接、正面接触，加上这时罪犯求财心切，又想尽量缩短作案时间，往往只顾搜查，而忽视或不能顾及你的防范。这时对你来说，则是不可多得的机会，应不失时机地制服罪犯。反击的要领：充分利用一切可利用的手段，如倒地后抓土抓沙朝歹徒脸上撒去，用身边可利用的一切器材如木棍、水瓶、石头击打对方；以最大的力量攻击歹徒要害部位如眼睛、太阳穴、鼻、裆部等；击打时应做到“稳、准、狠”，不反击则已，一反击便达到使对方暂时无力攻击的目的。

(2)确无能力或无办法时，应“舍财不舍命”，切不可打无把握之仗，拿自己的生命去做赌注。按犯罪分子的要求交出部分财物，要保持镇定，与犯罪分子“套近乎”，表示自己并无反抗的意图，使犯罪分子放松警惕，看准时机反抗或逃跑。但当遇到极凶残的歹徒时，必须“破财挡灾”，千万不能硬碰硬。

(3)有可能的话，可大声呼救、高声呵斥或故意与犯罪分子说话，从心理上战胜犯罪分子。犯罪分子虽凶残，但心理上也有脆弱的一面，我们可利用这一点进行“语言反抗”，在心理上战胜对手。

(4)要紧记犯罪分子的特征和其他情况。尽可能准确地记下犯罪分子的身高、年龄、体态、衣着、疤痕等特征及逃跑方向。

(5)在最短的时间内向公安机关、学校保卫部门报案。报案时应迅速准确地说清案发地点、犯罪分子的特征及有关情况，为公安保卫部门提供线索，以便公安保卫部门能马上组织力量追捕犯罪分子。

(6)犯罪分子逃跑时，应大声呼叫，并奋力追赶犯罪分子，但要注意与犯罪分子保持一定的距离。同时充分发动周围的师生、群众进行堵截、追捕，迫使犯罪分子放弃所抢的物品。

(二)发生抢夺时的应对方法

(1)保持镇定。只有保持镇定，才能做出正确的反应，切忌手忙脚乱。

(2)大声呼叫，并追赶犯罪分子，迫使犯罪分子放弃所抢物品。若无能力制服犯罪分子，可保持距离紧追不舍并大声呼叫，及时向周围的师生、群众请求帮助。

(3)若追赶不及，要注意犯罪分子的特征，如身高、年龄、体态、发型、衣着、口音等。被飞车夺包的要记住车牌号码、车子的颜色、车型以及犯罪分子逃跑的线路、方向等。

(4)及时报案。受害人必须及时向公安机关、学校保卫部门报案，提供尽可能详细的线索，以便及时侦破案件。

(三)选择对策时的几点原则

总的来说，无论遭受抢劫还是抢夺都具有突然性，所以要保持精神上的镇定和心理上的平静，下面谈谈选择对策的几点原则：

1. 确保自身安全的原则

实施抢劫的犯罪嫌疑人心狠手辣，多数是带着凶器作案或两人以上共同作案，他们在作案前都有充分的准备和周密的计划，如怎样配合、抢劫目标叫喊和反抗时怎么办，等等。因此，同学们万一遭受抢劫或抢夺，不要盲目地做出反应，要以确保自身安全为原则。

2. 设法求助和逃脱的原则

一是往人多的地方、灯光强的地方和宿舍区奔跑；二是借助有利地形，利用身边的石头、砖头等足以自卫的武器与作案人僵持，采用语言反抗的方法，理直气壮地对作案人进行说服教育，使作案人短时间无法接近，以引来援助者和给作案人造成心理上的压力；三是当自己已处于作案人控制之下时，可按作案人的需求交出部分财物，表明自己已交出“全部”财物且无反抗意图，从而麻痹对方，使其放松警惕，自己寻找机会逃脱。

3. 间接反抗的原则

遭受抢劫的情况多数是敌强我弱，直接反抗不但无效反而会吃亏，所以可采取间接反抗的方法，即趁其不注意时在作案人身上有意留下暗记，如在其衣服的某个部位上擦点血迹或放上可识别的物件；在作案人得逞逃跑时，要特别注意其逃跑方向，努力为公安机关侦查破案打下基础。

4. 及时报案的原则

作案人得手后，有可能在学校附近的商店、餐厅挥霍，也有可能相隔一两天后得意忘形地继续在校园内寻找下一个抢劫的地点和目标。高校一般都有较为严密的防范机制，被害人如果能准确描述作案人特征，将有利于有关部门及时组织力量布控，抓获作案人。在校外被抢者，要及时到就近公安派出所报案。

五、防敲诈勒索

除了抢劫和抢夺，大学生也可能会碰到敲诈勒索的问题。

(一)敲诈勒索的含义

敲诈勒索是指以非法占有为目的，对他人实行威胁，索取数额较大的公私财物的行为。其基本构成是：行为人以非法占有为目的对他人实行威胁——使被害人产生恐惧心理并基于恐惧心理被动做出交付财产的决定——行为人取得财产。

其主要形式有：

(1)预谋性的敲诈勒索。其中包括：利用被害人的某些过错或隐私进行敲诈勒索；制造假象进行敲诈勒索等。

(2)突发性的敲诈勒索。

(二)预防和应对敲诈勒索的一般策略

为了有效地预防及应对自己被敲诈勒索，应注意以下几点：

(1)不贪不义之财，不做违法乱纪之事，不授人以柄。俗话说："身正不怕影子斜。"自己行为端正，这在很大程度上消除了预谋性的敲诈勒索产生的条件。

(2)注意隐私保密。对于不相识的人，不可随意倾诉自己的真实情况，更不能留下自己的姓名、地址。

(3)一旦遇上敲诈勒索，切不可"私了"。当你面对犯罪分子的要挟和恐吓时，要保持清醒和冷静，应严词斥责，大胆反抗，同时向公安机关和学校保卫部门报案，切不可"私了"。大量的事实证明，"私了"只会使犯罪分子得寸进尺。不要相信犯罪分子还有什么信用可言。即使你有过一点过错，也不要怕犯罪分子的要挟和恐吓。要知道，犯罪分子就是利用这些小问题进行敲诈勒索的，你越害怕暴露，犯罪分子就越嚣张。另外，对于你的隐私，公安机关、学校保卫部门是有义务和责任为你保密的。

(4)积极配合公安保卫部门打击犯罪。报案后，要大胆、详尽地回答侦查人员的问题，不能因顾及面子而隐瞒情况。同时要与公安机关、学校保卫部门保持密切联系，对于犯罪分子提出的新要求、出现的新情况，应及时向公安机关、学校保卫部门报告，切不可单独行事。只有这样，才能坚决地打击违法犯罪行为，才能更好地保护你的合法权益。

第九章　心理健康安全

当前，由于各种原因，大学生心理问题日益凸现，有的学生因此付出惨痛的代价。大学生注重自己的心理健康安全，预防心理疾病，解除心理障碍，提高心理健康水平，学会心理调适方法，以最佳状态对待人生和世界，在遇到困难、挫折或处在人生低谷时，能够很好地自我疏导，化险为夷，度过生命中的困难时期，乐观地生活，健康地成长，成为一个有益于社会的人，很有必要。

第一节　心理健康标准

科技的发展与经济的腾飞，在带来社会精神文明的进步与物质财富的丰富的同时，也带来社会竞争的加剧与人们压力的增大，人们在遭受各种社会与心理的紧张刺激越来越多越来越大时，内心的安宁受到影响，焦虑感、抑郁感普遍加大，身心健康受到威胁甚至损伤。健康，越来越受到人们的重视，成为一个时代的话题。

一、健康与心理健康

（一）健康

1. 健康新概念

1948 年世界卫生组织（WHO）在其宪章中给健康下了

一个定义:“健康不仅仅是没有疾病和衰弱的状态，而是一种在身体上、精神上和社会上的完好状态”(Health is a state of complete physical, mental, and social well-being and not merely the absence of disease or infirmity.)。1989 年 WHO 又将健康的定义修改为:“健康不仅仅是身体没有疾病，而且还要具备心理健康、社会适应良好、道德健康，只有具备了上述四个方面的良好状态才是一个完全健康的人”。由此我们可以看出，衡量一个人是否健康，必须从生理、心理、社会与道德行为诸方面全面考察，不仅仅看其是否存在器质性或功能性异常，还要考察其是否有主观不适感与社会公认的不健康行为。

Halbert Dunn 在世界卫生组织提出的健康概念基础上，增加了智力方面(理性思维过程)与精神方面(心灵的或精神的，spiritual)，使健康具有五个方面的内容，即衡量健康必须从躯体、社会、情绪、智力与精神等方面考察。

世界卫生组织于 20 世纪 80 年代提出了亚健康(sub-health)概念。亚健康指的是“人体除了健康状态和疾病状态以外，存在着的介于两者之间的第三状态，即潜病状态”，主要特点是生理、心理活力降低，适应能力呈现不同程度减退现象，但作理化检查时未发现异常或处于临床状态，没有出现功能性或器质性病变。

2. 健康的标准

世界卫生组织 1948 年还在宪章中提出了健康的十条标准:

(1)精力充沛，能从容不迫地应付日常生活和工作的压力，而不感到过分紧张。

(2)处事乐观，态度积极，乐于承担责任，不论事情大小都不挑剔。

(3)善于休息，睡眠良好。

(4)应变能力强，能适应环境的各种变化。

(5)能够抵抗一般性感冒和传染病。

(6)体重得当，身材均匀，站立时头、肩、臂位置协调。

(7)反应敏锐，眼睛明亮，眼睑不发炎。

(8)牙齿清洁，无空洞，无痛感，不出血，齿龈颜色正常。

(9)头发有光泽，无头屑。

(10)肌肉、皮肤富有弹性，走路轻松有力。

从这十条标准我们也可以看出，健康包括身体健康与心理健康，是身体健康与心理健康的和谐统一。

3. 健康水平

健康水平(level of health)一般用分级表示，而且不同的研究者有不同的表达模式。格林伯特(Greenberg，1944 年)提出了健康五级分类模式，即健康水平可分为死亡、疾病、一般意义的生理健康、情绪和精神水平的提高、最佳健康水平：完美。格林伯特用“健康—疾病连续体”(health-illness comtinuum)来表示健康水平的五级分类。如图 9-1 所示：

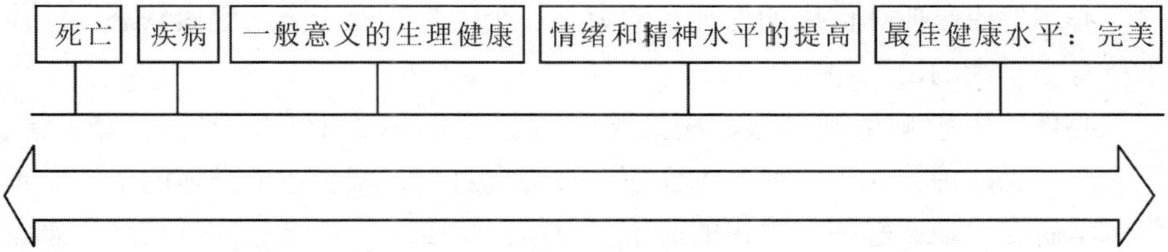

图 9-1　格林伯格健康水平示意图

(二)心理健康

1. 心理健康的概念

1946 年第三届国际心理卫生大会为心理健康下这样的定义：“所谓心理健康，是指在身体、智能以及情感上与他人的心理健康不相矛盾的范围内，将个人心境发展成最佳状态。”这告诉我们，心理健康是指个体对环境的高效而满意的适应，在这种状态下，人的生命具有活力，人的潜能得到开发，人的价值能够实现。

世界心理卫生联合会也曾明确提出了心理健康的四个标志：

其一，身体、智力、情绪十分调和。

其二，适应环境、人际关系中彼此能谦让。

其三，有幸福感。

其四，在工作和职业中能充分发挥自己的能力，过有效率的生活。

2. 心理健康的等级

心理学家将人的心理健康水平大致分为三个等级：

其一是一般常态心理者。这部分人表现为心情经常处于愉快的状态，适应能力强，善于自我调节，能较好地完成同龄人发展水平应做的活动。

其二是轻度失调心理者。这部分人在遇到学习、生活中的烦恼时，容易产生抑郁、焦虑等情绪状态，自我调节能力弱，人际交往中略感困难。他们通过专业人员的帮助，可维持心理健康。

其三是严重病态心理者。这部分人表现为严重的适应失调，影响正常的生活和学习，若不及时进行心理咨询和治疗，就会病情加重，以至难以维持正常的学习和工作。

3. 心理健康与生理健康交互关系

心理健康和生理健康不是彼此孤立，而是互相联系、交互作用的。人体是一个整体，身心功能紧密相关，互为因果。躯体健康是心理健康的基础和前提，心理健康是躯体健康的保证和动力。一个人只有处于全面健康状态，才能维持身心平衡的协调稳定。

心理健康影响生理健康。中医将心理因素归纳为七情，即喜、怒、忧、思、悲、恐、惊，认为只要其中任何一种表现过度，就会造成身体的不适。现代医学研究发现，轻松、愉快的心情可以增强免疫力，甚至还能延长绝症患者的寿命；相反，抑郁、紧张的心情则会破坏机体的免疫力。人若长时间焦虑、紧张、恐惧、愤怒、敌意、抑郁，易导致血压升高，罹患躯体疾病。

同样生理健康也影响人们的心理健康。人如果长期疾病缠身或身患不治之症，可能导致其心情变坏，郁郁寡欢，自卑焦虑。

二、大学生心理健康的标准

(一)大学生心理健康的标准

对大学生心理健康的标准，我国许多心理学工作者进行过研究。不同学者心理观不同，所提出的心理健康标准也存在不同点。大学生心理健康的标准可归纳为以下几点：

1. 了解自我，悦纳自我

体验到自己存在的价值，了解自己，接受自己，即：对自己的能力、性格和优缺点都能做出恰当、客观的评价；对自己不会提出苛刻的、非分的期望与要求；生活目标和理想切合实际；同时，努力发掘自身的潜能，即使对自己无法补救的缺陷，也能安然处之。

2. 接受他人，善与人处

乐于与人交往，能认可别人存在的重要性和作用；能为他人和集体理解与接受，人际关系协调和谐；在与人相处时，积极的态度总是多于消极的态度，在社会生活中有较强的适应能力和较充足的安全。

3. 正视现实，接受现实

能对周围事物和环境能作出客观的认识和评价，与现实环境保持良好的接触；既有理想，又不沉湎于幻想与奢望；对自己的力量有充分的信心，对生活、学习和工作中的各种困难和挑战能妥善处理。

4. 接受生活，乐于工作

能珍惜和热爱生活，并在生活中体验乐趣。尽可能地发挥自己的聪明才智，从工作中获得满足和激励。

5. 能协调和控制情绪

愉快、乐观等积极情绪总是占优势；能适度地表达和控制自己的情绪，在社会交往中既不妄自尊大，也不退缩畏惧；对无法得到的东西不过于贪求，对自己能得到的一切感到满意。

6. 人格完整和谐

人格完整、协调、和谐地表现出来；思考问题的方式是适中和合理的，待人接物恰当灵活，对外界刺激不会有偏颇的情绪和行为反应；与社会步调合拍，能融入集体。

7. 智商在 80 以上

智力正常，智商在 80 以上。具有正常人的观察力、记忆力、想象力、思考力和操作能力。

8. 心理行为符合年龄特征

具有与同年龄多数人相符合的行为特征。

(二) 正确理解与运用大学生心理健康标准

正确理解与运用大学生心理健康标准，应注意如下几点：

1. 心理健康与否是相对的

人的心理是精神现象，判断一个人的心理是“正常”还是“异常”，并没有明确的和绝对的界限，只是程度的差异。人的心理及行为由良好的健康状态到严重的疾病状态之间有一个广阔的过渡带，是一个由“正常”逐渐向“异常”、由量变到质变、并且相互依存和转化的连续谱，如图 9-2 所示。

2. 心理健康与否是可变的

心理健康水平虽然分为不同等级，但人们的心理健康状况随着环境的变化、认知的调整、经验的积累，是不断改变的。判断人们的心理状况是否健康，主要指近一段时间，既不代表过去，也不代表未来，但与过去、将来有一定联系。

3. 心理健康标准是理想的

人的心理问题是普遍存在的，只是程度不同而已。心理健康的标准是一种理想尺度，不仅为人们提供了一个衡量心理是否健康的标准，同时也为人们指

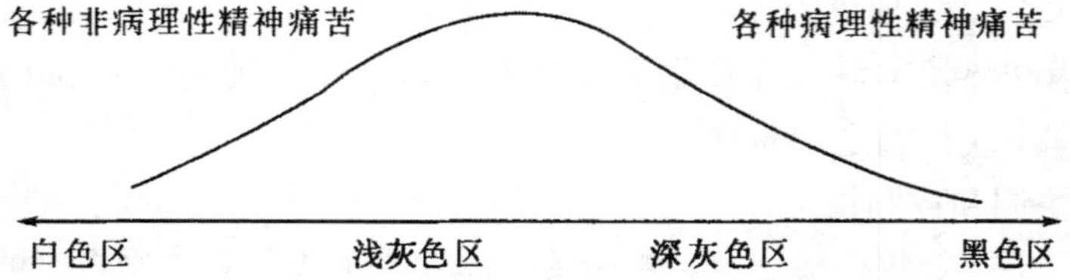

心理问题的程度与范围

注：白色区——健康人格　浅灰色区——有心理冲突者

深灰色区——人格异常者　黑色区——人格变态者

图 9-2　心理健康标准

明了发掘心理潜能，提高心理健康水平的努力方向。

第二节　大学生常见心理障碍的特点

大学阶段是一个人身心成长发育的关键时期。大学生作为有较高智力、较高文化水平与较强自尊心的群体，比一般青年有更高的抱负与追求，面临更多的机遇与选择，应该是意气风发，“少年不识愁滋味”的。而事实上，“郁闷”成了大学生的口头禅，他们中的一些人深感焦虑、抑郁，出现心理障碍，甚至爆发心理危机。

一、大学生心理障碍的特点

（一）多重危机

大学生处于青春期后期与成年前期，心理障碍也打上了这一时期人生问题的烙印。

青春期是由儿童过渡至成人的重要阶段，被看成第二个发展期，第二个个体化—分离期，一个生理心理皆变化快速的时期，一个动荡不安、问题集中爆发的时期，有人甚至认为青春期是正常的精神病时期。大学生面临许多变化与危机，变得不稳定，易于出现心理障碍。

随着身体上的发育，他们有能力将在婴幼儿期就存在的性幻想变成现实，由此带来焦虑和恐惧感。他们希望独立，但在经济上、情感上仍然依赖家庭。他们需要发展更大的自我控制力、自我认同、自尊以及家庭以外的客体关系，但过去的生活经验及其他环境因素的制约，阻碍着他们顺利完成。

P. Blos 与 Anna Freud 认为，青春期由于本我的增强，超我的影响力减弱，原本达到平衡状态的自我变得岌岌可危——容易有焦虑、冲突与退化的产生。俄狄浦斯以及前俄狄浦斯的冲突都将会在这个时期重现，紊乱不仅仅是一个表面的现象，它也涉及内在的心理过程。为了缓解成长所带来的焦虑，压抑自身的冲动，他们会动用各种防御方式，使得他们的外在表现非常复杂，甚至接近于精神病状态。

大学生心理障碍集中反映了他们存在自信与自卑的矛盾、独立与依赖的矛盾、理想与现实的矛盾、心理锁闭与渴望理解的矛盾、性生理成熟与性道德约束的矛盾、情绪情感两极化的矛盾。

(二)多种诱因

大学生心理障碍的出现有多种诱因。有关研究显示，当代大学生心理障碍主要源于大学生存在下列心理应激因素：一是适应性问题，包括对环境的不适应、生活上的不适应、学习上的不适应；二是人际交往问题，为在人群中的接触不良而苦恼；三是恋爱及性意识困扰问题；四是情绪问题，包括抑郁、焦虑等情绪失衡；五是学业问题，包括学业压力过大、学习目标不明确、学习动力不足、学习成绩不理想、学习动机功利化；六是就业和发展问题。这些大学生成长过程中面临的心理应激，一旦不能妥善处理，就可能成为心理障碍的诱发因素。

(三)多类症状

从症状表现来看，大学生心理障碍主要表现为：精神病性障碍，包括精神分裂症、妄想症等；心境障碍，包括抑郁症、躁狂抑郁症等；人格障碍，包括偏执型人格障碍、强迫型人格障碍、依赖型人格障碍、焦虑型人格障碍、自恋型人格障碍、表演型人格障碍等；神经症，包括强迫症、焦虑症、恐怖症、疑病症；创伤及应急相关障碍，包括急性应激障碍、创伤后应激障碍、适应障碍等；心理因素相关生理障碍，包括进食障碍、非器质性睡眠障碍等。

二、大学生心理障碍的预防与治疗

(一)开展心理健康教育，营造良好心理健康氛围

高等学校面向全体学生实施发展性心理健康教育，大力宣传和普及心理学

基础知识和心理健康知识，营造良好的心理健康环境，是预防大学生心理问题产生的重要途径。

1. 教育内容系统化

学校心理健康教育的内容，是心理健康教育目标的具体化，涉及学生健康成长成才的各个方面，诸如个性健全教育、积极适应教育、情绪稳定教育、高效学习教育、压力管理教育、人际和谐教育、婚恋技巧教育、求职技巧教育、生涯规划教育等，要根据学生的不同层次、不同年级、不同性别的需求，统筹安排，系统设置，贯穿于学生在校学习的全过程。

2. 教育途径立体化

开展心理健康教育，构筑课内与课外、教育与指导、咨询与自助相结合的立体化、网络化体系，可在如下几个方面下功夫：

扩大系统资源：学校心理健康教育不仅要善于运用校内资源，还应善于利用各种社会资源，可将家庭教育纳入工作系统之中。

拓宽教育渠道：心理健康教育要积极拓宽教育渠道，使其进入教学课堂、步入宣传阵地、融入校园文化、渗入社会实践、引入网络技术。

形成整体合力：高校要积极推行融合型的心理健康教育，致力于将心理健康教育工作渗透到学校育人的观念之中，渗透到各学科的教学之中，渗透到学校教育的各个过程、各个环节之中，积极营造关爱学生心理成长的校园生态环境。

3. 教育手段科学化

心理健康教育要防止简单的课程化倾向，注意教育活动的整合性、潜隐性、合目的性，充分利用现代科学手段，通过知识传授、测试实验、行为训练、讨论反思、领悟内化、习以成性等途径，达到知情意行的改变和心理品质的提升。

（二）提供心理咨询服务，帮助学生及时解除困扰

为帮助学生解除心理困扰，现在一般高校都为学生提供了心理咨询服务。对于大学生来说，充分利用心理咨询资源，及时解除心理困扰，是预防心理疾病产生的极好途径。

1. 什么是心理咨询

“咨询”一词源于拉丁语“cinsuitatio”，心理咨询(counseling)是指在一定的设置下，受过专业训练的心理咨询师运用心理学的原理和方法，与求询者建立一个具有治疗功能的关系，协助求询者认识自己，接纳自己，欣赏自己，克服

成长中的心理困扰，完善自己的人格，发掘自己的潜能，提高心理健康水平，促进人生发展。

2. 心理咨询的作用

心理咨询能帮助我们树立正确的健康观念，以积极的心态面对生活中的心理困扰；能帮助我们正确认识自我和周围世界，了解别人、认识自己和社会，更好地发掘自己的心理潜能，提高职业选择的成功率，迈向丰盛的人生；能帮助我们管理好自己的情绪，使我们拥有稳定和良好的感知，避免和矫治各种情绪障碍；能帮助我们培养健全的人格，克服不良心态，改善人际关系；能帮助我们学会应付生活及学习中种种挫折的方法；能帮助我们把握爱与被爱的艺术，顺利地度过人生发展阶段的种种危机，等等。

总之，心理咨询能使寻求心理帮助的我们生活得更轻松、更愉快、更自信。

(三)学会心理自我调适，实现心理健康自我维护

面对纷繁复杂的社会压力，大学生要学会心理上的自助，成为自己的心理医生，保持自信、乐观、坦诚、豁达、坚韧的心理品质。

1. 建立积极的自我概念，增加自我强度

拥有一个积极的自我概念是心理健康的人的核心特质。自我概念积极的人，在人群中感到安全自信，能以“真实的我”的面目出现，能够既接纳自己的长处与发展潜力，也能接纳自己的缺陷与不完美，欣赏“我就是我这个样子”。

2. 培养正确的压力观，以积极心态对待一切

压力情境不可避免，压力对人既是威胁，又是挑战。压力是催促我们发掘潜能的动力，是我们增长人生经验的机遇。任何压力与困难的破坏力和持续时间总是有限的，一旦压力过去，我们就淬火成钢。即便遭受挫折与失败，我们仍可坦然面对，因为我们虽然无力改变风向，但我们可以调整风帆，把握好了今天，我们就可以赢得明天。

3. 善于掌控自己的情绪，建设性地发泄情绪

人在压力情境中会有各种消极的、冲突的、痛苦的情绪反应。我们应承认自己的情绪，并以适当方式表达自己的情绪。例如向亲人、朋友倾诉；从事正当的消遣娱乐、旅游、体育运动；欣赏音乐；把思维集中在一棵树、一朵花上；专注于阅读、游戏；看喜欢的电影、电视片等。

4. 立即采取行动，分步化解压力

日本学者长谷川在《行动转变性格》一书中强调，只有切实可行的日常生活实践，才能帮助人摆脱重重心理困扰。改变不良情绪，必须立即行动，从行动中获得力量。对于那些面临多项任务、因工作压力感到紧张不安的人，最好的办法是断然将某些不太紧要的事情暂时放下，立即完成一件紧要而又不太困难的工作，以部分地缓解压力，为有次序地完成其他任务准备条件。

第三节 心 理 调 适

善于把握人生变动的节奏，避开生活的激流险滩，追求人生的幸福与成功，超越痛苦与挫折，无所畏惧应对压力，运用智慧解除困扰，积极适应与主动发展，顺利完成大学阶段的成长任务，是每一位大学生都无法回避的人生课题。

一、学习压力的心理调适

(一) 大学生学习中的心理困扰

学习是学生的天职，学习本是因需要、兴趣而引发的愉快活动，但由于多种原因，大学生出现诸多学习困扰，甚至出现厌学现象。如何看待这一现象？

1. “高原”反应

一般人登山登到海拔5000米时就会由于缺氧而出现高原反应，大学生在学习上也有人出现“高原现象”：从幼儿园一直攀登到大学，到大学后身心疲惫，空虚无聊，无目标，无兴趣，无动力，无意志。正如一学生用打油诗所描述的那样：“刚进大学很想发奋，不到一年就开始混；拿起书本头就发昏，也许自己越来越笨。”

2. “晕场”现象

有的学生一走进教室看到别人埋头学习，听到别人的翻书声、写字声就神情紧张，烦躁不安，心跳加快，遇到考试就睡不着觉吃不下饭，走进考场就血压上升，手脚发凉，思维呆滞，头脑出现空白，甚至在考场晕倒。这是学习中的焦虑现象。

(二) 大学生学习中的心理调适

培养大学生健康的学习心理，应从以下几方面入手：

1. 激发学习动机

目标对动机起引导、激发和维持作用，大学生应根据社会、家庭、个人的实际情况确立自己的学习目标，并在制定目标时遵循三原则：一是求近不求远，完成某项学习是眼前的需要而非未来的计划；二是具体明确而非笼统模糊，做到有的放矢；三是分析个体实际情况，使目标对个体具有适度的挑战性。

2. 提高学习效率

学习疲劳是大脑的一种保护性抑制，长期处于“边缘态”的过度疲劳，不仅学习效率低下，还影响身心健康。克服“边缘态”的学习障碍，一是要讲究科学用脑，使大脑左右两半球交替使用，将逻辑思维活动与形象思维活动交替进行。二是要劳逸结合，将脑力劳动与体力劳动、休闲娱乐结合起来交替进行，保证充足的睡眠。三是顺应生物节律，随着机体生物机能充沛旺盛与逐渐委顿疲乏的节律变化，合理安排作息时间，以期事半功倍。

3. 克服过度焦虑

克服学习中的过度焦虑，一是要正确认识和评价自己的能力，调整自己学习的抱负水平和期望目标，使之切合自身和客观现实。二是要增强自信和毅力，不怕困难与失败，勇于迎接学习中的挑战，保持适度的自信心，克服虚荣心理。三是要努力学习，充分准备，做到心中有数，有备无患。四是加强心理调节，善于释放压力，保持情绪的愉快和稳定。

4. 掌握学习技巧

大学生要掌握更多的新知识，一是要善于在知识的海洋中搜寻对你有用的知识，知道哪些书要“精读”哪些书只“粗读”哪些书可“不读”。二是要掌握信息浓缩技术，在学习中能快速提取有用知识。三是要善于运用互联网、图书馆、工具书、老师、同学等各种资源。四是要善于对知识进行筛选、加工、整合，将知识融会贯通。为此，大学生在学习中，既要善于运用认知策略，做到合理复述，也要善于运用感知学习，充分调动视觉、听觉、触觉、味觉、嗅觉参与学习活动。

二、人际交往的心理调适

(一) 大学生人际交往中的不良心理

由于社会趋于大规模化，个人产生了无足轻重或失控感，没有社交，人的生存的需要、尊重的需要、爱与归属的需要、获得社会经验的需要、自我认识自我实现的需要，便得不到满足，就无法有效生存。大学生建立和谐的人际关系是维护心理健康完成社会化的重要任务之一。然而，大学生在交往中常常出现接触不良、交往不适的现象，严重影响心理健康。

1. 不敢交往

由于羞怯、自卑等心理作用，部分大学生在人际交往中特别紧张、焦虑，不敢看人，面红心跳，手心冒汗，说话结巴，语无伦次，词不达意，或路见熟人宁可绕道而行也不敢与其相遇，或不敢在公众场所表达自己的观点，出现社交恐惧症。

2. 不愿交往

有的学生在交往中缺乏安全感与自信心，怕别人瞧不起自己，敏感多疑，有很强的自我保护意识，有的甚至反向形成，自高自大，拒人于千里之外。这类同学实质上不是不愿与人交往，而是担心自己在交往中受到伤害。

3. 不善交往

有的学生没有掌握交往的知识与技巧，不注意沟通的方式，不懂得交往的原则，交往中显得过“直”、太“呆”，说话缺乏艺术，拒接与批评不善体谅对方的感受，开玩笑不注意场合与分寸。有的人不懂得尊重他人的个性或习俗，容易在交往中伤害对方的自尊。

4. 不懂交往

有的学生对人际交往有理想化的期待，不能较好地完成从儿童交往模式向成人交往模式的转化，以纯洁的友谊、理想化的人际模式来要求现实生活中的交往，于是带来失落后的愤懑，产生回归心理，或从与过去的朋友频频交往中获得慰藉，或沉湎于对过去友谊的追忆。

(二)大学生人际交往中的心理调适

建构和谐的人际关系涉及诸多方面的因素，其中最重要的是掌握交往的原则和艺术，了解交往中的心理效应，并在交往实践中调适心态，排除交往障碍。

1. 遵循交往原则

在交往中，我们应遵循以下原则：

互利原则。即双方在交往中都有所施，都有所受，做到互利、互惠。社会心理学研究表明，希望被人关心、注意，是每个人不可缺少的需要。

平等原则。心理学研究表明，人都有友爱和受人尊重的需要，特别是青年人，交友和受尊重的希望都非常强烈。交往必须平等，平等才能深交。

相容原则。心理相容原则是指交往中双方相互理解、尊重，容忍对方的不同性格、兴趣和生活方式。与人交往要善于将心比心，大事清楚，小事糊涂，严于律己，宽以待人。

诚信原则。《论语·学而》有云："与友交而不信乎？"墨子说："志不强者智不达，言不信者行不果。"还有"一诺千金""一言既出，驷马难追"等，都是说的"信"的重要。

2. 用活心理效应

人际交往中正确地认识、了解、掌握并利用心理效应，对我们有效交往非常重要。交往中，我们要利用首因效应给人以良好的第一印象，利用近因效应不断给别人加深好印象，利用刻板印象防止先入为主，利用定势效应避免偏见或成见，利用投射效应防止以己度人，利用晕轮效应避免以偏概全。

3. 掌握交往艺术

注意交往礼节。交往要注意礼节，一般来说交往对象不同，交往礼节也应随之变化，而有些交往礼节则是相同或相似的。

注意交往态度。交谈要注意以下几点：第一，尊重、真诚、平等、坦率，不管对谁，不卑不亢；第二，开玩笑讲究对象、场所与分寸，不拿他人生理缺陷开玩笑；第三，乐于倾听，用"心"理解别人；第四，善于观察对方表情，掌握好谈话节奏和时间。

注意交往情感。交往中应注意投入情感，目光应注意正眼看人，切忌斜视、凝视和飘移不定；保持微笑，不宜冷漠；温文尔雅，忌粗俗难耐，跷二郎腿，旁若无人，大声喧笑等。

注意交往语言。语言的运用应根据不同的交往目的和交往环境而定，语音、语调、语速恰当，忌命令式，宜用直言式。提出批评，宜委婉、含蓄。同时要学会赞美，善说"谢谢"。

4. 训练交往能力

调适人际交往中的心理困扰，建立和谐的人际关系，可参与提高人际交往能力的心理学技术训练。通过敏感性训练、角色扮演训练等，改善自我意识水平、共情能力和社交技能；通过表达训练、利他行为实践训练，学会由衷地赞美与肯定别人、真诚地关心与帮助别人。

三、恋爱中的心理调适

（一）大学生恋爱中的心理困境

恋爱是大学生分享一个人的自我和一个人的所有进而走向婚姻建立家庭的

重要过程，是学习建立亲密关系的需要，是提升自我认识升华人格的需要。恋爱，这看似很“自然”的事，却深深困扰着部分大学生。

1. 单恋之苦

单恋是一方的倾慕情感苦于不被对方知晓或接受而造成的难以摆脱的一厢情愿式的痴情爱恋。“落花有意，流水无情”，单恋是一种深沉而无望的爱恋，具有痴迷而深刻的悲哀，严重者相思成病。

2. 多恋之险

多角恋是一个人同时与两个或两个以上的异性建立了爱情关系。“多角缠”潜伏着极大的危险性，而有的学生或因择偶标准不明，或因恋爱动机不纯，或因虚荣作祟，或因不善拒绝，玩多角恋游戏，不仅自己身心疲惫，还可能带来十分危险的后果。

3. 畏恋之悲

有的学生或因期待完美之爱、精神之恋，认为身边同学的恋爱是小儿游戏，现实生活中的恋爱太可怕；或因认为自己是最无价值最乏魅力的人，因而不敢坦然与异性交往，不敢追求爱也不敢接受爱，以回避保护自己的尊严，极力掩盖内心深处的悲伤与落寞。

4. 失恋之痛

失恋是大学生最严重的挫折之一，当一方已无爱意挥手别去时，另一方却于耿耿长夜守着爱的残山剩水痴痴怀念往昔的温柔。失恋者捂着胸中“永远的痛”，擦拭着斑斑血迹点点泪痕，忍受着难堪、羞辱、忧郁、失落、孤独、虚无、绝望等一系列负性心理煎熬。

(二)大学生恋爱中的心理调适

莫里哀说：爱情是一位伟大的导师，教我们重新做人。大学生应该如何调适恋爱中的心理困扰，走出爱的心理误区，赢得健康的爱情呢?

1. 学会理解爱

斯腾伯格(Robert J. Sternberg)提出了“爱情三因论”，认为人类的爱有三个向度，包括激情(生理层面)、亲密(心理层面)和承诺(社会层面)。亲密代表两个人的坦诚、愉悦；承诺代表维系两人关系的应许和承诺；激情是情不自禁的欲望，是原生的力量。亲密、承诺和激情的组合，可以派生出不同类型的爱，唯有三因素合一的爱，才是人们追求的完美爱情理想境界。真正的爱情具备激情的真、亲密的善、承诺的美，是真善美和知情欲兼具的情感，如图 9-3 所示。

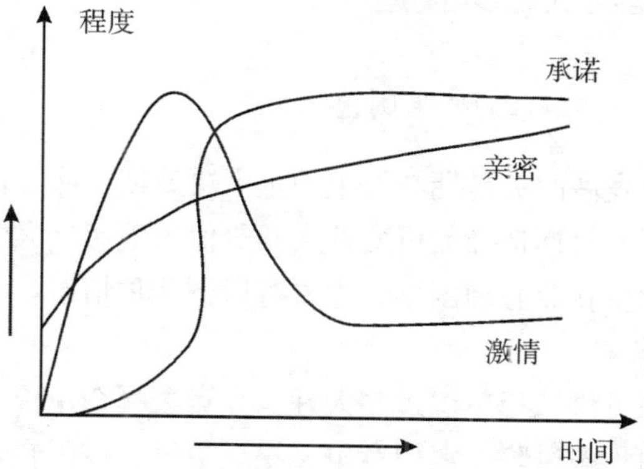

图 9-3 爱情三因论图示

2. 学会选择爱

选择爱包括表达爱、接受爱与拒绝爱。对于倾慕的对象，应主动、真诚地以合适的方式向对方表达爱。不管对方是否接受，但至少你表达了自己的情感明白了对方的态度。对于别人传递过来的爱，如果对方是自己的意中人，就应大胆地接受爱；如果对方非自己的意中人，那么，宜及时以恰当的方式予以拒绝。

3. 学会发展爱

一旦双方坠入爱河，我们就应学会使自己具备包括付出的能力、理解的能力、宽容的能力和适度控制的能力等爱的能力。不要指望对方会为我们分担一切，很多东西我们仍然需要独自面对；付出比索取对爱情更有益，也使自己更快乐；宽容对爱情有出乎意料的效果；我们应当具有适当的控制力，不让炽热的烈火瞬间燃尽自己。

4. 学会放弃爱

当心爱的人在你苦苦挽留之后还是“毅然离去”或你苦苦的追求得不到对方正面回应时，你唯一可以做的就是学会放弃，做到失恋不失态，失恋不失德，失恋不失志，失恋不失命。

可用以下方法调适心态：一是酸葡萄机制法，吃不到的葡萄是酸的，可尽量多想对方的缺点。二是疏泄法，适时适度释放心中的苦闷。三是自我暗示法，自己只是失去或放弃一朵鲜花，却拥有整个花园。四是转移法，把注意力转移到感兴趣的事情上去。五是升华法，把因失恋而产生的挫折感、压抑感升华为奋斗的动力。

四、就业过程中的心理调适

(一)大学生就业中的心理困惑

择业期是人生发展的关键期与人生的重大决策期，一方面因决定的目标价值大、决定时间短、目标选择的可变性大及价值失落感，大学生在做选择时内心冲突也大。大学生就业心理困惑，主要有以下几种情态：

1. 焦虑与急躁

部分学生或因可供选择单位过多太好，究竟去哪个单位委决不下，或因既希望自主就业又怕承担风险，渴望竞争又缺乏勇气，或因自命不凡，就业期望值过高，别人都已“名花有主”而自己尚在“闺中愁嫁”，焦虑急躁，烦恼不安。

2. 自卑与怯懦

部分学生缺乏自信，怯于竞争，不敢为自己确定优势目标，不敢向理想的单位求职，不能向用人单位充分展示自我，或在面试时害怕失败而临阵脱逃，或虽然勉强上阵却因紧张焦虑而一败涂地。

3. 依赖与盲从

部分学生寄希望于父母的门路，等待家长将自己的工作“搞定”，或指望学校帮自己提供合适的单位。部分学生盲目追求热门单位、热门职业，不从职业发展与个人前途需要去考虑，总想找一份超过别人的十全十美的工作。

4. 悲观与低就

部分学生心理承受能力和自我调节能力较差，几次求职失败，就自惭形秽，怨天尤人，认为自己无能，不可能有“好”单位接纳自己，于是随便找一个单位，草草签约，“将自己贱卖了！”

(二)大学生就业中的心理调适

斯温(Swain，1984)提出生涯规划模式，如图 9-4 所示，认为想要达到每一阶段的任务与目标，必须同时做好三个方面的事情：“个人特质的澄清与了解”“教育与职业资料的提供”“个人与环境关系的协调”。根据这一模式，大学生做好就业过程中的心理调适，应注意以下几点：

1. 正确认识自我

我们只有了解自己的性格特征、个人需要、职业兴趣、能力倾向、价值观念等，才能在择业中合理定位，扬长避短，科学地进行人职匹配，协调好个人职业需要与个人兴趣、能力与价值等因素之间的关系。

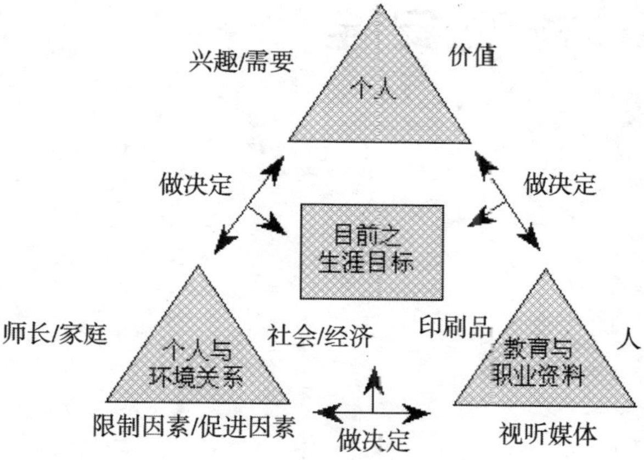

图 9-4 Swain 的生涯计划模式

2. 全面了解环境

成功择业还要知道环境允许我干什么，因而要了解社会宏观环境，认清就业形势及相关行业的发展前景，搜集职业资讯，了解职业对择业者的要求，了解求职单位的工作环境、行业地位、文化特色、学习机会、个人提升空间、单位对个人的要求等。

3. 合理选择职业

求职者应培养积极乐观的人生态度，坦诚面对现实，拓宽思路，转变观念，树立先就业、后择业、再创业的观念，将自己性格特点、工作才能、志向、需要及潜能与时代发展、社会需要三者有机地结合起来。

4. 善用求职策略

求职中要做好知识准备、能力准备、经验准备、行动准备，自我欣赏，敢于竞争，不怕失败。在与求职单位招聘人员打交道时，用好人际交往中的一般艺术，善于利用首因效应、近因效应、登门槛技术、剥笋技术等。

第十章 社交安全

人是环境中人，离不开社交活动。大学生群体人际交往形式多样，社交内容广泛，但由于缺乏必要的社交安全知识，有的上当受骗、有的违法犯罪、有的甚至自寻绝路，给个人、家庭、学校乃至社会造成了极大的危害。因此，大学生学习掌握必要的社交安全知识，具有十分重要的意义。

第一节 人际交往的原则和方法

人际交往是社会交往活动的主要形式，是指个人与个人、个人与团体以及团体之间的相互作用、相互影响的方式和过程。大学生进行健康的人际交往，既有利于自身的全面发展，又有利于认识和服务社会。

一、影响人际交往的主要因素

由于每个人参与人际交往活动的出发点不同、方法不同，人际交往的质量和效果也就不同。究其原因主要是受文化、社会和心理因素的影响。就心理因素而言，体现在以下几个方面：

（一）认知因素

人们在社会生活中，会产生对自我、他人以及种种社会关系的认识。如果不能正确地掌握认知偏差，那么正常的人际交往就会受到影响。认知偏差主要是对自我认知的偏差和对他人认知的偏差。

对自我认知的偏差，体现在两个方面，一方面是自我评价过高，孤芳自赏；另一方面是自我评价过低，妄自菲薄。孤芳自赏者正是过高评价自己，过分相信自己的聪明而导致恃才傲物，对别人的所作所为和喜好漠然置之，不屑与之交流。因而，人们对你只能避而远之，使你倍感孤单。同样，妄自菲薄者认为自己这也不好，那也不行，这种心理自卑、神情黯淡的人，想以自己的行为来博取人们的同情，往往会事与愿违，适得其反。

对他人的认知偏差，一是以貌取人，通常表现为第一印象。这种印象主要来自对方外表，这在人们相识中起决定性作用。二是以成见待人，通常表现为晕轮效应和定势效应。三是从众心理。它是根据多数人的看法来确定自己的观点或态度的一种现象。这种人缺乏主见，人云亦云，不管别人的看法正确与否，一味随声附和，其结果导致认识失真，影响与他人的交往。因此，在人际交往中既要客观地认识自己，又要正确地认识别人。

(二)情绪因素

情绪是人的情感的外在表现，是影响人际交往的重要因素之一。在人际交往中，人的情绪状态直接关系到交际质量。如果人在取得某些成绩或被他人羡慕的情况下，沾沾自喜，逢人必讲，这样往往会引起别人的反感。同样，失意忘形留给别人的印象也不好。一个人若愁肠满腹，化形于色，那么人们认为你过于脆弱，缺乏自制，只会给予你怜悯或同情。若遇到不公正对待，怒形于色，迁怒于人，人们只会认为你浅薄而缺乏内涵，只能得到别人的轻蔑。

情绪表达应该把握分寸，注意场合。如果不管对象，不分场合，不顾轻重，恣意纵情，情感反应过分强烈，就会给人留下轻浮、狂妄或动机不纯等不良印象；反之，一个人若对喜、怒、哀、乐或对能引起情感共鸣的事无动于衷，人们就会觉得你冷漠无情，因而也不愿意同你交往。

(三)态度因素

态度是人们对一定对象的综合性的心理反应倾向，它是认知、情感、动机共同作用的全部心理过程的具体体现。态度在人际交往中形成，并对人际交往产生影响。在交往中，态度给交往一方造成心理压力，因为态度总是指向并倾向于某个对象。如果态度和蔼、真诚、坦荡，会使人有安全感并亲而近之；反之，态度圆滑、缺乏诚意、狂妄自傲，会使人有危机感并疏而远之。

哲学家斯宾诺莎说：“世界上没有两片完全相同的叶子。”人与人之间由于家庭、环境、教育等因素的影响而存在种种差异，这是正常的社会现象。在人际交往中，如果对文化、身份、地位低的人持轻视、看不起的态度，这将会引起彼此间的隔阂与对立。“水至清则无鱼，人至察则无友”，一个文化、身份、地位较高的人，由于自己各方面自律严，有时就易推己及人，认为别人也应该像自己一样，于是看不惯别人的所作所为，不善于包容别人，以致人际关系形成僵局。

每个人都有自己的生活方式和行为习惯，不能因为自己的好恶而强加于人，我们应该预留一点心灵的空间，容纳别人，相信别人，善待别人，你得到的不仅是朋友，还有精神上的愉悦，因为你对别人表示了理解。

(四)个性因素

个性，心理学中又称为人格，是指在一定的社会历史条件下的具体个人所具有的意识倾向性，以及经常出现的较稳重的心理特征的总和。它包括一个人的兴趣、爱好、思想、信念、世界观、价值观、性格、气质、能力等。

每个人的价值心理不同，其为人处世态度和行为特点的表现方式就不一样；每个人的个性品质不同，其人际关系的质量也不一样。一个热情、诚实、高尚、正直、友好的人，人们易于接受他而与之交往；相反，一个冷酷、虚伪、自私、奸诈、卑劣的人，人们就会回避他而与之疏远。由此可见，个性品质将会直接影响正常的人际交往。但是，人们在性情、志趣等方面存在个性差异并不等于他们没有共同之处。例如，有着共同爱好的两个人，性格特点相左，但交往中如果以共同的爱好为基点，彼此产生心理上的共鸣，把彼此相左的性格特点放在交际的次要位置，求同存异，那么交往双方也会感到其乐融融，甚至会随着彼此的相融而成为知己。如果双方丢弃彼此的共同点，在个性品质上相互指责或计较，那么这不仅使双方关系僵化，甚至会反目成仇。因此，我们要注重加强知识培养，提高综合能力，不断完善富有魅力的交际人格。

二、人际交往的基本原则

在我们的社会活动中，人与人之间的交往应当遵循的基本原则主要有以下几方面：

(一)平等正义的原则

人与人之间的关系是平等的，只有社会分工和职责范围的不同，而没有高低贵贱之分。不论是职位高低、能力大小，还是职业差异、经济状况不同，人人都应得到同等的对待。

就学生而言，各类学生都来自不同的地区，甚至国度，相互之间存在着区域、家庭、习俗、社会关系和经济条件等差异，但这些客观差异不应当表现为人际交往中的不平等。同时，教师是大学里辛勤育人的园丁，学生们应该养成尊师重教的良好习惯。师生之间由于在年龄、阅历、地位和性格等方面存在差异，所以，双方看待问题、处事方式也难免不同。因此，大学生要自觉接受老师的教育和指导，对老师有不同意见应选择合适的方法和场合坦诚交流，尊重老师的人格和劳动。同样，老师要坚持育人为本的原则，既要关心帮助学生，又要讲究方式方法，注意维护学生的合法诉求和自尊心。

(二)诚信友爱的原则

人与人之间只有以诚相待，才能相互理解、相互接纳、相互信任，才能团结友爱、互助互进。当前，社会竞争日趋激烈，每个人都会遇到各种困难和问题，也将经受各种锻炼和考验，因此，仅靠个人微薄的力量很难达到成功和幸福境界，必须要建立良好的人际关系。这就要求我们在人际交往中真诚待人，相互信任。

生活是一面镜子，你对它笑，它就对你笑，你对它哭，它就对你哭。我们每个人都应该以科学的精神、豁达的态度去直面人生，笑对生活，与人为善，建立良好的人际关系。

(三)互助互惠的原则

互相关心，互助互惠，是人际交往的客观需求。作为新时期的大学生，不仅需要具备良好的科学文化素质，还应具有优秀的思想道德品质。大学生数年寒窗，远离家乡和亲人，在日常学习和生活中，难免会遇到各种问题和困难，需要得到老师和同学的关心和帮助，使自己走出困境，顺利完成学业。即使是将来走上工作岗位，也需要与同事建立良好的关系，互相配合、互相支持、通力合作、携手并进。真正的爱心就是表现在别人需要时，奉献自己的力量。要想得到别人得不到的东西，就需付出别人不愿付出的东西。一个不愿意帮助别人的人，很难要求别人自愿地帮助他。

(四)不卑不亢的原则

在人际交往中，首先需要准确定位，正确认识自己，谦虚谨慎，严于律己，宽以待人，这样才能比较好地处理和协调人际关系。一个人如果对自己认识清楚，他在与别人的交往中的行为就能体现自己的观点，也就能使别人正确认识自己，双方容易接近和交往。与此同时，在相互认识中，还应该客观地评价他人，既要看到别人的长处和优点，也要看到别人的短处和缺点。如果我们只看到自己的优点和长处，别人的缺点和短处，就会脱离实际，孤芳自赏；反之，如果只看到自己的缺点和短处，别人的长处和优点，就会妄自菲薄，缺乏自信。

因此，在人际交往中，既要自重自爱，又要不卑不亢。根据交往对象，选择适当的交际方式。特别是在交际中个人财产和人身安全受到损失或者威胁时，应该及时向老师和学校保卫部门报告，在校外应及时报警，以免发生意外事件。

三、人际交往的主要方法

大学生文化层次较高，思想活跃，兴趣广泛，生理和心理日趋成熟，因此，大学生的人际交往与其他社会交往具有不同的特点。一是平等意识强。大学生随着自我意识的发展，独立和自尊的意识日益增强，于是产生了“成人感”，对交往中的平等性要求越来越高。他们既希望对他人平等相待，又希望他人对自己一视同仁。二是感情色彩浓。大学生普遍希望通过交往获得友谊。他们对友谊的珍惜与渴求以及年轻人情感丰富的心理特点，促使其在人际交往中十分注重感情的交往，渴求情投意合和心灵深处的共鸣。但是，大学生情感不是很稳定，有时变化无常，表现为时而欢欣鼓舞，时而焦虑悲观，甚至容易用感情代替理智。三是富有理想化。大学生的人际交往带有浓厚的理想色彩，注重思想，纯洁真诚。

与其他人群相比，大学生人际交往的挫折感较强，以致出现渴望交往和自我封闭的双重性。因此，大学生在人际交往中要注意了解和掌握以下方法和策略：

(一)准确定位，真诚相处

这是大学生性格特点决定的人际交往的基础条件。只有准确定位，以诚相待，忘记过去，面向未来，准确客观地善待周围的人和事，保持一种平和而理智的心态，谦虚待人，才能使交往双方建立一种平等的关系和信任感。日常交往中要注意避免刻意追求平等，强者不愿被迎合，弱者不愿被鄙视。对朋友的不足和缺陷能诚恳批评，对不同的观点能直陈己见，既不当面奉承人，也不在背后诽谤人，要做到表里如一，肝胆相照，促进彼此间的了解、信任、倾诉。

(二)心灵呼唤，宽容大度

生活中由于种种原因而导致不能完全理解别人，但当你站在别人的位置考虑问题时，从而获得许多从未有过的理解，便会觉得心理上的距离缩短了。每个人都会保留自己的意见，按照自己的意识行事，但我们只能用自己的思想去影响别人，而不能强制改变别人。如果时时处处尊重和理解别人的选择，不过高要求别人，保持宽广的心胸，那么彼此之间就能达到心灵的相容。人际交往中不可避免地产生误解和矛盾，这就要求大学生在交往中要谦让大度，气量大，心地坦然，冷静思考，认真分析问题的根源，找到症结所在，对症下药，消除误解，化解矛盾。凡事多为他人着想，不计较对方的态度和言辞，对别人的缺点给予宽容，并勇于承担自己的行为责任，严于律己，宽以待人，这样彼此容易沟通、交往，能够赢得更多的朋友。

(三)密切关系，相互协助

心理学研究表明，人与人之间空间距离上的接近是促进人际吸引的重要因素，因为人与人之间空间位置距离越小，联系密度就越高，越有助于相互了解，沟通感情，密切关系。即使两个人之间的关系偶尔比较紧张，通过交往，也能使其关系得到逐步改善。相反，如果两人之间关系很好，但长时间不交往，其关系也可能逐渐淡薄。大学生生活在相同的环境中，无论是学习、生活，还是现实、未来，相互交往、合作都不可避免。因此，彼此之间应建立起纯洁的友谊，在校园里相互帮助、共同提高；走向社会友好竞争，携手并进。

(四)提高素质，加强修养

当今，大学生既要具有丰富的科学文化知识，又要具备良好的品质修养。

首先，提高个人的心理素质。人与人交往，是思想、能力与知识及心理的整体作用，哪一方面欠缺都影响人际关系的质量。有的学生在人际交往中存在恐惧、自卑、冷漠、封闭、猜疑、自傲、嫉妒等不良心理，这些都有碍建立良好的人际关系，应该加强自我训练和调适。

其次，学会了解和沟通。良好的人际关系有赖于彼此间的思想沟通，大学生要善于与人交流，选择双方感兴趣的话题。沟通时语言表达要准确、清楚、简练、生动，要学会有效聆听，做到耐心、虚心、会心，把握交流的技巧。同时，还要学会赞扬和批评，适时的赞扬可以释放人身上的能量，调动人的积极性，增进彼此的吸引力。

再次，增强人际魅力。人际魅力是人际交往过程中形成的，个体对他人给予的积极的和正面评价的倾向。良好的人际魅力决定着交往发展的方向，也是和谐人际关系的基础，它来自较好的个性特征、外在素质和语言艺术。大学生应该培养良好的个性特征，学会悦纳自己。一个人只有首先学会悦纳自己，才能在人际交往中始终置于正确的位置。大学生应该提高外在素质，建立良好的第一印象。追求美、欣赏美、塑造美是人的天性，美的外貌、风度能使他人感到轻松愉快，并在人的心理上建立良好的第一印象。注重扬长避短，展示自己独特的气质和风度，力求外在美和内在美的协调一致，做到外秀内慧。大学生还应该注重语言艺术，增强幽默感和感召力。语言是一种符号，它可以传递人的感情与思想。只有在人际交往中准确使用语言，适当应用善意的幽默感，给人以轻松和超脱、欢笑和愉悦，增强感召力与亲和力，才能促使人际关系更加融洽，更加自然。

第二节 大学生主要社交活动种类及其特点

在新时代经济社会发展中，大学校园已经与社会的各个方面密不可分，大学生与社会的联系变得越来越密切，大学生参加各种社会活动的机会也越来越多。在不同的社交活动中，如何保证自身的安全、活动的合法，显得尤为重要。

一、社团活动

(一)社团的概念

社团，即社会团体，它是指人们为谋求某种社会利益或完成某种社会目标，通过特定的社会联系和心理沟通所结成的一定规模的社会共同体。社团一般分为社会性团体和非社会性团体两种。

社会性团体是指跨单位或跨地区所组成的团体组织；非社会性团体是指在本单位内部组成的团体组织。学校的社团活动，主要是由学校的教职工和学生自愿组织的群众性团体，活动范围也局限在校园内，属于非社会性团体。成立和参加校园内的非社会性团体，可以提高当代大学生自我管理、自我服务、自我教育的能力。

但是，一些大学生由擅自组织社团活动，违反了法律，受到了处罚；或者被别有用心的人利用，成为西方思想文化、价值观进行渗透的重点对象。这主要表现为：法制观念淡薄，未申请登记批准便非法组织社团跨地区进行活动；已经提交申请报告，还未批准成立即在校内开展社团活动；已获批准成立的学生社团，其活动内容背离社团宗旨及相关规定；打着学校学生社团的旗号进行非法活动。

(二)成立社团的相关规定

成立社会性团体，《社会团体登记管理条例》有明确的规定。社会团体的登记管理机关是民政部或县以上地方各级民政部门，业务活动受有关业务主管部门的指导。如要申请成立社会团体，应当经过有关业务主管部门审查同意后，到登记管理机关申请登记，并提交：负责人签署的登记申请书；有关业务主管部门的审查文件；社会团体的章程；办事机构地址或者联络地址；负责人的姓名、年龄、住址、职业及简历；成员数量。经过核准登记的社会团体，发给社会团体登记证书，这就具有合法性，否则，就是非法组织。

成立校内非社会性团体，《中华人民共和国高等教育法》规定：高等学校学生可以在校内组织学生团体。学生团体应在法律、法规的范围内活动，服从学校的领导和管理。《普通高等学校学生管理规定》明确指出：学生成立社团，必须提出包括社团宗旨、章程、活动内容、形式和负责人的书面申请，报学校批准。学校鼓励和提倡学生社团开展科技、文化、艺术、体育等活动。学生社团必须服从学校的领导和管理。学生社团在宪法、法律和校纪校规范围内活动，不得从事与本社团宗旨无关的活动。

校内非社会性团体必须遵循学校的规定，方能开展各项活动。成立校内非社会性团体均需提交包含以下内容的申请：社团名称、宗旨、活动内容及范围、社团章程、组织机构、负责人及成员情况、经费来源以及其他需要说明的事项等。

(三)参与校内非社会性社团活动的注意事项

(1)加强法制观念，严格遵守法律法规。大学生在组织、加入某个社团之前，应先了解本校对社团管理的有关规定，并按照规定到学校有关职能部门办理相关事项。

(2)校园社团组织必须在法律法规和校纪校规规定的范围内开展活动，必须服从学校的统一领导和管理。

(3)由于学生社团人员流动性比较大，一般学校会固定一个时间对社团进行重新注册。若社团主要负责人等重要信息变更，应及时办理有关变更手续。

(4)社团组织活动，应按规定提前上报社团业务主管部门或登记管理部门，说明活动的目的、内容、形式、人数、时间、地点以及主办单位、负责人、经费来源等。经学校批准后方可举行。如果邀请校外单位或人员来校参加活动，也必须事先报请学校同意。

(5)社团编印刊物，必须经学校批准并接受学校管理。每期刊物都应报登记管理部门备案，主动接受指导老师和主管部门的监督、审查。校园刊物应在学校许可的地点张贴，不能到社会散发，否则就成了非法刊物。

(6)在组织活动的过程中，社团的组织者要加强管理，防止别有用心的人利用学校合法社团从事非法活动和破坏校园的稳定。一旦发现问题，应当立即停止活动，并向学校保卫部门报告。

二、求职择业

(一)现状概述

大学生在求职择业过程中，由于涉世不深、思想单纯、急于求成，不可避免地会遇到一些安全问题，甚至人身财产还会受到侵害。

大学生在求职择业过程中要留心警惕，不能被一些假象所蒙蔽。有的非法职介改头换面，以“公司直招”或“求职顾问”的面目出现，非法收取各类费用，倒卖大学生个人信息资料；有的公司招聘职位名不符实，用“经理助理”“市场总监”等一些光彩照人的虚假名头掩盖实际岗位性质；有的用人单位虚张声势，为了提升企业知名度或者出于其他目的，大肆宣传，反复面试，实际早已内定招聘对象，白白浪费了大学生的时间、金钱和精力；有的单位开空头支票诓骗人才，许诺不实薪水、职位，将优秀大学生招入麾下，等工作后才发现现实与承诺相去甚远；有的单位以招聘为名，骗取大学生的劳动成果，在笔试或者试用期间，将无法解决的问题以应聘试题的形式，让大学生来解决，等解决问题后并不实施招聘；有的企业借招聘会宣传企业形象，在校园内大肆刊登企业广告，最后并没有实现招聘计划；更有一些不法分子，以招聘的名义，对女大学生实施猥亵、骚扰、性侵害等人身伤害，造成受害大学生损失惨重、教训深刻。

（二）注意事项

1. 积极调整心态，乐观面对将来

大学生求职择业是一次重要的选择过程，与此同时，还面临着与校园分手，与同学再见的伤感离别，在这个关键时期，压力、迷惘可能会导致心理失去平衡。争嘴吵架、酗酒闹事、打架斗殴、负气出走等平时比较少见的事情开始多发，还有少部分人怨天尤人、报复社会。首先要客观评价自己，对自己和自身的能力做出正确的认识，从实际出发，不要盲目攀比；其次要规范自身的行为，责人要公允，意见要客观，同时要通过正当的渠道和途径反映问题。

2. 树立正确择业观，消除择业心理偏差

三百六十行，行行出状元。不能只考虑眼前利益，忽视专业发展方向；不能互相攀比，强求平衡；不能孤芳自赏，听不进劝告；不能贪图虚荣，非高薪不去。大学生这些急切、单纯的心理，正是行骗者屡屡得手的根源。因此，要认清形势和发展趋势，踏实耐心地应聘择业。

3. 依靠组织，选准渠道，参加正规招聘会

大学生要尽可能地通过学校就业指导部门组织的人才招聘会、毕业生供需见面会、双向选择会、人才交流市场以及其他由学校或政府相关部门组织的各种活动选择自己满意的工作，不要轻率盲目地“自找门路”。参加这些活动的用人单位，都是经过学校或相关政府职能部门审查的，避免了资质不够、虚设招聘岗位等可能，是大学生进行求职择业的首要选择。

4. 遇到疑问，及时求助，切忌轻信，多方释疑

大学生对有疑问的聘用岗位或单位应积极寻求帮助，对单位状况、岗位性质、发展前景等信息充分了解。不仅可以通过学校就业指导机构或者政府职能部门等可靠单位进行咨询，也可以通过亲友、同学、老师进行了解，有条件的还可以亲自到实地进行考察。这样既可以对单位、岗位有比较全面的认识，防止上当受骗，还可以在同用人单位签订合同的时候处于相对主动的地位，防止日后发生一些民事纠纷。

5. 签字交钱多留心眼，证件证书妥善保管，个人信息注意保密

有的行骗者为骗取求职者的信任，通过合法的渠道取得招聘资格，用面试或试用作诱饵，避开人才市场现场的各种警示，利用双休日将大学生骗到其他地方，然后收取考试费、服装费、培训费、保证金等，最后卷款逃走。大学生不要因为害怕失去工作机会而轻易掏钱，当用人单位提出收费要求的时候，一定要索取正规发票，并妥善保管。此外，一些表格、问卷等要仔细看清，不能

随便签字，以免落入圈套，陷入不必要的麻烦和纠纷。各种证件和证书也要妥善保管，不能随便将原件和复印件交给他人，更不能将手续交给不相识的人代办。要将个人信息合理适度地公开，不要随便分发自己的求职简历，不要随意留下自己的个人信息和通信方式。不要接受不法分子诸如关闭手机、不接电话等要求。总之，大学生在求职择业的过程中要提高自我保护的意识和能力，如果遇到意外情况，应当及时向学校保卫部门和公安机关进行汇报，并注意保留证据。

(三) 警惕求职中的传销陷阱

传销主要是通过“拉人头、收取入门费、团队计酬”的手段而获取暴利。它具有理念的邪教性，组织机构的严密性，群体的复制性，活动的隐蔽性，利用互联网络等特点。传销和变相传销活动不仅严重扰乱社会正常的经济秩序，而且还严重危害社会稳定。近年来，传销开始逐步向校园渗透，致使一些大学生在实习或求职过程中上当受骗。他们当中有的陷入传销泥潭不能自拔，有的被传销组织控制无法脱身，有的自身生命安全受到威胁。

大学生为何屡屡被非法传销俘获？这是由大学生自身的特点和非法传销的欺骗性所决定的。特别是在求职择业阶段的大学生，接触面不广，少数人往往急功近利，叛逆心理强，对生活的期望值高，很容易被那些宣称能暴富的传销组织蒙骗。特别是一些大学生，一旦被骗后，无法索回交出的钱财，但又想挽回损失，于是越陷越深，不能自拔。一旦进入传销链条，个人的证件、现金、通信工具等均被扣押，传销组织有计划地进行“洗脑”，让他们在潜移默化中深信那些天花乱坠的说法，并步入传销环链，反过来欺骗其他同学。

因此，在求职过程中，首先要对应聘公司有个详细的了解，特别是一些公司的地点在居民住宅区内的，公司地点与有关部门登记的地点不一致的，要多加小心。此外，慎重对待报纸、网络等刊登的招聘信息，不轻信一些夸张的招聘说辞以及同学或网友介绍的招聘信息。

(四) 勤工助学

勤工助学，主要是指完全利用课外时间自愿参加一些与专业学习相结合的科技、文化服务和培养劳动观念以及自立精神的劳务活动。勤工助学安全问题却不容忽视。大学生是弱势群体，在勤工助学的过程中因不平等协议、经不住高薪诱惑等而上当受骗，不仅自己的权益受到侵害，而且极有可能引发意外事故。为此，大学生在勤工助学中应掌握以下基本原则：

1. 遵守国家法律法规和校纪校规，依靠诚实劳动获得合法收入

《中华人民共和国高等教育法》规定了高等院校应对学生的社会服务和勤工助学活动给予鼓励和支持，并进行引导和管理。同时，大学生在勤工助学的过程中，要熟悉并严格遵守相关规定。凡是违法违纪的事坚决不做；凡是不符合学生身份的事坚决不做；凡是有损于自己和同学的事坚决不做；凡是违背伦理道德的事坚决不做。同时，还要学会依法保护自己的正当权益。

2. 严格区分勤工助学与经商

经商是一项职业，必须按照国家有关管理法规办理经营手续；同时，经商是一个复杂的商品流通过程，需要耗费大量的精力。如果把经商当成勤工助学，就有违初衷了。

3. 量力而行，避免风险

我们选择勤工助学的时候，要考虑到自己的时间、精力、体力和能力等因素，要坚持有利于为社会和学校提供有益的服务，有利于发挥自己的才能，有利于培养锻炼和健康成长，依靠自己的诚实劳动取得合法的报酬，切不可为图高薪、虚荣，而选择不适当的岗位，甚至误入歧途，那将会一失足成千古恨。

4. 有组织地参加勤工助学活动是最好的选择

随着高校政策的逐步深化，各高校都为学生开展勤工助学提供了很多机会，拿出一部分岗位让学生参与竞争，同时还有组织地安排同学到社会上去开展勤工助学活动，既为学生提供了勤工助学的条件和机会，又可以避免和减少学生上当受骗的概率。因此，大学生在选择勤工助学岗位时，应该先内后外，由近及远，循序渐进，这样，不仅有利于自己的成长锻炼，而且确保自己始终沿着健康的轨道发展。

三、涉外活动

当前，我国对外交往日益频繁，涉外活动的范围不断扩大，渠道日益增多，领域也在不断扩展，参与人员也越来越多。高等院校国际交流也呈现出蓬勃生机，既有国际合作办学，教师互访、任教、进修、学术交流，也有学生到国外留学、参观、交流、比赛等，这些都有力地促进了我国的现代化建设和对外文化科技交流的发展，但同时也为境外敌对势力的窃密、渗透、策反、颠覆、分裂和破坏活动提供了许多可以利用的渠道和机会。高校是意识形态领域的前沿和窗口，各种思潮在学校激荡。“外事无小事”，涉外活动中很小的纷争若不及时妥善处理，就有可能引发政治事件，造成国际影响。

因此，为了达到广交朋友、友好合作、博采众长的目的，在涉外活动中，

我们在尊重外国友人的风俗习惯，注意礼节、礼貌的同时，更要自尊、自爱、自强，自觉维护国家安全和民族尊严。

（一）校园涉外活动中应注意的问题

1. 尊重外国人的风俗习惯

不同的国家、民族形成了不同的风俗习惯。风俗习惯是不同民族生活中不可缺少的一部分。为了使涉外活动顺利进行，我们要注意了解和掌握不同国家、不同民族的风俗习惯，尊重它们的风俗民情。

2. 涉外活动中的礼节、礼貌

礼节、礼貌是人际交往中不可缺少的行为准则和行为规范。讲礼节、讲礼貌是互相尊重的表示，是增进友谊的媒介和联络感情的催化剂。我国是一个文明古国，素有“礼仪之邦”之称，因此，我们在涉外活动中特别要注意礼节、礼貌。要按照约定俗成的习惯称呼对方；要按照风俗习惯并遵守禁忌来行见面礼；谈话的表情要大方得体，谈话的内容要符合共同的旨趣。

3. 强化民族意识，做到自尊、自爱、自强

对于个体来说，自尊、自爱就是必须尊重自己、爱护自己，表现为人到了一定的年龄阶段产生的强烈的被理解、被接受与被尊重的心理需要。自强就是为了实现自己的追求和理想，敢于面对一切挫折和失败，始终充满必胜的勇气和信心，用行动来证明自己是强者。反映到对祖国的感情上，就是要热爱我们的祖国。中华民族自尊、自爱与自强的人格魅力的凝聚，就形成了我们强烈的民族意识、民族之魂——爱国主义精神。

在涉外活动中尊重外国人的风俗习惯，注意礼节、礼貌。但尊重外国人的风俗习惯不等于卑躬屈膝、摇尾乞怜，不能以牺牲自己的人格、国格为代价。我们应该不卑不亢、有理有节，时刻视国家的利益和荣誉至高无上，做到自尊、自爱、自强。

4. 毋忘国家安全

在对外交往中，既要与国际友人保持关系、发展友谊，又不能给居心叵测者以可乘之机。毋庸讳言，有些大学生在对外交往中，往往由于对外事纪律不了解，因而做了出格的事情，甚至导致了严重的后果。因此，广大同学应严格遵守国家、学校关于外事活动的法律法规和相关规章制度。例如，未经外事部门允许，不准私自进入外国领事馆、公寓及外国人住宅等；不准拦截外国人及其车辆；不能向外国人散布不满言论。要提高警惕，不要随意同外国人谈论我国内部情况，泄露党和国家的秘密。不准与外国人勾结进行走私活动。总之，

我们要忠于祖国，站稳立场，坚持原则，时刻提防敌对势力的渗透活动。

(二)涉外保密常识

保密工作涉及国家的安全和利益。境外情报间谍机关采取公开的或隐蔽的、合法的或者非法的手段，加紧搜集我国国家秘密。特别是当前，信息传递技术的发展突飞猛进，间谍与反间谍、窃密与反窃密的斗争比以前任何时候都更加尖锐、更加复杂。

比较常见的失密途径有：在报纸、杂志、广播上发表论文或消息时泄密；在接待外国人参观、考察中泄密；在出国讲学与进修、考察、表演时泄密；私人通信造成泄密；违反保密规定泄密；丢失、传抄秘密文件泄密；私自将秘密资料邮寄或带到国外泄密；将秘密文件和资料以废品出卖造成泄密，等等。

高校是国家科研工作的一个重要基地，有很多科研项目属于国家机密，已成为境外机构窃取我国秘密的一个重要目标。近年来，高校时有泄密案件发生。因此，大学生应该严格保守国家秘密，要自觉做到：

(1)自觉克服“无密可保”“有密难保”“与己无关”的麻痹思想，抵御境外人员的攻击、诽谤和图谋不轨，不为权势、金钱、美色所动摇，不被威胁讹诈吓倒。敢于同泄密、窃密行为做斗争。一旦发现，要立即报告有关部门。

(2)增强保密意识。与外国人接触和交往要注意内外有别，在以礼相待的同时要提高警惕，严防对方套取情报。向境外投寄论文、稿件和其他资料时，不得涉及国家秘密。遇有境外机构和人员来电、来信、来访了解情况、索取信息资料时，应及时向学校有关部门报告，不得擅自回复，更不得在回复中涉及国家秘密。不得擅自带境外人员去控制开放和非开放地区。出入境外驻华机构、公司、企业和境外人员住处，或陪同境外人员参观、考察、游览、参加宴会等，不得携带属于国家秘密的资料或者其他物品。出国(境)时不得擅自携带国家秘密文件、资料和其他物品。出国(境)在外期间应保持高度警惕，增强保密意识，不在不利于保密的场合谈论我国秘密事项。利用境外通信设备进行通信联系和在国际互联网上，不得涉及国家秘密。

(3)树立高尚的道德品质。在涉外交往活动中，要做到言行谨慎，举止端正，自尊自爱，不被虚荣心驱使，不接受也不索要非分之财，不利用职权和工作关系、朋友关系营私牟利，不涉猎外籍人员提供的反动、黄色等内容的书籍、音像物品。在涉外交往中既要保持和发展友谊，又要防止被别有用心的人利用，既要维护国家安全和利益，又要保护自己的人格和尊严。

第三节 社交活动中的安全防范

大学生长期生活在环境相对简单的校园里，缺乏必要的社会阅历和社交安全知识，在接触社会的尝试中，容易遭受不法侵害或意外事件。有的同学由于轻信他人，导致上当受骗，付出了沉重的代价，甚至因此走上违法犯罪的道路，给个人、家庭、社会造成很大的损失和危害。大学生应积极主动地学习和掌握社交安全知识，增强社交安全的鉴别力，在社交活动中做好安全防范工作，为今后成功走向社会打下基础。

一、正确处理人际交往中的矛盾纠纷

(一)大学生人际交往中矛盾纠纷的原因、种类、形式

1. 大学生人际交往中矛盾纠纷的原因

高校的学生往往来自不同的地区，由于地区经济、文化发展客观上存在一定的差异，且个人所处的家庭环境不尽相同，使得价值观和生活方式会存在较大差异。加上当今大学生个性较强，生活交集又多，不可避免地会产生小摩擦和矛盾。矛盾的处理好与坏直接影响到人际交往，影响到诸多的安全问题。

2. 大学生人际交往中矛盾纠纷的种类

在高校这个小社会中，同学们长期学习生活在一起，难免发生各种矛盾和纠纷。按纠纷的主体身份，可分为同学、师生、亲朋和邻里纠纷；按引起纠纷的直接原因和纠纷的具体内容，可分为恋爱、管理、财产和活动纠纷；按参与纠纷的人数或规模，可分为个人、群体、个人与群体和群体与群体纠纷；按纠纷发生的场所，可分为校内、校内与校外和内部纠纷与外部纠纷；按纠纷的性质，可分为轻微刑事、治安、民事、行政和经济纠纷。

3. 大学生人际交往中矛盾纠纷的形式

大学生中发生纠纷的形式很多，主要分为口头冲突和肢体冲突。往往以争吵开始，以打架甚至造成伤害而告终。还有一些其他形式，如写恐吓信，背后造谣、污蔑等。

大学生在学习生活中的各种纠纷，大多是因为一些非原则性的小事所引起。只要双方冷静、理智地对待，再加上适当的调解，就能化干戈为玉帛。大学生应该具有较高的道德文化修养，放宽胸怀，着眼未来，妥善地解决当下的矛盾和问题，把主要精力和更多的时间放在学习和工作上。

(二)大学生人际交往中发生矛盾纠纷的危害

(1)损害了大学生的良好形象。当代大学生生活在继往开来的伟大时代，肩负着中华民族伟大复兴的历史重任，应当是政治方向坚定，思想品德高尚，富有创造精神的一代新人。那种争吵打闹、纠纷不断的现象，不仅损害了自己的人格，耗费精力，更是给大学生这一群体形象带来了明显的负面影响。

(2)妨碍内部团结，破坏高校的优良环境。同学、师生之间的真诚和睦十分可贵，不仅可以让每个人感受到集体的温暖，在和谐的环境中培养自己的优良品德，还能从他人身上得到帮助，受到启发，提升自我。时常引发纠纷，只会伤害感情，破坏团结。在这种负面环境中，只会养成怀疑猜忌，尔虞我诈，逞强好斗的不良习惯，影响自己未来的发展。

(3)酿成刑事、治安案件，葬送自己的前程。纠纷多数是由微不足道的小事引发，有的却一发不可收拾。例如，恋爱纠纷冲突可能使人伤亡，使人镣铐加身，家庭纠纷也可能酿成血案，等等。纠纷是刑事、治安案件的温床，是破坏安定团结的不稳定因素，对大学生的健康成长极为不利。

(三)如何预防人际交往中的矛盾纠纷

(1)冷静克制，切莫莽撞。无论争执由哪一方面引起，都要持冷静态度，绝不可情绪激动，这就要求我们讲大度，虚怀若谷。对于那些可能发生摩擦的小事，要宽容，一笑了之。

(2)诚实谦虚。在与同学以及其他人相处中，诚实、谦虚是加强团结、增进友谊的基础，也是消除纠纷的灵丹妙药。有了诚实、谦虚的精神，在发生纠纷的时候，就能认真听取他人的意见，进行认真的自我批评，宽容他人的过失，处理好相互间的争执。

(3)注意语言美。实践证明，大学生中的纠纷多数由口角引起，俗话说，“病从口入，祸从口出”，语言美是社会主义精神文明的重要内容。要做到语言美，一是要说话和气，心平气和地与人说话，以理服人，不强词夺理，不恶语伤人；二是说话要文雅，谈吐雅致，不说粗话、脏话；三是说话要谦虚，尊重对方，不说大话，不盛气凌人。

(四)如何正确处理人际交往中的矛盾纠纷

人际交往中往往会产生误解和矛盾。这就要求大学生在交往中不要斤斤计较，而要谦让大度、克制忍让，不计较对方的态度、不计较对方的言辞，并勇于承担自己的行为责任。宽容、克制并不是软弱、怯懦的表现，相反，它是宽容大度的表现，是建立良好人际关系的润滑剂。那么如何才能正确处理人际交往中的矛盾纠纷呢？

(1)换位思考，学会包容。设身处地地为他人着想，把自己放在他人的位置上思考。在这个世界上各种各样性格、爱好的人都有，要学会包容。

(2)善于表达，学会沟通。通过双方交流，了解和确认对方真实的想法和愿望，防止产生误会。

(3)协商改变，求同存异。每个人都有缺点，人无完人。这个时候大家就需要协商，在一种和谐融洽的或者适合改变的气氛下互相提出意见和建议，争取达成互谅互让。

(4)增加沟通途径。在遇到矛盾纠纷时，不是所有的矛盾通过双方的言语交谈就能够化解的，可以换种沟通方式，比方让中间人参与调解等，这样才能更有效地化解矛盾纠纷。

二、预防交友不当

交友是人类的心灵需要，而大学生更是有着强烈的交友欲望。但有些同学不知道“近朱者赤，近墨者黑”，择友无原则，凭一时的意气相投，轻率结交朋友，这样很容易给自己带来麻烦，甚至误入歧途。

交友的过程中，首先要慎重择友。朋友从相识到相知需要一个逐渐了解的过程，一见如故，无话不谈，是非常不明智的做法。大学生需要掌握一定的交友技巧，保持一定的警惕，不要为假象所迷惑，尤其是不要轻信初次见面就热情过度的人，更不要轻率地投入感情、金钱，以免上当受骗。

(一)大学生择友的标准

(1)具有正确的世界观、人生观、价值观。首先，朋友要有正确的价值取向，本着“志同道合”的理念，追求共同的理想与信念。

(2)具有较好的法律意识和道德品质。择友不能触犯法律这条高压线，如果对方有违法行为，应该立即予以制止或予以上报，绝不参与。要有清醒的认识，不能光讲“义气”把法律、道德等原则抛到脑后。

(3)具有良好的个人素养和知识结构。在大学校园里应该结交那些能够帮助自己成长的同学、师长，从他们身上吸取实用的经验，“见贤思齐，见不贤而内自省也”。

(二)大学生交友的具体注意事项

为了避免交友不当，需要建立自己的积极防卫心理，时刻保持清醒的头脑。所谓“积极防卫心理”，并不是要求人们把自己封闭起来拒绝与人交往，而是要在人际交往中做到：

(1)对于熟人或朋友介绍的人，要学会“听、观、辨”，即听其言，观其所，辨其行，做到热情而不失控，真诚而不轻信，使自己处于理性的主动地位。

(2)对于“初相识”，要谨慎，在不了解对方的时候，不要轻易露出自身的底细。防止“言多语失”，也不轻食对方赠予的食物、饮料。

(3)对于那些不相识的上门客，态度要热情，处置要小心，避免单独行事，必要时在集体环境中接待。

(4)交友要择其善而从之。真正的朋友关系首先是志同道合的，应该建立在高尚的道德情操基础之上。力戒交结低级下流、吃喝嫖赌和游手好闲的人。

(三)预防交往陷阱

害人之心不可有，防人之心不可无。就学生心智模式而言，难以准确判断交往交往对象的真实意图，很多时候需要多长几个心眼，多想、多问、多思考，不懂的时候可以向老师长辈或辅导员咨询。

(1)远离“好朋友无话不说”的交往误区

大学生渴望友谊，更渴望拥有一个无话不说、“贴心贴己”的知心朋友。但保持适当的距离也是非常有必要的，实际上，每个人都需要一个属于自己的独立空间。心理学家霍尔认为，在人际交往中，双方所保持的空间距离是人际关系的表现。朋友之间互相关心是毋庸置疑的，但每个人都有自己的隐私，如果任何事情都不分你我，不顾及对方隐私，友情恐怕也会变味，陷入尴尬境地。

要想长久保持友谊的新鲜度，首先要做到尊重对方隐私。无论多么亲密的人际关系，也应彼此保留一块心理空间。越是亲密的人际关系越要尊重对方的隐私，这种尊重首先表现在不随便打听、追问好朋友的秘密上；其次，还要做到不倾诉到底。适当地保留一些你个人的秘密和隐私，不要幻想透露你自己的私人生活就能够换取朋友的信任，也不要奢求朋友会对你的隐私有所帮助或保守秘密，该自己面对的就要自己来勇敢面对。

(2)人际交往中需要注意的其他要点

在人际交往过程中，还要注意以下几点：第一，自尊且尊重他人。社交中不能只尊重自己而不尊重别人，应当把自尊和尊重别人统一起来。只有以尊重别人为前提，别人才能尊重你，才能维护你的自尊；第二，信任但不轻信。信任对方是依赖对方的前提条件，但信任要有一定的限度，切忌盲从轻信，否则容易上当受骗。第三，适当表现自己，但不贬低别人。社交中可以适当地表现自己，但若清高自负、贬低别人，就会使社交没有意义，只会招致反感。第四，坦诚但不粗率。与人交往需要坦率诚恳，但坦率不等于简单草率，信口开河。第五，谦虚但不虚伪。社交中必须保持谦虚的美德，但谦虚应该以坦诚为基础，绝不可陷入虚伪的泥潭。第六，谨慎但不拘谨。谨慎行事是获得社交成功的一个重要条件，但谨慎并不等于拘谨。怯懦和忸怩都不利于社交。第七，活泼但不轻浮。谈吐幽默风趣、举止落落大方是交往的良好基础。但活泼不是轻浮，要根据不同的场合采取不同的态度。第八，严于律己，宽以待人。对自己要高标准、严要求，对他人要宽宏大量，对非原则性的小事不要斤斤计较。

三、预防社交性侵害

性侵害是指在性方面造成的对受害人的伤害。由于两性的社会地位和角色不同，相对而言性侵害的对象常以女性为多。社交性侵害是指涉及社交活动的性侵害行为。在大学生活中，有些别有用心的人会利用大学生的单纯、好奇、盲目崇拜的心理获取女性大学生的信任，以解决工作、谈恋爱等为借口，与女性大学生发生性关系，使女性大学生不仅生理上遭受很大的伤害，且给其心理和精神上带来严重的创伤，影响正常学习生活秩序，甚至会引发婚外恋、强奸、凶杀等恶性社会问题。目前，社交性侵害作为一个社会问题，已经越来越多的引起相关部门的重视。

（一）性侵害的形式

（1）性骚扰

性骚扰是指一方通过语言的或形体的有关性内容的侵犯或暗示，从而给另一方造成心理上的反感、压抑和恐慌。这种形式的性侵害是常见的也是多发的一种形式。性骚扰表现形式一般认为有言语、动作、利用媒介三种方式。言语方式，以下流语言挑逗异性，向其讲述个人的性经历、黄色笑话等；动作方式，故意触摸、碰撞、亲吻异性脸部、乳房、腿部、臀部、阴部等性敏感部位或者侵害者暴露私处，表演猥亵行为等；利用媒介，给被侵害者发黄色短消息，在被侵害者生活工作的地方布置黄色广告等。

(2)强奸

它指以暴力、胁迫或者其他手段，违背妇女意志，强行与其发生性关系的行为；或以奸淫为目的，用暴力、威胁、欺骗、利诱及其他手段与不满 14 周岁的幼女发生性交的犯罪行为。它是一种严重侵犯人身权利的犯罪，不仅侵害了妇女的身心健康，而且往往造成伤害或杀人等严重后果。暴力手段是指犯罪分子直接对受害妇女采用殴打、捆绑、卡脖子、按倒等危害人身安全或者人身自由，使妇女不能抗拒的手段。胁迫手段是指犯罪分子对被害妇女威胁、恫吓，达到精神上强制的手段，如扬言行凶报复、揭发隐私、加害亲属等，利用迷信进行恐吓、欺骗，利用教养关系、从属关系、职权以及孤立无援的环境条件，进行挟制、迫害等，迫使妇女忍辱屈从，不敢抗拒。这是一种严重侵犯人身权利的犯罪。

(3)猥亵

指以刺激或满足性欲为目的，用性交以外的方法实施的淫秽行为。诸如接触异性性器官和性敏感部位等。严重的猥亵行为构成猥亵罪。我国《刑法》第 237 条规定：以暴力、胁迫或者其他方法强制猥亵妇女或侮辱妇女的，处 5 年以下有期徒刑或者拘役。

(4)骗婚

一些不法分子采用欺骗的手段，骗取女大学生的感情，谎称与其结婚，并与其同居，最后提出分手。而我们的女大学生比较单纯，轻易地相信别人的花言巧语，上当受骗，钱色两空。

(5)引诱、强迫卖淫嫖娼

卖淫嫖娼是指以金钱、财物等为媒介，在两性(在个别情况下也可能是同性)之间发生的不正当的性行为。我国《刑法》规定：强迫卖淫罪，是指以暴力、胁迫或者其他手段，迫使他人卖淫或嫖娼等非法性的行为，并从中获取利益。引诱卖淫嫖娼是指加害者为了达到某种目的，以金钱、物质诱惑等手段，诱使他人进行卖淫或嫖娼等非法性活动的行为。

(二)性侵害的对象、场所和时间

在日常生活中，性侵害的对象主要以女性为主。由于女性体力较弱，防卫和反击性侵害的能力不强，加之大多数女性胆小怯懦，因而女性易成为男性性侵害者满足其非法性需求的对象。此外，少数女性智力上存在缺陷，没有健全的性意识、正确的判别是非的能力和性防卫能力，易遭受性侵害。在特殊情况下，性侵害的对象有时也可能是男性，加害者可能为女性，也可能是同性。

对于大学生来说，易发生性侵害的场所一般以校园内居多，如教室、走廊、宿舍或校园内偏僻幽静处，以及出租房屋内，还有一部分发生在公共娱乐活动场所和公共交通工具上。学校扩大对外开放后，社交场合增多，易被侵害地域延伸扩大，情况也更为复杂。女生在热闹拥挤、僻静独处、陌生人群等方面尤应提高警惕、注意防范。

春季和夏季，一般是高校治安问题的高发期，流氓、强奸等性骚扰、性犯罪较突出。尤其是夏季为这类违法犯罪提供了较为有利的气候条件和客观环境。比如夏季不似冬季寒冷，容易找到作案场所；夏季校园绿树成荫，罪犯作案后容易隐蔽逃脱等。女生在夜间尤其要注意不要独行独处，同时学校也应加强巡逻和治安管理。

(三)性侵害的有效预防

(1)端正态度，培养健康的交往意识。正确的交往态度是社交活动能够正常开展的基础，良好的交往态度对社交活动是一个促进，如果在社交活动中心存邪念，幻想走捷径，就很有可能带来很多的安全问题。交往中要距离适当，准确调整好自己的心态，做到健康交往。

(2)冷静判断，控制交往的外部环境。正常的交往应该是在公共场合，但是有些居心叵测的人会想方设法带人去树林、僻静小巷，甚至是自己的住所等，对于这种情况，大学生应该保持头脑冷静，注意保护自身，尽量选择公共场所和人多的地方，这样自己的人身安全才能够得到保障。

(3)态度明朗，谢绝超常的礼品馈赠。女大学生应该自爱自重，消除贪图小便宜的思想。在正常的社交活动中，存在着互相赠送礼品的行为，但是明显超出常规的礼品馈赠应该婉言谢绝。既不得罪对方，又要态度明朗，坚持自己的原则，切不可碍于面子，授人以柄，使自己处境为难。

(4)行为端正，拒绝过分的举止动作。在交往过程中，有些异性会经常性地“动手动脚”，甚至出现越轨行为。若自己态度暧昧，模棱两可，甚至是自己的行为不端正，很容易给对方增加幻想，继续越轨。这时候应该对过分举动明确表明自己的反对态度，态度坚决，不留商量的余地，断掉对方的幻想。

(5)依靠组织和老师解决问题。如果遭遇对方反复纠缠，一时难以摆脱，应该及时向辅导员老师、院系、保卫处报告，切不可“私了”，要依靠社会组织的力量来解决问题。

(四)加强自我保护

自我保护是指采取正确的方式来保护自己不成为性侵害的对象，并且知道当我们不幸成为受害者时应该怎么办。

(1)适时运用反击武器。当女大学生遇到性侵害时，要冷静沉着，不畏不慌，灵活运用现有的物件，把握时机，出奇制胜，让自己成功脱险。实际上，任何东西都可以作为临时的武器。随身携带的，路边丢弃的，都可以随手取来，暂时防身。此外，指甲、拳头、高跟鞋等自身的东西也可以抵挡。在反抗的过程中，抓住要害部位直接进行击打。只要击打要害部位，不论是前面还是后面，都有可能起作用，而不必局限于攻击面部。

(2)理性面对既成的事实。首先分清原因，正确对待。如果你是一个无辜的受害者，受惩罚的应是犯罪分子，你不应为此而烦恼，更不应为此产生轻生的念头；如果你是受骗上当，则应吸取教训，并积极检举揭发侵害你的不法之徒，使之受到法律的制裁；如果是由于自己行为轻率、作风轻浮，或经受不住诱惑，从而失足被性侵害，则应进行深刻的自我反省，走上正途而不必抱憾终身。其次振作精神，坚定生活信念。遭受性侵害已成事实后，受害者心理上会受到强烈的损害。其主要表现为感到痛苦、畏惧、愤怒、焦虑、紧张，出现诸如头痛失眠、心惊肉跳、害怕黑暗等紧张感觉。面对复杂多变的社会，受侵害者不可长期沉浸在被侵害的阴影中，更不可自暴自弃。要解除精神枷锁，勇敢面对现实，振作精神，自强自立。

(3)以法律武器打击罪犯。性犯罪是一种严重侵害他人人身权利，破坏社会治安秩序，对社会造成严重危害的行为。实施性犯罪的主体必须受到法律制裁。因此，性侵害事件发生后，受害者应注意如下问题：首先，奋起抗争，及时报案。性侵害案件发生后，事主能否及时报案，对于侦破案件，打击性犯罪，维护妇女人身权利，保护社会安定有序有着积极的意义；其次，保留证据，协助调查。公安、保卫部门在侦破性侵害案件中，需要受害人的积极配合和支持，尤其需要受害人提供案犯的具体情况。所以，女同学在受到性侵害时，一方面要冷静沉着，与犯罪嫌疑人周旋搏斗，同时也要注意观察和牢记罪犯的特征，想方设法在案犯身上留下印记或痕迹。女性为了保护自身，不仅要有良好的心理素质，还要有一定的自卫能力，并学会利用社会组织力量保护自己。

第十一章 网络安全

第一节 网络安全的概念

一、早期对网络安全的理解

网络安全一词，随着互联网的诞生和发展，就不断被关注与讨论。

20世纪末21世纪初，学界对于网络安全的讨论，较多聚焦于计算机数据、网络数据的安全上。从当时的工具书收录来看，《现代经济词典》(2005)对网络安全的界定，是指防止计算机网络上传输的信息遭受人为破坏或出现非人为故障，认为计算机网络的开放性和保密性之间存在既互相依赖又互相对立的矛盾性。网络安全的核心是通过因特网传输和与因特网相连接的计算机系统内存储的信息的安全。《交通大辞典》(2005)中的解释，是指确保网络传送信息安全，抵御各种安全威胁的体系、策略、机制、设施、服务的总称，认为网络管理中的一个主要问题，是信息安全的基本保证，也是计算机通信与网络领域中有待进一步研究与完善的重要方面。《通信科学技术名词》(2007)中，网络安全指网络系统的硬件、软件及其中数据受到保护，不受偶然的或者恶意的破坏、更改、泄露，保证系统连续可靠地运行，网络服务不中断的措施。

关于网络安全的特性，在网络作为信息工具的时代，学界主要关注机密性、完整性、可用性、可控性和可审查性等。机密性指确保信息不暴露给未授权的实体或进程。完整性则意味着只有得到授权的实体才能修改数据，并且能够判别出数据是否已被篡改。可用性表示得到授权的实体在需要时可以访问数据，即攻击者不能占用所有的资源而阻碍授权者的工作。可控性表示可以控制授权范围内的信息流向及行为方式。可审查性指对出现的网络安全问题提供调查的依据和手段。凡是涉及计算机网络上信息的机密性、完整性、可用性、可控性和可审查性的相关技术和理论都是计算机网络安全的研究领域。认为网络安全的最终目标就是通过各种技术与管理手段实现信息系统的机密性、完整性、可用性、可控性和可审查性。在多数情况下，网络安全更侧重强调网络信息的机密性、完整性和可用性。

关于影响网络安全的因素，《现代经济词典》(2005)认为，破坏网络安全的因素来自两个方面：(1)计算机网络的硬件系统和软件系统设计上的先天不足，(2)出于好奇、犯罪、政治目的的人为破坏。破坏网络安全的基本手段是窃取网上信息和未经许可(授权)而进入信息系统增删、修改数据信息。而在具体方式上，包括传播病毒程序，攻击程序，窃取个人隐私信息，破坏经济、军事、政治网站的正常运行，网上经济犯罪等。《交通大辞典》(2005)认为网络安全威胁多种多样，并具有不可预见性。一般可分为来自自然方面的和来自人为方面的两大类。后者又可归纳为：被动攻击和主动攻击。被动攻击是指不修改原始信息的窃听、监视、暴露敏感信息；主动攻击则是指篡改或伪造数据、干扰系统运行、破坏数据的完整性等。涉及网络安全的普遍性问题，诸如计算机病毒、黑客攻击、网络和计算机犯罪等危害很大。

而关于网络安全的具体类型，当时主要讨论的大致有如下2类：①网络运行系统安全，即保证信息处理和传输系统的安全，侧重于保证系统正常运行，避免因为系统的崩溃和损坏而对系统存储、处理和传输的信息造成破坏和损失，避免由于电磁泄漏，产生信息泄露，干扰他人或受他人干扰。②网络系统信息的安全，包括用户口令鉴别、用户存取权限控制、数据存取权限、数据存取方式控制、安全审计、计算机病毒防治、数据加密等。具体来讲，计算机犯罪是一大类探讨对象，即以计算机内在资源为犯罪对象或以计算机为犯罪工具而形成的危害计算机系统安全，侵害计算机权利人的利益以及其他危害社会的行为。具体行为包括：计算机病毒的制造与传播；计算机非法访问；计算机情报盗窃；计算机经济盗窃；计算机破坏；计算机欺诈；制作出版传播非法作品；计算机软件侵权；计算机泄密；计算机系统损毁等。

可以看出，早期的网络安全主要指数据内容安全、信息系统安全、网络结构安全等。在网络作为信息工具的时代，网络安全可以理解为传统的信息安全，强调信息(数据)本身的安全属性。在早期的研究中学者认识网络安全风险的主要视角为信息系统和网络本身的安全性，认为网络安全威胁主要来源有恶意攻击、安全缺陷、软件漏洞、结构隐患等几个方面，威胁产生的主要原因包括人为故意、偶然失误、自然灾害等。相应地，这一时期的研究热点包括新型加密技术、入侵检测 IDS、病毒识别与清除技术等，着力提升网络信息、网络数据安全的发展。

二、近年来网络安全类型的延伸

随着互联网的进一步发展，网络同人们生产生活之间的联系密切加强，网络安全的外延也在逐步地扩大。从最初的硬件安全扩展到包括全球、国家、社会、个人在网络空间中的安全状态。设备安全、数据安全、内容安全等都受到关注与研究。设备安全指各类信息通信设备的安全，包括设备的稳定性、可靠性、可用性等；数据安全指采取措施确保数据免受未授权的泄露、篡改和毁坏，包括数据的秘密性、完整性、可用性；内容安全指信息内容合法合规且受到有效保护(张焕国《网络空间安全综述》)。网络上信息内容的安全，侧重于保护信息的保密性、真实性和完整性，避免攻击者利用系统的安全漏洞进行窃听、冒充、诈骗等有损于合法用户的行为。其本质是保护用户的利益和隐私。

在区分不同主体时，网络安全也有一些更具体的新角度。在个人角度，网络安全可以从个人财产安全、个人人身安全、个人心理安全三个方面来认识：个人财产的安全包括所有通过网络活动造成的个人财产的安全问题。例如，结合个人信息进行精准行骗的网络诈骗，典型如“徐玉玉案”。个人人身的安全包括网上的人身安全以及由网络空间延伸至现实空间的人身安全。因网络活动而遭受人身安全威胁，“蓝鲸游戏”就是通过网络传播、网络参与，进而引发人身伤害的事件。个人心理的安全包括参与网络活动导致的心理安全问题，也包括受网络环境影响的心理问题。个人心理遭受摧残是网络受害的又一普遍后果(安静《网络安全意识的内涵变化和应对策略》)。而当主体切换为企业时，网络安全就涉及了商业秘密等。切换到国家时，便进入了国家安全领域。

而从网络安全的影响因素来看，目前关注较多的除了包括上述技术方面的客观安全威胁，还包括主要受个人主观因素影响的网络诈骗、个人信息泄露、网络暴力、网络谣言、网络成瘾等问题。

三、宏观层面的网络安全

近年来，习近平总书记也有对网络安全进行一系列重要论述。早在2013年，习近平总书记在《关于〈中共中央关于全面深化改革若干重大问题的决定〉的说明》中就指出："网络和信息安全牵涉到国家安全和社会稳定，是我们面临的新的综合性挑战"。2014年，习近平总书记在主持召开中央网络安全和信息化领导小组第一次会议时强调："没有网络安全就没有国家安全，没有信息化就没有现代化。"这也是习近平总书记正式提出网络安全与国家安全的辩证关系。

站在国家安全角度，网络安全是同网络主权和国家发展密切相关的。2015年12月，习近平总书记在第二届世界互联网大会开幕式上的讲话中，特别提出了推进全球互联网治理体系变革的"四项原则"和共同构建网络空间命运共同体的"五点主张"，强调"《联合国宪章》确立的主权平等原则是当代国际关系的基本准则，覆盖国与国交往各个领域，其原则和精神也应该适用于网络空间。我们应该尊重各国自主选择网络发展道路、网络管理模式、互联网公共政策和平等参与国际网络空间治理的权利，不搞网络霸权，不干涉他国内政，不从事、纵容或支持危害他国国家安全的网络行为"。并指出网络安全是全球性挑战，没有哪个国家能够置身事外、独善其身，维护网络安全是国际社会的共同责任。各国应该携手努力，共同遏制信息技术滥用，反对网络监听和网络攻击，反对网络空间军备竞赛。

2016年4月，习近平总书记在网络安全和信息化工作座谈会上，有站在宏观层面论述当今网络安全的特点，一是网络安全是整体的而不是割裂的。在信息时代，网络安全对国家安全牵一发而动全身，同许多其他方面的安全都有着密切关系。二是网络安全是动态的而不是静态的。信息技术变化越来越快，过去分散独立的网络变得高度关联、相互依赖，网络安全的威胁来源和攻击手段不断变化，那种依靠装几个安全设备和安全软件就想永保安全的想法已不合时宜，需要树立动态、综合的防护理念。三是网络安全是开放的而不是封闭的。只有立足开放环境，加强对外交流、合作、互动、博弈，吸收先进技术，网络安全水平才会不断提高。四是网络安全是相对的而不是绝对的。没有绝对安全，要立足基本国情保安全，避免不计成本追求绝对安全，那样不仅会背上沉重负担，甚至可能顾此失彼。五是网络安全是共同的而不是孤立的。网络安全为人民，网络安全靠人民，维护网络安全是全社会共同责任，需要政府、企业、社会组织、广大网民共同参与，共筑网络安全防线。提出要全面加强网络安全检查，摸清家底，认清风险，找出漏洞，通报结果，督促整改。要建立统一高效的网络安全风险报告机制、情报共享机制、研判处置机制，准确把握网络安全风险发生的规律、动向、趋势。要建立政府和企业网络安全信息共享机制，把企业掌握的大量网络安全信息用起来。并增强网络安全防御能力和威慑能力，落实网络安全责任制，制定网络安全标准，明确保护对象、保护层级、保护措施。

四、网络安全的主要范畴

综上所述，随着互联网的作用逐渐扩大，对人们的影响也愈来愈强，网络安全的内涵外延有了较大的变化。

2017 年 6 月，《中华人民共和国网络安全法》正式实施，其中第一条明确规定，为了保障网络安全，维护网络空间主权和国家安全、社会公共利益，保护公民、法人和其他组织的合法权益，促进经济社会信息化健康发展，制定本法。这一条文相对全面地表达了网络安全的定义和关注。

概括来讲，网络安全是指在网络相关活动中，网络空间主权和国家安全、社会公共利益、公民、法人和其他组织的合法权益不受侵犯。网络安全的范畴，包括信息通信设备的安全，包括网络数据传输的安全，也包括保证信息主体(国家、组织和私人)的信息不受到内部和外部的威胁、侵害以及误导。对网络安全的保护保障，既包括宏观层面的监测、防御、处置网络安全风险和威胁，保护关键信息基础设施免受攻击、侵入、干扰和破坏，包括技术层面对信息通信设备及信息通信网络的保护保障，也包括对公民、法人隐私(秘密)、财产的保护保障，等等。

第二节　计算机网络犯罪

一、基本知识

计算机网络犯罪就是指以计算机内在资源为犯罪对象或以计算机为犯罪工具而形成的危害计算机系统安全、侵害计算机权利人的利益以及其他危害社会的行为。计算机网络犯罪的具体行为包括：计算机病毒的制造与传播；计算机非法访问；计算机情报盗窃；计算机经济盗窃；计算机破坏；计算机欺诈；制作出版传播非法作品；计算机软件侵权；计算机泄密；计算机系统损毁；等等。

随着互联网技术的普遍运用，网络违法犯罪案件逐年猛增。根据国家互联网信息办公室统计，2019 年，捕获计算机恶意程序样本数量超过 6200 万个，日均传播次数达 824 万余次，境内受计算机恶意程序攻击的 IP 地址约 6762 万个，占我国 IP 地址总数的 18.3%；感染计算机恶意程序的主机数量为 581.88 万台。计算机网络犯罪不仅破坏了网络本身，更严重的是，网络作为一个重要的信息传播途径，一旦瘫痪或者被犯罪分子掌握，将会直接影响到一个国家的政治、经济、文化等各个方面的正常秩序。

(一)计算机网络犯罪的表现形式

目前，计算机网络犯罪主要表现为三大类：

一是危害互联网运行安全的行为，包括侵入特定计算机信息系统、故意制作、传播计算机病毒等破坏性程序、擅自中断计算机网络通信服务等。如上海某大学 22 岁数学专业研究生杨某非法侵入系统并破译了 500 多个用户的账号和密码，造成网络公司经济损失 16 万元。

二是利用互联网破坏市场经济秩序或社会管理秩序的行为。如利用网络制作、复制、传播色情淫秽物品的案件突出。

三是利用互联网危害人身权利及合法财产权利的行为。如某年某月，北京市抓获某高校计算机系学生卢某，他利用侵入手段在网上盗窃、贩卖上网账号非法牟利，累计使他人损失共 40 余万元。

(二)计算机网络犯罪的特点

计算机网络犯罪是新动向、新趋势，要认真研究和防范。计算机网络犯罪与传统犯罪在犯罪特征与顽固性上有所不同。计算机网络犯罪具有以下特点：

(1)作案手段智能化。大多数的网络犯罪，都是行为人经过狡诈而周密的安排，运用计算机专业知识所从事的智力犯罪行为。进行这种犯罪行为时，犯罪分子只需向计算机输入指令，篡改软件程序。网络犯罪作案时间短且对计算机硬件和信息载体不会造成任何损害，作案不留痕迹，一般人很难觉察到计算机内部软件上发生的变化。

(2)趋向共同作案，即计算机专家负责“技术”，外围成员负责转化为经济收益。

(3)成本低，传播迅速，传播范围广。犯罪分子只要有一台能上互联网的电脑，就可以实施犯罪，敲几下键盘就能把虚假信息发布给众多的人。

(4)犯罪行为具有极强的隐蔽性。从时间上看，网上犯罪不分白天黑夜，

24 小时均能作案；从空间上看，网上犯罪嫌疑人可以在家里、办公室、网吧等任何有联网计算机的地方实施犯罪，而且可以从头到尾不接触被害人，而将他人的钱财转入自己的账户。

(5) 侦查取证困难，破案难度大。网络发展形成了一个虚拟的电脑空间，既消除了国境线，也打破了社会和空间界限，使得双向性、多向性交流传播成为可能。在这个虚拟空间里对所有事物的描述都仅仅是一堆冷冰冰的密码数据，因此，谁掌握了密码就等于获得了对财产等权利的控制权，就可以在任何地方登录网站。另外，在受理的这类案件中，侦查工作和犯罪证据的采集相当困难。

(6) 犯罪后果严重，社会危害性大。随着计算机信息技术的不断发展，现在从国防、电力到银行和电话系统都是数字化、网络化，一旦这些部门遭到侵入和破坏，后果不堪设想。

二、预防及应对措施

(一) 预防计算机病毒

计算机病毒防范，是指通过建立合理的计算机病毒防范体系和制度，及时发现计算机病毒侵入，并采取有效的手段阻止计算机病毒的传播和破坏，恢复受影响的计算机系统和数据。

计算机病毒的出现本身就是人祸而非天灾，目前计算机病毒泛滥的一个重要原因就是计算机用户的防范意识薄弱，病毒产生后再去诊治，终归是亡羊补牢之举，使用户处于被动挨打的地位。防病胜于治病，对于计算机病毒，最有效的方法就是采取预防为主的策略。预防计算机病毒就是要监视、跟踪系统内的操作，提供对系统的保护，最大限度地避免各种计算机病毒的传染破坏。因此，防治病毒不能单从技术的角度去考虑，而要从法律、管理、制度、技术等方面同时进行。

1. 法律防范

法律是与犯罪行为作斗争的有力武器。《中华人民共和国计算机信息系统安全保护条例》《计算机病毒防治管理办法》等法规的出台，标志着我国计算机病毒防治走上了法治化道路，国家法规明确了制作和蓄意传播计算机病毒，是一种危害社会公共安全的行为。

2. 管理、制度防范

计算机病毒防范制度是防范体系中每个主体都必须遵循的行为规程，没有制度，防范体系就不可能达到预期的效果。必须依照防范体系对防范制度的要求，结合实际情况，建立符合自身特点的防范制度。在管理上应建立合理、完善的规章制度和操作规程，如成立安全组织，配设安全员，形成公安计算机管理监察部门为龙头的计算机病毒防治网络，形成群防群治体制，有效地减少病毒传播。对计算机操作员进行职业道德和有关法律教育，进行安全培训，普及防治病毒常识，提高用户对计算机病毒的防范意识，遏制计算机病毒的产生和蔓延。

3. 技术防范

(1)阅读电子邮件附件前要先进行扫描，并用常识来判断，坚决不打开来历不明的邮件的附件或你并未想接到邮件的附件。对看起来可疑的邮件附件不要随便打开。

(2)安装防病毒软件并保证更新最新的病毒代码，每天都有新的病毒出现，所以要及时更新，这样才能做到及时防杀病毒。另外，当你首次安装防病毒软件的时候，一定要花费一些时间对自己的计算机做彻底的病毒扫描，以确保它没有被病毒感染。

(3)不要从任何不可靠的网站下载任何软件，由于我们一般无法判断下载软件的网站是否安全，那么，在安装下载软件之前一定要对所安装的软件进行病毒扫描。

(4)要十分注意欺骗性的病毒，如果你收到你朋友发来的邮件，声称有一个新病毒，并让你通知别的人注意，这很有可能是欺骗性的病毒，你应该毫不犹豫地把这样的邮件扔进垃圾箱。

(5)禁止使用 Windows Scripting Host。这是一个可以运行各种文本文件的软件，但它打开的文本文件基本上是与编制病毒的程序有关系的，很多病毒程序在这种软件上不需要人为的因素就可以自行打开一个感染病毒的附件。

(6) 检查并堵塞漏洞。运行 NetWare 提供的“SECURITY”实用程序，“SECURITY”能发现网络中的许多问题，找出网络系统中最薄弱的环节，检查并堵塞漏洞，诸如未指定用户令、口令不保存等问题。

(7)使用基于客户端的防火墙或过滤措施。如果你使用互联网，特别是使用宽带，并总是在线，那就非常有必要用个人防火墙来保护你的个人隐私，并防止别人访问你的网络。

网络技术的发展，已经成为我们工作、生活的一部分，我们越来越离不开计算机，而计算机病毒每年带给我们的损失又是巨大的，因此，我们要了解计算机病毒在网络上的传播途径，了解它基于网络的一些防治方法，有效地保护好我们的网络，使我们真正感受到计算机、计算机网络带给我们的快乐。

(二)预防网络诈骗

公安部刑侦局局长刘忠义在2020年7月28日新闻发布会上通报了5类高发电信诈骗案件，分别是贷款诈骗、兼职刷单诈骗、虚假投资理财和网络赌博诈骗、虚假购物和冒充客服诈骗、冒充公检法诈骗。这5类诈骗，案发占比在所有诈骗案件中，超过了70%。

1. 贷款诈骗

常见的形式是在网络上主动推销，“您好，请问您需要资金周转吗？我们可以提供无抵押贷款，最快当日到账……”

如果你说需要，一般“客服”会在介绍完项目、你已然动心之后，以收取相关费用为理由，实施诈骗。常见的理由包括保证金、手续费、解冻费等。有时候受骗人还被要求证明还款能力，要有足够的备用金，还有刷流水。那很显然的，刷着刷着，钱流走了，回不来了。

在这些案件中，受骗人的支付方式和支付渠道也大同小异。其中，扫描二维码是高风险操作，而要求告知验证码，基本上100%可以断定是诈骗。

贷款诈骗里，在高校高发且造成恶劣影响的，是不良校园贷。近一两年还出现了在校园贷基础上变形的“注销校园贷”诈骗。

我们这里说的校园贷，是指学生找民间放贷机构或者放贷人进行的线下私贷。它手续简单，到款快，只要是学生身份，提供身份证照片就可以借贷，而且钱款很快就能打到卡上。这吸引了很多有借贷需求的学生。

此外，这些不良校园贷打出的广告通常隐瞒实际资费，常常号称无利息、无抵押、无手续费。有些广告词还写得特别励志，比如“用你明天的钱来完成今天的梦想”，诱导大学生超前消费、过度消费。

但事实上呢？对于绝大多数在校大学生而言，经济来源是有限的，很难凭借个人能力还贷。而选择在这些校园贷平台借款的同学，大多是不敢向家里人要钱才铤而走险的，后续要还款，只能继续借钱，拆东墙补西墙，导致的结果是越借越多。这也导致了这些校园贷平台坏账率很高。那么平台的解决办法就是高额利息，这是个恶性循环。高利率意味着高坏账，高坏账又带来了更高的利率。

除了高利息之外，利用部分学生理财知识的欠缺，校园贷平台在合同中设下埋伏，那些在广告中不会告诉你的服务费、管理费、交易费等一经加总，也是一笔不小的数目，有的甚至比利息还高。这些都极大地增加了借贷学生还款的难度。

要避免类似悲剧的发生，治本的一点是大家要树立理性的消费观念。根据自身经济状况，量入为出、适度消费，减少情绪化消费和跟风消费，拒绝过度消费和超前消费。

其次，掌握金融贷款知识，提高对金融诈骗和不良借贷的防范意识也很重要。这样才能够提高辨别合法金融服务的能力，避免被表面假象误导而陷入困境。

如果大家确实在经济上遇到困难，那么可以主动向学校资助中心求助。如果是因为创业等有资金需求的，那么请选择线下正规的金融机构。

还有很重要的一点，是要强化自我保护意识。在不少高校，陆续出现了有学生借来周围同学的身份证在网上借贷，致使同学背负巨额负债的案件。因此，要谨慎使用个人信息，妥善保管身份证、银行卡，坚决不借给他人使用。

这几年，关于校园贷的宣传越来越多，大家知道了它的危害，新的骗术也就应运而生——同学，你的身份信息注册了校园贷，快来注销，否则会影响征信哦！来，你加一下我的QQ，按这个说明，在这些贷款平台操作一下，完成清零和销户，就可以了！

注销校园贷一般包括了以下4个步骤。

(1)说明来由：自称官方，协助“销户”，并能说出受骗人个人信息博取信任。

(2)阐述理由：因国家相关政策禁止学生网贷，便谎称有网贷记录的大学生必须立即销户，否则会影响个人征信记录。

(3)告知步骤：按照规定，客户必须配合完成“清零”和“销户”操作。“清零”是用来抵消和清空当时“校园贷”的授信额度；“销户”是为了删除“校园贷”的记录，以覆盖更新个人征信信息。

(4)引导转账：这是诈骗成功的最后一步，请一定增强防范！骗子会引寻受骗人添加“客服”QQ号，按其要求，需先在贷款平台按照显示额度申请足额贷款，并将款项转到“客服”指定的“对公账户”，以方便帮受骗人还款“清零”，并注销账号。

可能很多人认为，这么蹩脚的说辞，为什么会有人信？尤其是大学生，更不应该信！

然而，当对方能准确说出你的详细信息，包括姓名、电话、身份证号、紧急联系人、学校名称、地址甚至消费记录时，受骗人很容易轻信并掉入骗子的圈套！

再者，当骗子拿起“国家规定”做幌子，并声称“会影响未来个人征信”时，受骗人容易产生担忧心理，随即听从对方指示进行操作。

然而，我们需要知道的是，个人征信是由中国人民银行征信中心统一管理的，任何人无权删除或修改！

“客服人员”让我们将钱转到所谓“对公账户”“官方账户”，和我们后面会提到的大家比较熟悉的“冒充公检法”诈骗中转到“安全账户”如出一辙，千万不要相信！

2. 兼职刷单诈骗

我们在网上经常看到一些消息，声称通过买买买就可以赚钱，并且还会把买买买的钱还给你。

这种天上掉馅饼的事情，一般都有陷阱藏在背后。比如先让你尝到小甜头，诱惑你下大单，然后就没有然后了。

还有高阶的骗子会让你下载一个刷单软件，在一个伪造得很像支付宝的页面，要求填写支付宝账户及密码，以及按操作收到的验证码，然后盗刷支付宝余额及花呗额度。还有的是 APP 本身带病毒的，通过病毒直接截获你的银行卡信息，盗刷卡内钱款。

这里特别要提醒注意的是，2018 年《反不当竞争法》已经明确规定，经营者不得对其商品的性能、功能、质量、销售状况、用户评价等作虚假或引人误解的商业宣传，欺骗误导消费者。经营者不得通过组织虚假交易等方式帮助其他经营者进行虚假或引人误解的商业宣传。

因此，刷单是违法行为，即使被骗权益也不受保护。网络招聘的兼职刷单，100%是诈骗！

3. “杀猪盘”诈骗

第三种常见的诈骗类型，是虚假投资理财和网络赌博诈骗，俗称“杀猪盘”诈骗。

杀猪盘，顾名思义，是一种把受骗人当作“猪”，先“养”后“宰”的诈骗手段。这种特殊的金融诈骗行为往往披着“爱情”的外衣，以网恋的名义，向年轻男女伸出罪恶之手。实施诈骗的“俊男美女”可能只是躲在东南亚国家的十几岁小伙子，他们将目标人当作“幼猪仔”，把培养感情称为“养猪”，一旦感情培养积累到位，取得信任后，就利用各种心理战术将人拖进陷阱，对“猪”痛杀下手，诓骗受害者从事网络投资、网络赌博，然后携款消失。

预防“杀猪盘”诈骗，最关键的一个环节，就是遇到网友要求转账汇款的情况，要坚决地说不。具体来说，需要特别注意以下几种情形：

（1）邀请你玩着手机赚外快的；

（2）邀请你购买网络彩票的；

（3）网络社交中找各种理由拒绝视频通话，甚至要求删除聊天记录的；

（4）网友为了鼓励你投资，打起了感情牌，甚至劝你借款贷款来投资。这说明，对方知道你余额不多、着急收网啦！你还想着网恋，人家却急着奔赴下一只“猪”！

总之，网络社交已经成为咱们大学生活中很重要的一部分，网友虽然可以打破时空上的局限，却也有很强的匿名性，容易造成信息不对称，成为诈骗的“温床”。在社交过程中，大家一定要保持万分警惕，保护好私人财产与个人信息，避免成为杀猪盘的受骗人！

4. 虚假购物和冒充客服诈骗

（1）虚假购物。

骗子通过QQ、微信、短信或其他社交平台发布低价商品消息诱骗买家，一旦买家上钩，便以缴纳定金、交易税、手续费等借口骗取钱财。

在闲鱼等二手平台、QQ/微信群、微博等社交平台以及游戏平台，购买/代购二手闲置物品、化妆品、火车票、演唱会门票、游戏账号/装备等，常常遇到此类诈骗。

这些线上社交平台，在给我们提供沟通便利的同时，也因平台上身份的隐蔽性，成为骗子作案的有效工具。大家记住一个原则，凡是通过微信、支付宝私下转款的，都要多长一个心眼，多加小心。

（2）冒充客服诈骗。

①冒充购物平台客服诈骗。

你在网购平台购物，购物信息被泄露出去，骗子获取之后，就会伪装成网购平台的客服人员，以各种各样的理由联系你，例如谎称订单或产品有问题，需要进行退换货。你一看和你买的东西能对上号，可能就信以为真放松警惕了。这时候骗子就开始了他们的表演，很快就给你发来链接诱导你按他们的指示操作。一般都需要填写账户名、银行卡、支付宝账号、手机号之类的信息，然后收到一条短信验证码。这时候骗子就会要求你告知他收到的验证码，只要你交出验证码，银行卡里的钱就可以被骗子支配了。

除了退款、退换货之外，声称误开通会员帮你取消的，告知快递丢失办理赔付的，要求私加个人微信、QQ处理订单的，要求点击链接完善个人资料的，要求私下交易的，都是诈骗！

②冒充银行客服诈骗。

除了冒充购物平台客服的，还有冒充银行客服人员，以信用卡消费透支、信用卡被盗刷、信用卡提额、账户存在风险等为名进行诈骗。

大家只需要记住，银行客服不会向客户索要银行卡密码和验证码！

③冒充航空/快递公司客服诈骗。

冒充航空公司客服，告知所乘坐航班被取消，要求按其操作流程改签或退票的，或者以补偿误机费为由，要求当事人前往ATM机完成操作的，以及冒充快递公司工作人员，以快递丢失为由需要提供赔偿为由添加微信，诱导行骗的。

凡是这类所谓客服人员通过网络发来的消息，涉及钱款或支付操作的，都不要轻信，第一时间向官方客服核实。任何情况下，不要轻易点击任何不明链接或进行扫码操作，不要轻信任何需要到ATM机完成退款的操作，不要将收到的验证码告诉任何人！

5. 冒充公检法诈骗

冒充公检法诈骗是昔日的诈骗之王，本以为随着宣传的普及、大家防骗意识的提升，正逐渐退出历史舞台。但从警方数据来看，老掉牙的套路依旧有不少人中招，并且涉案金额大、危害突出。

冒充公检法诈骗的传统套路非常清晰，接到陌生电话告知你涉嫌犯罪，接到谁的电话不重要，涉嫌什么犯罪也不重要，这些都是骗子编的，目的就是要让你恐慌，急于向公检法部门查证真相。同样由骗子扮演的“公检法”部门，会向你出示“通缉令”或者“逮捕证”，慌乱的你急需自证清白。之后骗子会让你找个隐秘的空间，比如到酒店开房或者找个餐厅的包间，避免让家人或民警找到你。最后引导你将银行账户的钱转入所谓的安全账户。

最近，骗子又进阶了，老瓶装了新酒、老树开了新花。骗子让受骗人添加“民警”的QQ后，会要求你前往异地公安局接受调查，或者做个视频笔录。很多人自然首选视频笔录。视频连线后，对方两名身着警服的男子会一边向你出示通缉令，一边听你诉说冤情，让骗局无比逼真。

传统的“安全账户”很多人都知道是骗人的，于是骗子见招拆招，又弄出了一个“账户加密”。按照骗子的逻辑，既然你没有洗黑钱，那你的银行账户一定是被盗了，要马上安装一款名为“安全防护”的App(或英文名“protect”)，在App内填入手机号、银行账户、验证码，就可以对银行账户加密。这里，当你交出了验证码，账户的钱就可以任由骗子自取，也就不需要转到什么“安全账户”了。

还有更厉害的。如果说传统骗术能让你倾家荡产，那么新骗术，还能让你身负巨债。对方表示资金清查时，网贷平台中的额度同样需被冻结，所以要把京东、美团、微信、支付宝等平台中的贷款额度全部提现，一并转到“安全账户”。

这里再次郑重提醒大家：凡是声称你违法犯罪的，要求私加QQ进行视频办案的，称你的手机卡涉嫌发布违法信息、社保卡涉嫌违规开药、包裹藏毒的，提到“资产冻结”“账户加密”“安全账户”等字眼的，都是诈骗！

公检法部门不会网上办案，不会要求通过转账汇款解决问题！如果真的做了违法犯罪的事，警察一定会上门找到你。

6. 冒充熟人诈骗

在公安部通报的五种常见诈骗类型之外，还想提醒大家另一种经常遇到的冒充身份类诈骗——冒充熟人诈骗。

骗子通常采用冒充熟人的方式，通过微信、QQ、微博等网络渠道联系当事人，向其借钱，或以受骗人亲友“被绑架、生病、遇车祸”为由向其要钱。

这也是一种被广为宣传、注意防范的诈骗方式。现在如果你的朋友通过QQ找你借钱救急，我相信大多数人都会提高警惕。但是，如果通过QQ找你借钱的这个朋友，主动发来视频验证，你会借钱救急吗？相信很多人都会借。

还原一个真实的案例。

有一天，小A忽然接到了朋友小B发来的QQ信息，说他的朋友因车祸紧急住院，但是因为自己的微信没有绑定银行卡，身上也没带银行卡，没法交住院保证金。小B提出：我用手机银行给你转8000元，你用微信给我转8000元。

小A接到这个信息后，还是有点怀疑，但他转念一想，第一，这个小B确实是我的QQ好友，不是像以前那种骗子，用小号加我，冒充是我的好友。第二，他不是白白借我钱，而是先给我转账，这等于是给朋友救急。所以，小A就答应了，并且把银行卡号给了小B。

小B很快就发来了一张转账截图，说已经通过手机银行转了款，但是要2个小时才能到账，而这边情况非常紧急，看能否先微信转过来，并给小A发来了一个微信收款码。

小A扫码后，还是有点迟疑，他想给小B打电话确认一下，这个时候小B主动发来了自拍视频，说：“好了吗？麻烦你了！”小A看到视频中说话的正是小B，再加上小B一直在发医院的照片，说情况很紧急，就彻底打消了怀疑，把8000块钱转了过去。

随后，小B又以需要手术、需要住院费等各种理由让小A扫码转了2万块，而且每次都会发来手机转账的截图。但2个小时过去，小A并没有收到小B通过手机银行转来的钱。

小A无奈之下，去小B家核实情况，小B说他根本没有什么朋友住院，也没有让小A转账，自己的QQ号被盗了，小A才发现自己被骗了。

那骗子是如何做到用小B的QQ行骗，还有一段自拍视频的呢？

原来是前一天，小B接到了一个陌生人的QQ信息，说是自己的高中同学小C，因为QQ被冻结了，需要三个人辅助验证，想请小B帮个忙。小B之前QQ也被冻结过，他对辅助验证这个事有点了解，于是便答应了这个请求。

首先，小B扫了小C发来的二维码，小B扫码进去后发现确实是QQ的官方平台，就放松了警惕，直接按照小C的指引来操作。

然后，小C提出腾讯客服需要提交本人的视频验证，只要录个5~8秒的视频，在录制的时候说一句"好了吗？麻烦你了"就可以。小B这个时候虽然有疑问，但是小C说这个是腾讯新出的规定，就也没再深究，录了一段就发给了他。

之后就是QQ被盗，视频被小C用于诈骗时验证身份。而那张手机银行转账成功的截图，网上有大把的转账记录生成器，只要把收款人姓名、账号输入，就可以生成。

所以，凡是自称熟人来借钱，一定要通过多种渠道核实身份。能见面就见面，不能见面的，也一定要拨打自存电话来确认！

林林总总的诈骗手段，仔细琢磨也有共通之处。骗子之所以能得逞，离不开以下几个重要环节：

一本剧本(有背景、有情节)

一个假身份(人设)

一些道具(增强信任)

一个悲伤的结局(受害者转账)

比如注销校园贷诈骗

剧本：同学，你的身份信息注册了校园贷，需要注销，否则会影响征信；

假身份：银行客服人员，金融公司工作人员等；

道具：下载这些网贷平台，按流程操作，把额度转到对公账户，才能清零和销户；

结局：钱转走了，贷背上了

比如冒充公检法诈骗

剧本：你违法了，也许是身份证被冒用；

假身份：公检法部门/通信管理局/疾控中心/社保局/电信局等工作人员；

道具：加 QQ 通过视频办案、假警官证、通缉令、逮捕令、安全账户；

结局：请你配合调查，把钱都转过来进行资金核查。

比如冒充购物平台客服人员

剧本：你购买的商品有问题，需要退款；

假身份：购物平台客服；

道具：退款链接；

结局：钱被转走了。

从以上相似环节可以看出，很多诈骗，都是基于个人信息进行的定制化剧本设计。骗子往往能够准确说出你的身份信息。例如注销校园贷骗局中，骗子熟悉你的就读学校、专业等，冒充客服诈骗案例中，骗子清楚掌握你的购物信息。甚至在清华老师被骗案例中，骗子能够精确地告诉你，网签合同的编号是多少，各种交易中很细节的一些信息，都能说得头头是道。在这种情况下，很多人就信以为真了。

针对这一点，一方面，我们在平时，要注意对个人信息的妥善保管，不随意抛弃写有个人信息的内容，不轻易泄露给陌生人。另一方面，随着黑灰产业不断壮大，我们也要认识到个人信息的泄露难以避免，提前做好心理预警，在他人准确说出我们的个人信息时，不要盲目相信，可以通过前面说过的多种方法来核实或无视。

易受骗人群的常见心理主要有：缺、贪、慌、善、过度自信。那么，相对应的，在了解了常见骗术之后，我们可以做到：

(1)不贪：天上不会掉馅饼，掉下的可能是陷阱。

(2)不慌：遇到冒充公检法机关诈骗、注销校园贷诈骗等骗局时，不要被对方的威胁恐吓打乱了阵脚。

(3)不盲目善良：遇到他人来借钱，多种渠道核实身份是第一步。如果因为对方声称急需用钱而着急转账，接下来急的，很可能就是你了！

(4)不过度自信：骗子是“职业”的，骗术是“专业”的，万万不要心存侥幸。

(5)通过正规渠道获取支持：这一点是对于“缺”来说的。当自己的确有经济困难或需要启动资金时，及时向学校求助，或寻求正规金融机构的帮助。

最后，送给大家防诈骗“八字箴言”。应对所有诈骗，请记住 8 个字：给钱不要、要钱不给。如果还是不幸发现被骗，请一定及时报警！

第三节 网络成瘾

一、基本知识

上课、吃饭、上网、睡觉，四个简单的动作构成了不少大学生一成不变的大学生活。无论课程多少，在网上泡上四五个小时是大家每天的“必修课”。不厌其烦地浏览各种网页、和朋友聊天，在 BBS 上灌水……实在无聊了，就与网友联机打游戏，时间过得不知要比课堂快多少倍。

日复一日地上网闲逛，有时也会觉得无聊。可一旦下了线，自己就如同无头苍蝇，没了方向。心里空荡荡的感觉让他很不踏实，甚至情绪低落、烦躁不堪。无奈，强大的孤独感又把他们推回那熟悉而陌生的网络世界。周而复始，一些同学很茫然，却又摆脱不掉。

互联网为大学生的学习和生活带来了各种便利，但有一个问题已经不容忽视——有一部分大学生网络成瘾，不能自拔，对其学业和身心健康产生了严重的影响。这些大学生明知沉迷网络危害重重，但是欲罢不能，越陷越深。这种症状心理学上称作网络成瘾综合征(Internet Addiction Disorder，简称 IAD)，是指个体由于过度使用网络，导致的生活质量下降、身心健康受到损害的消极症状。其症状表现是眼睛干涩，偏头痛，背痛，食欲下降，睡眠紊乱，情绪低落，易冲动，思维迟缓，社会活动减少，自我评价降低等，严重的甚至会产生自杀倾向。

(一)网络成瘾的类型

网络成瘾主要包括网络游戏成瘾、网络社交成瘾、网络色情成瘾、网络信息成瘾、网络技术成瘾 4 种类型：

网络游戏成瘾，是指长时间地沉迷于网络游戏而难以自拔。

网络社交成瘾，指利用各种网络聊天工具进行人际交流，并到了成瘾的程度，对现实中的人际关系逐渐漠视。

网络色情成瘾，指沉迷于色情网站上的色情图片、色情语言、色情影像音像等，不由自主地登录色情网站。

网络信息成瘾，指成瘾者在没有任何明确目的的情况下，长时间地在网上浏览、收集无关紧要的信息。

(二)网络成瘾的危害

对于大学生来说，网络成瘾除了造成学业荒废以外，还有诸多危害。主要包括以下三个方面：

身体方面。长时间沉迷于网络会使人的生活规律被完全打乱，导致生物钟紊乱、食欲不振、体重下降，免疫力降低。由于眼睛过久注视显示器，可导致视力下降、腰酸背痛、手腕关节不适，甚至出现失眠、头痛等症状。在以往的新闻报道中，还出现过青少年长时间上网导致猝死的案例。

心理方面。网络成瘾者由于沉迷于网络，对日常工作、学习和生活兴趣减少，与亲友疏离，为人冷漠；一旦停止上网便会情绪低落、精神不振。

思想方面。网络中各种不健康的内容，也可造成青少年自我过分放纵，法律以及道德观念淡薄、人生观、价值观的扭曲，甚至导致违法犯罪行为。

(三)网络成瘾的自我诊断

目前，关于网络成瘾的鉴别标准有很多，大多以采取问卷形式。这里我们选取国内外较为常用、效度指标较高的《杨氏(Young)网络成瘾鉴别标准问卷》，供同学们进行自测。

表 11-1 **杨氏(Young)网络成瘾鉴别标准问卷**

1	我会全神贯注于网络活动，并且在下网后仍继续想着上网时的情形	是	否
2	我觉得需要花更多时间上网才能得到满足	是	否
3	我曾努力过多次想控制或停止使用网络，但并没有成功	是	否
4	当我企图减少或是停止上网，我会觉得沮丧、心情低落或是脾气易暴躁	是	否
5	我花费在网络上的时间比原先计划好的要长	是	否
6	我会为了上网而冒着重要的人际关系、学习、教育或工作机会损失的危险	是	否
7	我曾向家人、朋友或他人说谎以隐瞒我使用网络的情况	是	否
8	上网是为了逃避问题或试着释放一些感觉诸如无助、罪恶感、焦虑或沮丧	是	否

为了评估你的网络使用情况，请您如实回答以下情形是否符合你最近一周以来的网络使用情况，若符合请选择“是”，若不符合请选择“否”。

如果被测试对其中的任意 5 个以上项目(包括 5 个)做出肯定回答，则被认为已形成网络成瘾；如果被试对其中的任意 1～4 个项目做出肯定回答，则被认为处于网络成瘾倾向状态；如果被试对所有的 8 个项目都未做出肯定回答，则被认为是网络未成瘾状态。

二、预防及应对措施

(一)预防措施

经过以上的介绍，网络成瘾是否已引起了你的注意？当我们在网络世界中自由驰骋遨游的同时，请认真思考一下如何去安排自己在键盘前面的时间。如果你觉得网络的诱惑太大，自己抵抗力太小，那么在此有三条建议，可以帮助你预防网络成瘾

1. 对照自身行为，认识成瘾危害

我们要对自己的网络行为进行分析，对照前文所述的网络成瘾倾向，写下自从迷恋网络后所忽略的每一项活动或习惯，比如：是否正常作息？是否依然勤奋学习？和同学接触、与家人及朋友联系是否减少？是否能够坚持体育锻炼？自从长时间上网之后，是否出现了视力下降、颈椎酸痛等症状？等等。对比一下在你迷恋网络前后的生活，评价一下你所失去的东西和所付出的代价，仔细地考虑一下，为了网络上的那些虚无缥缈的东西，而失去现实生活中的宝贵东西是否值得。

通过对比我们应该逐步认识到：网络虽然不是毒品，但是同样也能让你上瘾，影响身心健康。网络成瘾会不断使你视力下降、颈椎受损、睡眠质量下降以及免疫功能变弱，也会慢慢吞噬你的心理健康，严重扰乱你的学习和生活秩序，甚至出现灾难性的后果。充分认识网络成瘾的危害是预防网络成瘾的基础。

2. 形成良好习惯，提高自身修养

良好的行为习惯是正常学习和生活的保证，也是预防网络成瘾的有力武器。一个生活很有规律的人不可能长时间的沉迷于网络。按时作息、定期锻炼、积极参加各类课外活动，这些都可以有效减少对网络的依赖。良好的学习习惯也很重要，如课前预习、课后先复习后做作业的习惯，去学校图书馆阅读杂志的习惯，等等。有些大学生从不进图书馆，他们说在网上可以找到想要的

任何东西而且节省时间。这种想法是错误的，尽管网络能给我们带来很大帮助，但图书馆具有更强的组织性，它能引导你更有效地找到你所需要的资料。同时，图书馆有着良好的学习氛围，能够形成个体沉迷网络的外界约束。

小贴士：预防上网对生理健康损害的方法

1. 注意保持正确的坐姿。

2. 注意用眼卫生，眼睛与屏幕的距离应在40~50厘米，使双眼平视或轻度向下注视荧光屏。显示器的亮度应适宜。

3. 不要长时间连续上网，最好每隔1小时休息一会儿，活动身体。

4. 室内要保持良好的工作环境，如舒适的温度、流通的空气、适宜的光线等。

5. 尽量使用辐射较低的显示器或者安装防护装置，削弱电磁辐射的强度。

6. 注意补充营养。应多吃些胡萝卜、白菜、豆芽、豆腐、红枣、橘子以及牛奶、鸡蛋、动物肝脏、瘦肉等食物，以补充人体内维生素A和蛋白质。而多饮些茶，茶叶中的茶多酚等活性物质会有利于吸收与抵抗放射性物质。

3. 注重亲情友情，加强情感交流

有些大学生把上网作为逃避现实生活问题或者打发消极情绪的工具，上网的主要目的是为了摆脱孤独、宣泄消极情感、缓解学习压力、满足成就感、追求时尚等。殊不知“借网消愁，愁更愁”。理由之一是，当你n小时后下网的时候，问题仍然在那儿，“逃得过初一，逃不过十五”。理由之二是，其上网行为在潜移默化中强化，最后形成“宣泄消极情感—上网—注意力从现实中转移—身份虚幻—忘记现实烦恼—回归现实—孤独、烦恼”的恶行循环。长此以往，你就会形成消极的条件反射，最后就变成了“何以解忧？唯有上网”。

因此，大学生应该注重亲情和友情，要珍惜老师和父母的爱，要理解父母的想法，经常与父母沟通情感；有事主动与父母老师商量，自觉接受父母与老师的教育。同时，还应该积极参与班级与学校的活动，通过这样的活动结交更多的朋友。平时多与同学、朋友进行学习、工作、生活等方面的交流，增进情感。有关专家给认为：每天至少抽出2~3小时与外界进行交流，这对于预坊网络成瘾有重大的意义。

4. 培养兴趣爱好，丰富业余生活

大学生应该积极培养兴趣、爱好，丰富课余生活，参加各种活动，提升自身价值，把自己的注意力从专注于网上内容转移到现实生活中来。每当“网瘾”出现的时候，可以采取转移注意力的方法来摆脱：找到一个替代的刺激，激活新的兴奋点，使上网的想法逐渐地消失。培养兴趣爱好就可以起到转移注意力，摆脱网瘾依赖的作用。

所以，大学生应该多参加学校、社会组织的各种活动，比如参加学校的各种社团活动、文体活动、兴趣小组活动、旅游活动等。总之，青少年现实生活中的乐趣越多，就越不会逃避到网络上去追求虚幻的东西，也不会陷入网络成瘾的泥潭而不能自拔。

5. 制定上网计划，控制上网时间

在上网之前先制定一个计划，有意识地给自己限定上网时间。在上网之前，“三思儿后行”，每次花上几分钟时间仔细想一想“我上网干什么”，“我准备上网多久”等问题，估计一下大概需要多长时间，将这些列在一张小纸片上，使上网更有目的性，更有效地控制你的上网时间，不断培养你的自制能力，抵制网络上的各种诱惑。一旦你明确了每次上网的内容，上网的盲目性就会减少。如果自己无法控制上网时间的话，可以向同学请求帮助；也可以在电脑上安装控时软件，一旦上网超过规定时间，计算机就会自动关机。

(二)应对办法

如果已经网络成瘾，要怎么办呢？大学生网瘾者如何才能摆脱沉迷网络的困境？以往我们总是将目光局限在如何通过外界干预降低大学生的网络成瘾程度，较少关注大学生自己应该如何应对。但是对于大学生来说，对于来自外界的干预往往怀有抵触情绪。这里介绍一些网络成瘾自我调节的办法，同学们可以根据自己的实际情况选择使用(见表 11-2)。

表 11-2 **网络成瘾自我调节方法**

类别	具体调节方法	示例
危害觉察	①意识到危害；②看到其他人的不好后果；③意识到上网挺无聊；④提醒自己上网太久对身体不好；⑤提醒自己该休息了	我马上就大四了，要毕业找工作了，这样下去没有前途。听说我们学校也有大学生像我这样沉迷电脑，荒废了学业，现在还没有就业

续表

类别	具体调节方法	示例
情绪唤起	①上网后自责；②自我反省；③担心影响自己的学习；④担心自己越来越依赖网络	高中时我也是天之骄子，可现在学习、生活一团糟。事情该做的，也没做成，心情很低落
决心信心	①下定决心改变；②靠自己的意志力控制；③觉得自己能够改；④对自己有信心；⑤看到别人成功控制的例子	因为现在快期末考试了，加上自己又做了一些计划，感觉自己和以前不一样了。所以还是对自己有信心吧
时间管理	①上网目标明确；②给自己限定上网时间；③给自己定上网计划；④把要上网的内容写下来，逐条完成；⑤要做的事情积攒起来集中做；⑥需要完成的完成，没事就不上；⑦调整生活规律	每天打开电脑上网前想一想，自己有没有必要上网，上网做什么？我以前上网一般是把最重要的事情放在最后做，我希望能把重要的事情放在前面做
回避刺激	①认识到容易上网的环境；②远离上网环境；③尽量减少与网络接触的机会；④避免在心情不好的时候上网；⑤拖着不去上网；⑥考试期间不上网	看书的时候不在宿舍看，而是在自习室或图书馆看，这样效率比较高，也会远离电脑的诱惑
阻断刺激	①不买电脑；②把电脑暂时封起来；③删除游戏账号；④删除网友名单；⑤拔掉网线或不连接网络	我曾经在上学期期末考试期间把电脑封上了。我有个屏幕套，把屏幕套上，在上面贴个大十字叉。那些天没有玩，考试很顺利
替代行为	①找同伴上自习；②认真准备考研；③参加其他活动转移注意力；④用其他活动来替代上网的功能；⑤尽量利用电脑为学习服务；⑥给自己安排很多必须做的任务；⑦给自己限时完成某学习任务	我现在喜欢的运动是乒乓球，去参加这个运动就可以离开电脑
他人监督	①同学相互监督；②父母监督；③在离公共视线较近的地方上网；④几个人一起去上网	如果几个人一块儿上网也比较好控制，比如两个同学相约上网，约定一会儿就回去，这就比较好控制，如果自己一个人就觉得无所谓，再上一会儿

自我调节对于轻度网络成瘾者或有网络成瘾倾向的学生比较有效。针对网络成瘾已十分严重的大学生来说，学校、家庭和社会应当共同关注、多管齐下，形成合力，加强教育和引导。

第四节 网络不良信息

网络的发展，使人们可以更加方便、快捷地获得信息，同时信息的内容也日趋丰富。网络上的各种海量信息为极大地提高了人们学习效率和生活质量。但是，便捷、开放的网络环境也正在被一些用心不良者所利用。例如，一些网站片面追求商业利益，传播含有淫秽色情内容的信息；一些网络游戏运营商为了提高游戏的吸引力，在游戏中添加暴力场景与画面；一些网络服务商为了盈利而批量发送垃圾邮件。

目前，网络上不良信息林林总总，形式多样，令人触目惊心。特别是我国网民60%左右是30岁以下的青少年，一些青少年由于长期沉湎于网上不良信息，荒废了青春，迷失了人生，有的甚至走上了违法犯罪道路。

一、基本知识

(一)网络不良信息的范围

网络不良信息是指互联网上那些容易对人的身体造成损害，给人的精神带来污染，使人的思想产生混乱，让人的心理变得异常的有害信息，包括色情信息、暴力信息、虚假信息等。

根据《中华人民共和国电信管理条例》《全国人民代表大会常务委员会关于维护互联网安全的决定》《互联网上网服务营业场所管理条例》《互联网电子公告服务管理规定》《互联网站从事登载新闻业务管理暂行规定》《计算机信息网络国际联网安全保护管理办法》《计算机信息网络国际联网管理暂行规定》等法律法规，不良信息的范围大致包括：(1)反对宪法所确定的基本原则，煽动抗拒、破坏宪法和法律、行政法规实施的；(2)危害国家安全，泄露国家秘密，颠覆国家政权，破坏国家统一的；(3)损害国家荣誉和利益的；(4)煽动民族仇恨、民族歧视，破坏民族团结的；(5)破坏国家宗教政策，宣扬邪教和封建迷信的；(6)散布谣言，扰乱社会秩序，破坏社会稳定的；(7)散布淫秽、色情、赌博、暴力、凶杀、恐怖或者教唆犯罪的；(8)侮辱或者诽谤他人，侵害人合法权益的；(9)含有法律、行政法规禁止的其他内容的。

(二)网络不良信息的危害

(1)扰乱社会秩序。信息网络可以在全球范围内传递声像、图文并茂的多媒体信息，具有速度快、使用方便和难以监控的特点，因此，它容易被一些别有用心的人所利用。网络不良信息，如色情信息、暴力信息等，使一些人沉迷于色情与暴力中不能自拔，给自己、他人带来伤害，给社会风尚造成极其恶劣的影响。根据我国网络互联中心的一项数据显示，全世界色情网站至少有上百万个，而且每天都在以成百上千的速度在递增，每天浏览数达上千万人次。这些色情信息败坏了社会风气，污染了社会环境，尤其对未成年人的心理及人格产生很大的负面影响。

(2)影响社会稳定。由于互联网的开放性，人人都可以在网络上发布信息，因此信息的真实性很难得到保证。同时，网络上信息的复制又极端容易，一些虚假、不良信息一旦上网，就以几何倍数的速度传播，会在很短的时间里到达分布在地球各个角落的数亿网民，形成热点问题，有的甚至会影响社会稳定。近些年来，因网络虚假信息而引发的公共事件在增多，一些别有用心者唯恐天下不乱，利用网络暗中煽风点火，滋生事端，危害社会稳定，我们当引以为戒。

(3)容易导致法律观念淡薄、道德价值失范。由于网络未形成系统的法律、道德规范，网上很多行为未能受到法律和道德的有效约束，并且由于网络的匿名性与虚拟性，往往使得许多网民不注意个人在网络上的行为，仅仅把它看成是网络行为而不是社会行为，使自己的道德观念和法律意识在不知不觉中被麻痹。很多学生误以为，在网络上传播不良信息“警察管不着，法院判不着，处分够不着”。

(4)引发犯罪心理倾向和行为。网络上色情信息泛滥，如果没有健康的思想情操和抵制黄色诱惑的坚强毅力，人们很容易沉迷其中，并在网络色情的诱使下，很可能逐步走上犯罪的道路。同样，沉醉于网络暴力游戏中的玩家，在现实世界里遇到冲突、不公平时，容易冲动，把游戏中经常用来解决冲突的暴力行为带到现实中。1999 年 4 月 20 日，美国科罗拉多州的哥伦比纳高中的屠杀事件震惊世界。18 岁的中学生哈里斯和克莱伯德闯入校园，枪杀了 12 名学生和 1 名教师，并造成了 23 人受伤，然后他们举枪自杀。据报道，两人都是射击游戏《毁灭战士》(Doom)的狂热爱好者。

二、预防及应对措施

在目前网络不良信息泛滥的形势下，大学生应当如何从我做起，进行有效的预防和抵制呢?

(一)加强网络道德修养

在缺乏有力的他律警示或难以直接感受到的他律约束的网络世界里，加强道德自律是大学生预防和抵制网络不良信息的重要途径之一。

自省。荀子《修身》篇的第一句话就是:“见善，修然必以自存也；见不善，愀然必以自省也；善在身，介然必以自好也；不善在身也，灾然必以自恶也。”意思是说，见善要认真学习，见不善要警惕地反省自己，要乐于行善，厌于做恶。网络道德建设的关键就是要“从我做起”，自我反省、自我约束。我们的网络世界里有这样一种矛盾的现象，比如，有些同学一边声讨网络色情信息泛滥，一边自己也随意下载传播色情信息；一边谴责他人不尊重知识产权，一边自己也大量使用未经授权的软件。这种“只知律人，不知律己”的心态，给了网络不良信息存在和传播的土壤。大学生要通过自省，发现、克服自己的恶念与陋习；并在实践中有的放矢地进行自我监督、自我调节、自我反思，改造自身，践行道德规范，逐渐养成良好的网络道德品质，方能有效地防范网络不良信息的侵害。

慎独。“慎独”是儒家提倡的自我修身方式,《大学》中写道:“所谓诚其意者，毋自欺也。”也就是说自己要坦诚自律，无论是大庭广众之下，还是在闲居独处的时候，都必须克制自己不当的欲望，做到表里如一，真心为善，不自欺也不欺人，真正做到隐徽之处的谨慎。互联网是一个几乎不设防的世界，徜徉其间，所言所行都是通过敲击计算机键盘，向网络输送代码来实现的，大家往往以为自己的言行可以不留下任何痕迹，他人难以察觉。因此，大学生们是否遵循网络道德规范，是不容易被他人监督的。社会舆论、传统习俗在网络上的监督作用就显得微乎其微。这些情况表明，大学生要有效预防网络不良信息，首先就必须从自我入手，“勿以恶小而为之，勿以善小而不为”，通过不断强化“慎独”的网络理念，自觉主动地克制不健康情感的泛滥，理智地控制和约束自己，以免在网络中做出的非道德行为。

(二)加强网络法制学习

大学生对网络不良信息的预防和抵制既要靠自身的道德修养，更要靠法制来引导和规范。由于宣传教育力度不够，许多大学生对网络法律、法规知之甚少或全然不知。由于法律意识和法律知识的缺乏，不少大学生对自己在网络上行为的合法性缺乏正确的认识，遇到非法侵害时也不知如何保护自己的合法权益。通过对网络相关法律法规的掌握，大学生一方面要树立网络法制意识，认识到对网络世界的破坏就是对社会正常秩序的破坏，必将受到法律的制裁；另一方面要树立网上自我保护意识，掌握和正确运用基本的网络法律武器，以维护自己在网络空间的合法权益。

小贴士：全国青少年网络文明公约
要善于网上学习 不浏览不良信息
要诚实友好交流 不侮辱欺诈他人
要增强自护意识 不随意约会网友
要维护网络安全 不破坏网络秩序
要有益身心健康 不沉溺虚拟时空

(三)践行网络文明规范

在思想上对网络不良信息有了充分认识之后，青年学生要“从我做起、从小事做起”，积极践行网络文明规范：做到不下载、不传播网络不良信息；发现网络不良信息及时向有关部门举报；不通过网络窥探、泄露他人隐私；不在网上谩骂、攻击他人，注意文明用语，自觉抵制不文明行为；积极通过网络传播文明风尚，学习有用知识；认真践行《全国青少年网络文明公约》，坚持自我约束。

第十二章 权益保护

大学生活是大学生独立生活的开始，是大学生迈入社会的第一步。作为一名大学生，在学习和生活中应当增强法制观念和公民意识，自觉地学法、懂法、用法、守法，认真履行公民的义务，学会运用法律武器，有效地维护自己的合法权益。

第一节 大学生权益和义务

一、权益和义务的含义

权益，是指宪法和法律所规定并保障公民从事某种行为的权力和从中获取某种利益；义务，是指宪法和法律规定公民必须履行的某种责任。义务的履行是实现权益的前提和保障。权益和义务互相依存、互相结合、互相促进、相辅相成。大学生只有认真履行法律规定的各种义务，才能更好地享有各种法定的权益。大学生在校期间除依法享有公民的权益和履行公民的义务外，还应根据国家有关法律法规的规定，享有大学生的权益和履行大学生的义务。

二、大学生的权益和义务

大学生作为普通公民，享有《宪法》规定的公民的权益和义务。那么，为什么特别提出“大学生的权益和义务”呢？

根据《中华人民共和国教育法》《中华人民共和国高等教育法》《普通高等学校学生管理规定》规定，大学生在校期间依法享有以下权利：

(1)参加学校教育教学计划安排的各项活动，使用学校提供的教育教学资源；

(2)参加社会实践、志愿服务、勤工助学、文娱体育及科技文化创新等活动，获得就业创业指导和服务；

(3)申请奖学金、助学金及助学贷款；

(4)在思想品德、学业成绩等方面获得科学、公正评价，完成学校规定学业后获得相应的学历证书、学位证书；

(5)在校内组织、参加学生团体，以适当方式参与学校管理，对学校与学生权益相关事务享有知情权、参与权、表达权和监督权；

(6)对学校给予的处理或者处分有异议，向学校、教育行政部门提出申诉，对学校、教职员工侵犯其人身权、财产权等合法权益的行为，提出申诉或者依法提起诉讼；

(7)法律、法规及学校章程规定的其他权利。

大学生在校期间依法履行以下义务：

(1)遵守宪法和法律、法规；

(2)遵守学校章程和规章制度；

(3)恪守学术道德，完成规定学业；

(4)按规定缴纳学费及有关费用，履行获得贷学金及助学金的相应义务；

(5)遵守学生行为规范，尊敬师长，养成良好的思想品德和行为习惯；

(6)法律、法规及学校章程规定的其他义务。

根据国家有关规定，大学生在安全管理中应履行以下义务：

(1)学生应当共同维护校园正常秩序，保障学校环境安全、稳定，保障学生的正常学习和生活。

(2)学生应当自觉遵守公民道德规范，自觉遵守学校管理制度，创造和维护文明、整洁、优美、安全的学习和生活环境，树立安全风险防范和自我保护意识，保障自身合法权益。

(3)学生不得有酗酒、打架斗殴、赌博、吸毒，传播、复制、贩卖非法书刊和音像制品等违法行为；不得参与非法传销和进行邪教、封建迷信活动；不得从事或者参与有损大学生形象、有悖社会公序良俗的活动。

(4)不得在学校进行宗教活动。

(5)学生可以在校内成立、参加学生团体。学生成立团体，应当按学校有关规定提出书面申请，报学校批准并施行登记和年检制度。

学生团体应当在宪法、法律、法规和学校管理制度范围内活动，接受学校的领导和管理。学生团体邀请校外组织、人员到校举办讲座等活动，需经学校批准。

(6)学生举行大型集会、游行、示威等活动，应当按法律程序和有关规定获得批准。对未获批准的，学校应当依法劝阻或者制止。

(7)学生应当遵守国家和学校关于网络使用的有关规定，不得登录非法网站和传播非法文字、音频、视频资料等，不得编造或者传播虚假、有害信息；不得攻击、侵入他人计算机和移动通信网络系统。

(8)学校安全管理规定的其他安全义务。

三、大学生如何行使权利和履行义务

世界科技的飞速发展，中华民族的迅速复兴，不但给大学生成长、成才提供了广阔的发展空间，同时也给当代大学生增添了新的历史重任。这就要求在校学生牢固树立正确的世界观、人生观和价值观，加强思想道德修养，自觉遵守国家法律法规和学校规章制度，在正确行使自己享有的权利的同时，认真履行应尽的义务。

(一)坚持权利和义务相统一

我国《宪法》第33条规定："任何公民享有宪法和法律规定的权利，同时必须履行宪法和法律规定的义务。"这是我国宪法关于公民基本权利和义务的一个重要特征。权利和义务的统一是指权利和义务互相依存、互相促进、互为条件的辩证统一。作为大学生，应该注重权利和义务的结合和统一，无论何时何地都要正确地行使权利和履行义务。而大学生履行义务的自觉性越高，越能促进学校和谐发展。反过来，自己享有的权利保障也越有力。

(二)坚持遵纪守法和道德修养相统一

法律和道德从不同的角度指导和规范人的行为。大学生应该自觉学习国家的法律法规和学校的校纪校规，养成学法、懂法、守法、用法的好习惯，做自我教育、自我管理、自我约束的模范。同时要加强道德修养，注意学习名师名家的人品和做人之道，不断培养自己的道德情操和行为修养，树立正确的世界观、人生观和价值观，学会自我控制、自我调节、自我保护，成为德才兼备的人才。

(三)坚持理论和实际相统一

随着改革开放的不断深化，高等教育事业发展和学校内部体制的改革正处于攻坚阶段和关键时期，高校校园日趋社会化，校园内人员结构多样、周边环境复杂，致使学校治安案件和不安定因素增多。大学生在这种复杂的环境下，就要运用学到的理论知识，正确处理人与人之间、个人与集体之间、个人与社会之间的关系，明是非，分善恶，辨美丑，识荣辱，懂法规。在学习和生活中，能有效预防和应对各种灾害事故和突发事件，保证自己的权益不受损害。

第二节 大学生合法权益的法律保护

一、正当防卫

公民的合法权益受法律保护。大学生要学会用法律赋予的权利保护好自己的合法权益。

《中华人民共和国刑法》(简称《刑法》)规定："为了使国家、公共利益、本人或者他人的人身、财产和其他权利免受正在进行的不法侵害，而采取的制止不法侵害的行为，对不法侵害人造成损害的，属于正当防卫，不负刑事责任。"这是《中华人民共和国刑法》赋予公民的正当防卫权。我们大学生在合法权益遭受不法侵害时，就应使用正当防卫权。

根据《中华人民共和国刑法》的规定，正当防卫时应注意以下要件：

(1)正当防卫必须是针对不法侵害行为。这是指公民自身或他人、国家公共利益遭到不法行为侵害时实行的防卫。

(2)正当防卫必须是针对实际发生并正在进行的不法侵害。这是指侵害行为不是想象、推测而非实际存在的行为，或者是已经发生过的行为，它必须是正在进行而且尚未结束的行为。

(3)正当防卫必须是针对实施不法侵害者本人，而不能针对未参与不法侵害的其他人。

(4)正当防卫必须是为了使合法权益免受不法侵害而实施。走私、贩毒、流氓团伙及黑社会等犯罪集团内部或团伙之间争斗、"黑吃黑"的行为不属此范围。

(5)正当防卫不能明显超过必要限度并造成重大伤害。如果超过限度并造成重大伤害的属防卫过当。防卫过当应负刑事责任，但是应当减轻或免除处罚。我国《刑法》对严重危害人身安全的犯罪行为赋予了公民无限防卫权。《刑法》第20条第3款明确规定："对正在进行行凶、杀人、抢劫、强奸、绑架以及其他严重危及人身安全的暴力犯罪，采取防卫行为，造成不法侵害人伤亡的，不属于防卫过当，不负刑事责任。"

国家支持正当防卫，司法也加大了对正当防卫的保护，目的是鼓励人民群众同犯罪分子作斗争。在犯罪分子实施不法侵害时，我们应拿起正当防卫的武器，勇敢地同犯罪分子作斗争，及时制止不法侵害，避免自身或人民群众受到伤害。但这里要特别注意的是上述构成正当防卫的要件因素，缺一不可，否则就不属于正当防卫。在大学生活中，同学之间难免出现一些矛盾、纠纷和碰撞，如果在处理矛盾、纠纷和碰撞的过程中，担心吃亏，怕失面子而抢先动手，致人伤亡的，就要负刑事责任。如果发现过去曾侵害过自己或侵害过他人的犯罪嫌疑人，便突然袭击，将其打伤或打死的，也要负刑事责任。这类行为都不属于正当防卫。

为了正确行使好正当防卫权，必须严格把握正当防卫与非正当防卫之间的区别。非正当防卫有以下几种类型：

(1)防卫过当。这是指行为人的实施正当防卫时，超过了正当防卫所需要的必要限度，并造成了不应有的危害行为。

(2)防卫挑拨。它是指行为人故意挑逗对方，使对方对自己进行不法侵害，接着借口加害于对方。

(3)防卫侵害了第三人，也叫局外防卫。它是指防卫者对正在进行的不法侵害以外的人实施的侵害行为。

(4)假想防卫。它是指不法侵害行为根本不存在，由于行为人猜想、估计、推断不法侵害行为存在，而对其实施侵袭的一种不法侵害行为。

(5)事前防卫，也叫提前防卫。它是指行为人在不法侵害尚未发生或者说还未到来的时候，而对准备进行不法侵害的人采取了所谓的防卫行为。

(6)事后防卫。它是指在不法侵害终止后，而对不法侵害者进行的所谓防卫行为。

二、保险

保险，是一种社会经济保障机制。它以概率论为技术基础，通过合理计算，集合多数单位(或个人)共同建立的保险基金，用以在特定危险事故或事件发生而导致损失时，对特定人的财产损失或人身伤亡给予或给付的经济制度。保险通常具备以下情况：

(1)必须有危险性存在。自然灾害和意外事故的客观存在是保险业产生和存在的前提条件。但不是所有的危险都能成为保险的对象。

(2)必须有互助共济关系做基础，即需要有多数人(或单位)参加投保。参加保险的越多，保险基金总量就越大，理赔能力就越强。

(3)必须对危险事故造成的损失给予经济补偿。这种损失必须是在经济上能够计算价值的，否则保险的补偿无法兑现。

(4)分担基金必须合理。即保险的补偿基金应由参加保险的人公平合理地分摊。

保险又是一种契约性的法律关系，它根据有关法律法规或当事人双方的约定，一方承担支付保险费，以换取另一方对自己由于意外事故或特定事件的出现而导致的损失，负责给予经济补偿的一种法定关系。

保险分为商业保险和社会保险两种类型。商业保险以营利为目的，是保险公司依法从事的一种商业行为。社会保险不以营利为目的，是国家为了保障劳动者在丧失劳动能力或在职业中断期间的基本生活条件而依法强制实行的一种社会保障制度。社会保险是国家强制执行的，所有的企事业单位的工作人员都必须缴纳按国家规定险种的保险费，到规定的年龄即可享受相应的权利。而商业保险是自愿参加的，只要个人与保险公司签订保险合同并缴纳相应的保险费，保险公司就会依法承担相应的保险责任。商业保险中有若干险种，通常分为两类，即财产保险和人身保险。财产保险是指以财产及有关利益为保险标的(以财产为保险对象)的保险。人身保险则以人的生命和身体机能为保险标的，包括人寿保险、健康保险、意外伤害保险等。

在社会生活中，每个人都可能遇到各种各样的灾害或事故，国家为了分散灾害和事故所造成的损失，而建立了社会保险制度，通过多数人参加保险建立保险基金，以分担少数人由于灾害或事故带来的损失。大学生应该树立和强化保险意识，积极投保，防患于未然。

三、与在校大学生关系密切的险种

按照国家目前的有关政策，与在校大学生关系密切的险种有意外伤害保险和医疗保险。

(一)意外伤害保险

意外伤害保险，是以被保险人因遭受意外伤害而造成残废、死亡、支出医疗费或暂时丧失劳动能力等情况给付保险金的一种人身保险。意外伤害保险理赔时应注意以下几点：

(1)意外伤害，是指由外来的、非本意的、突然发生的情况而致被保险人伤害。它是由被保险人身体外部的偶发事件瞬间直接作用而引起的伤害。如空中坠物击伤等意外伤害。由于高血压、心肌炎等疾病所导致的跌伤则不属于意外伤害。

(2)意外伤害保险并非对所有意外伤害都予以理赔。如系被保险人实施犯罪活动、寻衅斗殴、打架致伤，酗酒后驾车致伤、自杀或因吸毒致残等，都属于除外责任，保险人均不予负责。如被保险人是从事登山、跳伞、滑雪、江河漂流、赛车、拳击、摔跤等活动的，则在保险合同的附加条件中予以明确。

(3)意外伤害保险的适用保障范围，主要是死亡、残疾、医疗和停工收入给付。死亡保险金一般为全额保险金；残疾总收入保险金则要依据致残程度，分等级酌情给付；医疗费的给付，一般都订有免赔额条款，被保险人需与保险人一起承担医疗费用，只是被保险人自己承担的比例比较小；意外伤害的停工给付是专门针对临时丧失全部劳动能力的，而非针对永久丧失全部或部分劳动能力而言。保险金给付一般采用定额方式，按日或按周给付。

(4)意外伤害保险的投保人必须履行以下几方面的义务：一是按照合同的约定按期交付保险费。通常是一次性交清，一次交清有困难的也可以分期交付。二是据实告知的义务。投保人必须将自己的相关情况真实、全面、详细地告诉保险人。如果故意掩盖实情，将会导致合同无效并且保险费不予退还的结果。三是投保人必须根据保险人的要求，对保险人的身体进行健康检查，保险人不作此项要求的除外。

目前，高校对在校大学生普遍实行了意外伤害保险，而且随着社会经济的发展，意外伤害保险的范围将不断扩大。在校大学生的意外伤害保险通常由学校组织，以身体健康、能正常参加学习的学生为被保险人，以意外事故致残或死亡为保险事故。保险事故的保险范围比较广，学生在学校学习期间，无论在校内和校外，凡因发生爆炸、倒塌、烫伤、碰撞、雷击、触电、中暑、淹溺、窒息、坠跌、人兽袭击、车船飞机失事等意外事故而导致伤残或死亡，都属于保险事故。

高校组织大学生参加学生意外伤害保险，一方面是为了学生的自身利益，另一方面也是为了减轻学校因学生发生意外伤害事故而造成的经济负担。

(二)医疗保险

医疗保险，是向法定范围内的劳动者部分或全部提供预防和治疗疾病的费用，并保证其在病假期间的经济来源，保障其基本生活需求的一种社会保障制度。

多年来，我国医疗制度改革在不断地向前推进。高校的医疗制度改革也在不断地深化。目前，大部分高校学生医疗费用由本人和学校按比例共同承担。为了减轻学校和本人医疗费的负担，参加医疗保险是一项较好的选择。

现在大多数高校均在大学生入学的时候，组织学生向保险公司投大病医疗保险。在保险期间，大学生如生病住院所发生的医疗费用，可由保险公司给予理赔。理赔金额不足部分，由学校和学生按规定的比例分别承担。

四、消费权益保护

消费权益就是消费者在消费过程中所享有的权力和利益。《消费者权益保护法》规定：“为生活需要购买、使用商品或者接受服务，其权益受本法保护。”大学生既是受教育者，又是消费者，其权益应受法律保护。

根据《消费者权益保护法》的规定，大学生作为消费者可享有以下权利：

(1)在购买、使用商品和接受服务时享有人身、财产安全不受损害的权利。大学生有权要求高校服务经营者提供的商品和服务，符合保障人身、财产安全的要求。

(2)享有知晓购买和使用的商品或者接受的服务真实情况的权利，即知情权。大学生有权根据商品或者服务的不同情况，要求学校校园内的经营者提供商品的价格、产地、生产者、用途、性能、规格、等级、主要成分、生产日期、有效期限、检验合格证明、使用方法说明书、售后服务，或者服务的内容、规格、费用等有关情况。

(3)大学生享有自主选择商品或者服务的权利。大学生有权自主选择提供商品或者服务的经营者，自主选择商品品种或者服务方式，自主决定购买或者不购买任何一种商品、接受或者不接受任何一项服务。大学生在自主选择商品或者服务时，有权进行比较、鉴别和挑选。

(4)大学生享有公平交易的权利。大学生在购买商品或者接受服务时，有权获得质量保障、价格合理、计量正确等公平交易条件，有权拒绝经营者的强制交易行为。

(5)大学生因购买、使用商品或者接受服务受到人身、财产损害的，享有依法获得赔偿的权利。

(6)享有人格尊严和民族习惯得到尊重的权利，享有个人信息依法得到保护的权利。每个人的名誉、荣誉、姓名、肖像以及身体健康等人格方面的权利是不可侵犯的。辱骂、讽刺、挖苦、殴打、盗用肖像、无端怀疑、非法拘留、非法搜身等侵犯人格的现象是不允许的。我国法律明确规定侵犯人格尊严，应当立即停止，并及时恢复名誉、消除影响、赔礼道歉，有的还须赔偿损失。如果情节严重构成犯罪的，还要依法追究刑事责任。大学是全国各地学生、各民族学生汇聚的地方。尊重民族风俗习惯，坚持民族平等，加强民族团结是促进安全稳定的大事。因此，对少数民族大学生的特殊风俗习惯要尊重，要不断地增加适应少数民族风俗习惯的商品供应。在向信仰伊斯兰教的大学生提供清真食品时，必须按照民族生活习惯的要求进行加工制作，并与其他食品严格分开；在使用商品包装、商标和广告等宣传活动中，不得使用有损少数民族利益的文字、语言和图形等；不得强迫少数民族大学生接受该民族禁忌的商品或服务。

(7)大学生享有依法成立维护自身合法权益的社会组织的权利。

(8)大学生享有获得有关消费和消费者权益保护方面的知识的权利。大学生应当努力掌握所需商品或者服务的知识和使用技能，正确使用商品，提高自我保护意识。

(9)大学生享有对商品和服务以及保护消费者权益工作进行监督的权利。大学生有权检举、控告侵害消费者权益的行为和国家机关及其工作人员在保护大学生权益工作中的违法失职行为，有权对保护大学生权益工作提出批评、建议。

大学生如发生消费权益纠纷时，可通过下列途径解决：

(1)协商解决。如果消费的纠纷争议不是很大，双方没有严重的分歧，这种情况下，双方可以通过协商来解决。

(2)调解解决。消费的纠纷意见较大，双方协商达不成统一的意见，这种情况可以请社会消费组织或者政府有关部门、学校有关部门进行调解解决。

(3)法律途径解决。如果通过协商、调解不能解决纠纷，还可以通过法律途径来解决。

第三节　树立法律观念维护知识产权

一、知识产权的概念

知识产权自其产生至今，对人类社会经济的发展、科技的进步起着至关重要的作用。知识产权法是世界各国的重要法律之一。当前，企业之间、国家之间知识产权的争端不断升级和白热化，对知识产权的认定、利用和保护已成为国际性的热门话题。伴随着“全球化经济”的脚步，我国的知识产权法律制度也在不断地更新和发展。

我国目前对知识产权概念较为权威的定义是：“知识产权是基于创造性智力成果和工商业标记依法产生权利的统称。”这一定义一是将“智力成果”与“智力劳动”区别开来，没有智力成果就没有知识产权；智力劳动是一种行为，只享受劳动法上规定的权利。二是表达了智力成果要具有创造性。完成人只有表现自己的取舍、安排、组合和设计的智力成果，才是创造性的智力成果。非创造性的智力成果不具有知识产权。三是表达了智力成果或商业标记是知识产权的客体，这种客体的确定使得知识产权区别于物权、债权、人身权等民事权利。四是强调知识产权依法产生。

二、《知识产权法》的基本内容

知识产权法不是一部单独的法律，而是由一个庞大的、复杂的法律体系来构成，它包括了人类创造出来的所有事物。而且随着科学技术的迅猛发展和人类社会的不断进步，它的内容和范围在不断地外延、不断地扩大。目前涉及知识产权法的，国际上主要有《建立世界知识产权组织公约》和《与贸易有关的知识产权协议》(简称“TRIPs 协议”)；我国明确知识产权范围的法律是《民法通则》。尽管有关条约和法律对知识产权有明确规定，但实际上对知识产权的内容和范围并未达成共识。在目前的理论和实践中，知识产权法的内容主要表现为以下几种趋势：

(一)知识产权国际公约体系已初步形成一个框架

各国知识产权法律体系与其他法律一个明显的区别是知识产权法律都是紧密地与国际公约相连的，知识产权国际公约在很大程度上成了各国制定知识产权法律的基础和最低标准。

现有的知识产权国际公约分别由 4 个国际组织管理：世界贸易组织、联合国教科文组织、国际劳工组织、世界知识产权组织。

(1)世界贸易组织管理的：《与贸易有关的知识产权协议》(1994 年，简称《TRIPs 协议》)。

(2)联合国教科文组织管理的：《世界版权公约》(1952 年)。

(3)世界知识产权组织与联合国教科文组织共同管理的：《避免对版权使

用费重复征税多边公约》(1979年)。

(4)世界知识产权组织、联合国教科文组织和国际劳工组织共同管理的：《保护表演者、录音制品制作者和广播组织的国际公约》(1961年，简称《罗马公约》)。

(5)世界知识产权组织管理的：

①《保护工业产权巴黎公约》(1883年，简称《巴黎公约》)；

②《保护文学艺术作品伯尔尼公约》(1886年，简称《巴黎公约》)；

③《保护录音制品制作者防止未经许可复制其录音制品公约》(1971年，简称《录音制品公约》或《唱片公约》)；

④《印刷字体的保护及国际保存的协定》(1973年)；

⑤《关于播送由人造卫星传播载有节目信号的公约》(1974年，简称《布鲁塞尔卫星公约》)；

⑥《制止商品产地虚假或欺骗性标记马德里协定》(1891年)；

⑦《保护原产地名称及其国际注册里斯本协定》(1958年，简称《里斯本协定》)；

⑧《保护奥林匹克会徽内罗毕条约》(1981年)；

⑨《商标法条约》(1994年)；

⑩《专利法条约》(2000年)；

⑪《国际植物新品种保护公约》(1961年)；

⑫《世界知识产权组织著作权条约》(1996年)；

⑬《世界知识产权组织表演和录音制品条约》(1996年)；

⑭《关于集成电路的知识产权条约》(1989年)；

⑮《专利合作条约》；

⑯《商标国际注册马德里协定》(1891年)；

⑰《商标国际注册马德里协定有关议定书》；

⑱《外观设计国际保存海牙协定》；

⑲《国际承认用于专利程序的微生物保存布达佩斯条约》；

⑳《国际视听作品登记条约》；

㉑《科学发现的登记条约》；

㉒《关于供商标注册用的商品和服务的国际分类的尼斯协定》；

㉓《国际专利分类斯特拉斯堡协定》；

㉔《建立外观设计国际分类洛迦诺协定》；

㉕《建立图形要素国际分类的维也纳协定》。

我国已加入的知识产权国际公约：

①《保护工业产权巴黎公约》(1985年加入)；

②《保护文学艺术作品伯尔尼公约》(1992年加入)；

③《世界版权公约》(1992年加入)；

④《保护录音制品制作者防止未经许可复制其录音制品公约》(1992年加入)；

⑤《商标国际注册马德里协定》(1989年加入)；

⑥《商标国际注册马德里协定有关议定书》(1989年加入)；

⑦《专利合作条约》(1993年加入)；

⑧《关于供商标注册用的商品和服务的国际分类的尼斯协定》(1994年加入)；

⑨《国际植物新品种保护公约》(1999年加入)。

以知识产权国际公约为基础，以各国知识产权法律为依据，知识产权的法律体系正在逐步构成。这一法律体系已成为区别于民商法、行政法、国际法和经济法之外，按照自身的内在规律独立存在的法律体系，并且在政治、经济、科技和日常生活中，发挥越来越重要的作用。

(二)我国知识产权保护的范围在不断扩大

我国现有的知识产权法律体系内，除了有比较传统的《专利法》《商标法》《著行权法》《反不正当竞争法》外，又发展增加了《集成电路布图设计保护条例》、《植物新品种保护条例》和《国防专利条例》，以及对“地理标志”“商业秘密”“域名”“商号”“商品化”“数据库”“科研发现”等内容的保护。随着科学技术的发展，保护的内容还会更加丰富。

(三)国际合作和保护得到加强

目前国际上关于知识产权的公约数量还在不断地增加，使得在国际范围内对知识产权保护的方式和标准逐渐地接近和统一。有些国际公约本身就是为了提供和加强知识产权国际合作服务的，如《专利合作条约》和《商标国际注册马德里协议》等，极大地促进了知识产权保护中的国际合作。

1994年《TRIPs协议》的签署，使得WTO成员方都必须通过国内立法的形式保护协议中列举的知识产权，这样就扩大了提供法律保护的国家范围，增强了对知识产权的保护力度；同时，也统一了世界各国对知识产权保护的基本方式和最低标准。

(四)法律内容不断发展和完善

自知识产权法律制度诞生以来，无论是早期诞生的具有重要影响的《巴黎公约》和《伯尔尼公约》，还是晚期诞生的《国际植物新品种保护条约》，都经过了多次修订和完善。我国的《专利法》经过三次修订，《商标法》也经过了四次修订。这说明知识产权的法律与社会密切关联，受社会发展变化影响比较大，随着社会的发展，法律内容也要不断地发展和完善。

(五)对社会的影响力正在加大

随着科学技术在社会经济中的作用不断加强，与科学文化技术密切相关的知识产权法律制度对社会经济的影响力也在相应增强。尊重知识产权，不断创造和保护知识产权是人类社会发展到一定阶段的必然结果。建立健全知识产权方面的法律体系，必将对人类社会发展产生重大影响。

三、知识产权的利用和保护

目前，世界各国都把制定和实施多角度、全方位的知识产权战略作为进军国际市场、维护国家利益的重要手段，很多发达国家、跨国公司都将知识产权战略的运用和发展，作为在他国谋取重大经济、社会以及政治利益的关键筹码。随着我国经济的快速发展，科学技术的迅速提升，在国际贸易中的权重比例日益增加，他国知识产权战略的运用对我国的影响力也日益增强，因此，对知识产权战略的研究已成为我国知识产权研究领域中的热点问题。

在我国，高等院校和科研院所是知识产权高度集中的地方。尤其是高等院校，更是各种发明专利的盛产地。据不完全统计：每年高等院校的发明专利占全国发明专利总量的70%以上，由此可见高等院校也是我国高技术专利群的重要发源地。大学生是大学的主人，在国家创新机制的激励下，已成为高等院校盛产发明专利的主力军。因此，当代大学生要学会利用和保护知识产权。

(一)知识产权文献的利用

知识产权文献从广义上包括公开出版物、专利、商标、外观设计以及因特网域名等，涉及科学与技术、商业、新闻、人文科学和社会科学等众多领域。对于高等院校的大学生来说，对知识产权文献中专利文献的了解和利用尤为重要。在专利文献中蕴含了当今世界上绝大部分的技术发明成果。据世界知识产权组织的统计，世界上每年发明创造成果的90%~95%可以在专利文献中查到，而且多数发明成果都是通过专利文献公开的。据世界知识产权组织介绍，在应用技术研究中，经常查阅专利文献，可缩短60%的研究时间，节省40%的研究费用。

在国际上，专利文献的利用通常是通过网络进行检索获得。网络上一般分为免费和有偿两种使用方法。免费使用的大多数是各国知识产权的官方网站；有偿使用的大部分是商业网站。官方网站主要有：中国国家知识产权局(http：//www. sipo. gov. cn)，欧洲专利局(https：//www. epo. org)，美国专利商标局(https：//www. uspto. gov)和日本专利局工业产权数字图书馆(https：//www. jpo. go. jp)等免费网站；商业网站数据库主要是“德温特”数据库(https：//clarivate. com/derwent)。

1. 中国国家知识产权局网站

中国国家知识产权局网站(http：//www. sipo. gov. cn)是国家知识产权局向国内外公众提供与专利有关的多种服务的窗口，有中文、英文两种版本。此外，它还与《中国知识产权报》、国内政府网站、知识产权地方管理机构网站、知识产权服务网站及国外知识产权机构网站链接。该网站中的中国专利数据库收录了自1985年中国专利法实施以来公开的全部中国发明、实用新型和外观设计专利的题录信息、摘要以及说明书全文，超过100万件。该数据库每3年更新一次。

2. 欧洲专利局网站

欧洲专利局网站(https：//www. epo. org)是欧洲专利局、欧洲专利组织成员国以及欧洲委员会1998年通过Internet提供的一项面对大众的免费服务。从这个网站上，近一个世纪的许多主要国家及组织的专利文献都可以通过它来获取。

3. 美国专利商标局(USPTO)网站

美国专利商标局网站(https：//www. uspto. gov)是美国专利商标局建立的政府性官方免费网站，向公众提供全方位的专利信息服务。其专利数据库分为授权专利数据库、公开专利申请数据库和按专利号检索的失效专利数据库。该网站收录的专利文献种类有：实用专利(Utility)、授权专利说明书(Patent Grants)、公开专利申请说明书(Published Patent Applications)、外观设计(Design)、植物专利(Plant)、再版专利(Reissue)、防卫公告(Defensive)和依法注册发明(SIR)。

4. 日本专利局工业产权数字图书馆

1999年日本专利局(https：//www. jpo. go. jp)开通了“工业产权数字图书

馆”(Industrial Property Digital Library)，简称 IPDL，这是一项免费的因特网服务。但是它的文献受版权法保护，如要引用、转载、加工 IPDL 中的文献，必须得到版权所有人的允许，并注明该文献的出处。IPDL 号称是世界上最大的工业产权信息数据库，拥有 4500 万篇文献，11 万亿字节的数据量。

5. 德温特世界专利索引数据库

德温特出版有限公司(1994 年更名为德温特信息有限公司)是英国一家专门从事专利信息的商业性出版机构，其网址为：https：//clarivate. com/derwent。由于它的检索出版物报道的国别、技术领域、出版速度、检索途径等几乎是世界上最多、最好的，所以深受读者欢迎。但是，它的租用价格非常昂贵，目前国内仅有为数不多的几家科研单位租用它。

合理合法地利用专利文献信息，是当代大学生的基本功，也是保护我们合法权益的一个重要组成部分。各国的专利网站上的专利文献信息内容广而新，每年世界公布的专利说明多达 150 多万件，其内容几乎包含了所有的领域；时间上及时而连续，各国都会及时公布最新的专利文献信息。目前，中国、美国、日本和欧洲的专利局都是以 7 天为周期进行更新，及时传达世界上技术、法律、经济和战略的情报信息。

(二)知识产权保护的战略

知识产权保护的战略是有效地运用知识产权制度，维护自身合法权益，获得和保持竞争优势，遏制竞争对手，谋求最佳的经济效益而进行的全局性谋划和采取的重要策略的手段，也是各种利益集团在维护各自利益时用来平衡、协调的一种手段。

知识产权保护战略层次上分宏观战略和微观战略；时间上分长期战略和短期战略；手段上分进攻性战略和防御性战略；保护对象上分专利战略、商标战略、版权战略等；战略类型上分调查战略、申请战略和实施与防御战略。结合我们在校大学生的情况，着重注意专利战略和技术秘密战略。

1. 专利战略

(1)把握时机，及时申请。

专利权在我国实行最先申请原则。《中华人民共和国专利法》第 9 条规定：“两个以上的申请人分别就同样的发明创造申请专利的，专利权授予最先申请的人。”所以，发明创造基本定型以后，应及时申请专利。主要是防止后来者捷足先登，创造者失去了应有的权利。中国许多创造发明者都因未能把握时机、及时申请而失去新的发明创造的专利权。还要防止他人盗用自己的产品或科技成果申请专利，反诉自己“侵权”，尽管多数发明创造者通过诉讼能要回自己的权利，但是要回的过程是一般人难以承受的。另外，要防止自己的发明创造失去法律保护。如果自己的发明创造成果没有申请专利，别人仿制了，无法追究责任。最后，要防止失去申请专利的机会。如果你的发明创造没有及时申请，而成果在已被大量使用的情况下再申请专利，将会因失去新颖性而得不到专利权。

(2)占领市场，实行垄断。

专利的申请，不单单是为了保护某项技术，而是为了占领市场，防止他人进入。在20世纪90年代以后，国外许多企业看中了中国市场的迅速发展，纷纷利用其专利技术在中国市场上“跑马占地”，特别是在高技术领域，如信息技术、纳米技术等领域，拼命申请专利，仅2006年外国公司在中国专利申请量就超过了这些领域整个申请量的90%。事实证明，专利的拥有量在一定程度上代表着市场的占有率。

(3)搭便车，分市场。

在别人专利的基础上做些改进，并就改进部分申请专利，既防止了对手的技术改进之路，又改良了产品的质量或功能，当对手的专利进入市场时，可以根据持有的改进型专利迫使对方与自己签订交叉许可合同，这样可以达到瓜分市场利润的目的。“二战”后日本人就使用了这一战略，到处搭便车，顺势获得了大量的市场利润，也促进了自身的科技进步。

(4)广而告之，促进销售。

某些专利的申请，不是为了专利保护，而是为了达到宣传效应。某些专利，往往不是产品的关键技术点，但最能吸引人们的视线，公开申报专利不是为了生产，而是为了扩大影响，及早转让，及早取得利润，以便进一步发展。

(5)实行技术储备，增强发展后劲。

许多大型企业，申报专利不是怕别人侵权，也不是为了让产品尽快投入市场，而是为了技术储备。目的是防止他人搭便车，影响自身的利益；遏制别人在该技术领域的扩张，为自身的发展争取时间。所以，对一个企业而言，储备的专利越多，潜在的竞争力就越强，在市场上也就越有竞争力。

(6)“放水养鱼”策略。

没有足够的实力去开拓市场，也没有过硬的研发队伍，这时申请专利，不是为了垄断市场，获得专利权；也不是为了转让技术，而是利用专利的追诉，引起专利的纠纷，从而获得巨额赔偿金。

各种专利战略的运用都要根据自己的情况来确定。在专利战略的制定上，首先要选择好研究的方向，在确定方向前，要注意对有关技术和研究方向进行专利文献检索和分析，充分调查好研究领域内发展空间、增长空间和可能获得的利润空间，注意规避障碍专利，防止重复研究。在确定主题方向后，还要继续跟踪研究领域内的研究动态，密切关注妨碍研究方向的专利化、权利化以及其专利申请的法律进程，及时发现和防范易产生同领域内的其他专利纠纷；获得研究成果后要及时进行申报，同时也要充分运用虚虚实实的战术，混淆视线，不断进行防御性申请，设法为对手的进入设置障碍。在专利权获得后还要继续关注技术动向、公知情况、法律状态、同领域内的专利等态势，防止他人的侵权而造成不必要的损失。同时通过各种信息的反馈与相关技术动向，来制定新的研究方向做好新的准备。

2. 技术秘密战略

技术秘密是指不为公众所知晓，具有实用性，能为拥有者带来经济利益或竞争优势的非专利技术成果。技术秘密保护不光是指商业秘密，还包括研究中的技术成果和科研成果等。技术秘密战略的重点是保护技术秘密。具体策略有：

(1)未雨绸缪，强化保护意识，实行有效机制是保护技术秘密最基本的途径。

美国情报机构认为，情报来源的80%来自公开渠道，即使是一流情报机构也不例外。美国有一大四学生，就是根据公开资料，仅用4个月时间，就绘制出具有广岛原子弹3/4威力的原子弹设计图，可见技术秘密保护的艰巨性。所以，运用各种法律手段和详细的规章制度来保护技术秘密是非常重要的，也是非常有用的。

(2)不断提高技术水平，增强对手追赶和破译的难度。

要通过不断地提高和改进原有的技术难度，让手中的技术更新、更领先，使对手永远处在追赶状态和研究破译状态，这是实施技术秘密战略最重要、最根本的策略。目前世界上发达国家实施技术秘密的战略比较成功，在各个技术领域内，均比发展中国家先进几十年，发展中国家始终处在追赶和破译的状态。因此，我们在发展过程中，要特别重视这一点。

(3)捆绑式保护。

将产品的结构实行一体化，即在产品上有技术秘密的装置部分，采取“反向安装”的防范措施，使用者想研究技术秘密，需拆除技术秘密的装置，一旦拆开，就无法恢复或自动销毁，这样就达到保护技术秘密的目的了；或者将产品半成品化，或称为将产品的生产过程阶段化。在产品生产的整个过程中分几个阶段，其中研发的企业将关键的技术、核心的技术直接掌控。如目前市场上各种名酒、名烟都采取联营方式，正宗的企业就严格掌控本品牌的配方；又如各种名牌汽车到中国联合生产，其技术核心部分、关键部分都由原厂家掌控。

(4)综合性保护。

技术秘密的保护不能依靠单一的保护措施来防范，而只有在多种保护策略相结合、多向交叉、相互弥补、多层设防、相互制约的情况下才能起到应有的作用。还要注意充分利用其他知识产权保护手段的战略战术，做到你中有我，我中有你，对各种情况、各种动态时刻掌握，及时应对，及时调整，才能形成一个真正的、有效的、强有力的保护网。

四、大学生在借鉴作品时应注意的事项

高等院校是促进社会主义文化和科学事业发展与繁荣的重要阵地，在校大学生无论是学习还是创作，都需要借鉴各类作品来更好地完成学业。因此在借鉴作品时必须注意以下事项：

(1)在下列情况下使用作品，可以不经著作权人许可，不向其支付报酬，但应当指明作者姓名、作品名称。

①为个人学习、研究或者欣赏，使用他人已经发表的作品；

②为介绍、评论某一作品或者说明某一问题，在作品中适当引用他人已经发表的作品；

③为报道时事新闻，在报纸、期刊、广播电台、电视台等媒体中不可避免地再现或者引用已经发表的作品；

④报纸、期刊、广播电台、电视台等媒体刊登或者播放其他报纸、期刊、广播电台、电视台等媒体已经发表的关于政治、经济、宗教问题的时事性评语文章。但作者声明不许刊登、播放的除外；

⑤报纸、期刊、广播电台、电视台等媒体刊登或者播放在公众集会上发表的讲话，但作者声明不许刊登、播放的除外；

⑥为学校课堂教学或者教学研究，翻译或者少量复制已经发表的作品，供教学或者科研人员使用，但不得出版发行；

⑦免费表演已经发表的作品，该表演未向公众收取费用，也未向表演者支付报酬；

⑧对设置或者陈列在室外公共场所的艺术作品进行临摹、绘画、摄影、录像；

⑨将中国公民、法人或者其他组织已经发表的以汉语言文字创作的作品翻

译成少数民族语言文字作品在国内出版发行；

⑩将已经发表的作品改成盲文出版。

(2)有下列侵权行为的，应根据情况，承担停止侵害、消除影响、赔礼道歉、赔偿损失等民事责任。

①未经著作人许可，发表其作品的；

②未经合作者许可，将与他人合作创作的作品当作自己单独创作的作品发表的；

③没有参加创作，为谋取个人名利，在他人作品上署名的；

④歪曲、篡改他人作品的；

⑤剽窃他人作品的；

⑥未经著作权人许可，以展览、摄制电影和以类似摄制电影的方法使用作品，或者以改编、翻译、注释等方式使用作品的(《著作权法》另有规定的除外)；

⑦使用他人作品，应当支付报酬而未支付的；

⑧未经电影作品和以类似摄制电影的方法创作的作品、计算机软件、录音录像制品的著作权人或者著作权有关的权利人许可，出租其作品或者录音录像制品的(《著作权法》另有规定的除外)；

⑨未经出版者许可，使用其出版的图书、期刊的版式设计的；

⑩未经表演者许可，从现场直播或者公开传送其现场表演，或者录制其表演的等。

⑪其他侵犯著作权以及与著作权有关的权益的行为。

(3)有下列侵权作为的，应当根据情况，承担停止侵权、消除影响、赔礼道歉、赔偿损失等民事责任。

如果同时损害公共利益的，可以由著作权行政管理部门责令停止侵权行为，没收违法所得，没收、销毁侵权复制品，并可处以罚款，情节严重的，著作权行政管理部门还可以没收主要用于制作侵权复制品的材料、工具、设备等；构成犯罪的，依法追究刑事责任：

①未经著作权人许可，复制、发行、表演、放映、广播、汇编、通过信息网络向公众传播其作品的(《著作权法》另有规定的除外)；

②出版他人享有专有出版权的图书的；

③未经表演者许可，复制、发行录有其表演的录音录像制品，或者通过信息网络向公众传播其作品的(《著作权法》另有规定的除外)；

④未经录音录像制作者许可，复制、发行、通过信息网络向公众传播其制

作的录音录像制品的(《著作权法》另有规定的除外)；

⑤未经许可，播放或者复制广播、电视的(《著作权法》另有规定的除外)；

⑥未经著作权人或者与著作权有关的权利人许可，故意避开或者破坏权利人为其作品、录音录像制品等采取的保护著作权或者与著作权有关的权利的技术措施的，法律、行政法规另有规定的除外；

⑦未经著作权人或者与著作权有关的权利人许可，故意删除或者改变作品，录音录像制品等的权利管理电子信息的；法律、行政法规另有规定的除外；

⑧制作、出售假冒他人署名的作品的。

第四节　创新创业活动中的权益保护

一、大学生创新创业教育的意义

2014 年 9 月，国务院总理李克强在夏季达沃斯论坛上公开提出了“大众创业、万众创新”的号召。2015 年 5 月国务院办公厅印发《关于深化高等学校创新创业教育改革的实施意见》，明确提出在高校大力开展创新创业教育，推动创新创业，激发全社会的创新动力，有助于为社会培养创新创业人才。2016 年 6 月，教育部发布《教育部关于中央部门所属高校深化教育教学改革的指导意见》，提出要以“创新、协调、绿色、开放、共享”五大发展理念为引领，全面贯彻党的教育方针，落实立德树人的根本任务，以支撑创新驱动发展战略、服务经济社会发展为导向。党的十九大报告提出从 2020 年到 2035 年我国将跻身创新型国家前列。建设创新型国家需要培养造就一大批具有国际水平的战略科技人才、科技领军人才、青年科技人才和高水平创新团队。高校大学生是祖国的未来，是推进“大众创业、万众创新”的生力军。加强大学生创新创业教育体系建设研究，是高校实现转型发展、提高人才培养质量的重要突破口，也是促进我国创新型国家建设的有效途径。

二、大学生自主创业现状

(一)大学生创业热情持续高涨

根据李亚员等人的调查研究，目前，我国大学生创业主体大多为在校学习较为优秀的学生，创业学生中，男生比例明显高于女生，且“985 工程”与“211

工程”院校的大学生创业意愿、热情要明显高于普通高校大学生。毕业以前产生创业兴趣的学生最多达到23%，大二是学生在大学期间产生创业兴趣最多的阶段，大四及研究生之后产生创业兴趣的学生明显减少。在大学生创业者中，大多数认为在校期间或是工作1年到3年后是创业的最佳时机，据麦可思《2020年中国大学生就业报告》显示，2019届本科毕业生自主创业比例为1.6%，高职毕业生自主创业比例为3.4%。随着毕业时间的延长，毕业生自主创业比例持续上升，毕业三年内上升至8.1%。

在创业选择方面，大多数的大学生创业者会选择自己感兴趣的领域或是与自身专业结合度较高的行业。目前，我国大学生创业所选择的行业以教育业、文化、体育、娱乐业、零售业为主，技创业者为数较少。

在创业能力与创业质量方面，我国大学生的创业能力水平总体上处于中等偏上的水平，大学生创业者在学习能力、创新能力、接受能力以及专业素质方面更具有优势，但在创业项目的选择上，大学生创业者与社会创业者之间同质化现象严重，二者之间并没有明显的区别。

在创业教育方面，大多数的大学生创业者并没有接受到正规系统的创业教育，根据相关调查结果，我国大学生在校期间接受过正规系统创业教育的不足10%，大多数的大学生创业者仅仅是听过一些创业课程或讲座，大学生创业教育的缺失问题较为严重。

(二)大学生创业中存在的问题

(1)创业教育不足，我国的大学生创业教育发展较晚，在思想观念、教育课程体系、资源配置等诸多方面尚处于发展阶段。

(2)大学生创业的成功率不高。根据相关的调查研究，我国大学生创业所经营的企业，5年内能够存活下来的不足30%，能够实现盈利的仅有17%左右。究其根源，大学生创业能力不足、创业水平不高是主要原因。

(3)大学生创业的融资困难。目前，我国大学生创业融资渠道、途径主要有以下四种：一是银行政策性贷款；二是政府创业专项基金资助；三是创业风险投资资金；四是自筹资金。由于很多大学生不具备金融专业知识，不熟悉风险投资、信贷的相关政策，没有将银行政策性贷款和风险投资基金作为融资的主要渠道，融资意识差与融资能力弱成为制约大学生创业融资的主要问题。

(三)大学生创业法律建设滞后

目前，还没有关于大学生创业权益保护的专门法规，主要是通过一些民事法律在调节，且社会中介组织力量薄弱。在市场经济的大潮中，大学生面临的法律风险主要包括：选择组织形式、租赁经营场所、与员工签订劳动合同、客户违约、知识产权保护、股权收益保护、商业规则等法律风险及信用评估等级方面的挑战。

三、大学生创新创业活动权益保护建议

(1)不断学习法律制度与相关知识技能，增强防范意识与经营能力，学习《劳动法》《劳动合同法》《个人独资企业法》《合伙企业法》《公司法》《个体工商户登记程序规定》《企业登记管理条例》《企业所得税法》《税收征收管理法》等法律以及相关的行政法规与政府规章。

(2)选择创业项目方面。在选定创业项目之前，大学生应该查阅《行政许可法》等相关法律法规来确定创业项目的可行性。如果选择加盟连锁的创业项目，还应该认真识别特许经营者的主体资格，避免非法经营或被欺骗的法律风险。

(3)企业融资方面。政府专项基金法律风险较小，但获得资助相对困难，合伙融资一定要明确投资份额、技术入股份额规定等内容，众筹融资要谨防网络诈骗、非法集资等。

(4)选择组织形式方面。企业组织形式包括：个独资企业、合伙企业和公司制企业三种形式。大学生在自主创业过程中，有必要结合自身经济条件及融资状况来选择恰当的组织形式来分担责任。

(5)租赁经营场所方面。大学生在租赁经营场所时应该确定该场所是否适合工商业活动、经营场所的产权手续是否齐全、出租方是否属于该场所的合法权利人、出租方是否同意转租、租赁期限、租金支付方式、水电等物业管理费用、租赁场所装修、租赁场地维修费用及维修责任、租赁期内改建扩建的新建物权属等问题。

(6)与员工签订劳动合同方面。依据《劳动法》与《劳动合同法》的相关内容，并及时了解相关的司法解释与地方性法规及政府规章，合理拟定劳动合同的诸种事项，尽量避免与员工在合同期内或离职后发生劳资纠纷。

(7)与客户签订合作合同方面。创业大学生在与客户订立合同时，既应该认真细致地审查对方的资质条件、履约能力、行业信誉等细节问题，也需要合法合理地拟定合同内容，尤其要注意合同的文本规范、履约期限、履约地点、履约方式、违约责任、抗辩权限，还要保存好合同文本及来往票据，尽量避免不同程度的财产损失与精神伤害。

(8)知识产权方面。大学生要充分了解知识产权方面的相关法律，保护自己的新产品、设设计、新方法，同时也要避免无意违法使用他人知识产权而在此侵权纠纷。

(9)其他方面。理清优惠政策的具体内容，确定减税免税等税收优惠事项。在制定企业规章时，明确各部门的职责权限以及股权转让、收益分配、风险承担、解散清算等方面的具体内容。

第十三章 遵纪守法

现今社会，是高速发展的信息化社会，社会的价值体系在市场经济的影响下出现多样化，人们的思维方式和意识领域亦随之产生不可抗力的变化，且这种变化在现今一代高校学生群体中也有着深远的影响，近几年来，校园暴力、学生道德行为不良等现象越来越突出。当前大学生犯罪增多，且恶性程度越来越高。

加强自身道德修养，自觉遵守校纪校规，杜绝违法犯罪行为的发生，做当代社会健康、文明的大学生，是每一位大学生的必修课。

第一节 校纪校规

一、校纪校规

(一)校纪校规的含义

校纪校规是学校为保障正常的教育教学的开展，在国家法律法规的范畴内制定的适合本校管理工作的各类规章制度的总和。

(二)校纪校规与法律法规的区别

校纪校规与法律法规的区别有以下几点：

(1)制定的主体不同。校纪校规由学校这一具体行政单位制定。法律法规由政府机构或人大及其常委会制定。

(2)二者的效力不同。校纪校规是广义上的法律，效力在法律法规之下，法律法规的效力更大。

(3)二者面向的对象不同。校纪校规面向的仅为其行政管辖范畴内的教职工和学生，法律法规面向的是社会全体成员，也包括学校的人员。

二、大学生违纪的主要行为及其处理

(一)大学生违纪主要分为违反日常行为规范和违反教学管理规定两种

1. 学生违反日常行为规范

(1)学生中存在无视校规校纪，漠视公共道德的情况，如在公共区域占座、抢位，在教室高声喧哗等不文明行为；

(2)现代社会给予了学生更多的诱惑和刺激，学生为达到享乐的目的不惜违纪晚归；

(3)在经济条件达不到的情况下，学生为了面子或为了享乐而偷盗；

(4)在部分影视作品影响下，学生讲究哥们义气，拉帮结派，甚至群体违纪犯罪。

2. 学生违反教学管理规定

(1)学生迟到、早退、旷课人数较以往有所上升；

(2)学生考试作弊现象日趋普遍，作弊手段、方式花样翻新。

(二)大学生违纪行为的处理方式

(1)加强学生的基本道德素质教育和相关校纪校规的宣传学习；

(2)严格按照校纪校规进行相应的教育和处罚。

第二节 违法与犯罪

一、违法

(一)违法的含义

违法是公民个人或者社会组织违反法律规定，危害社会的行为。它表现为行为人不履行守法义务，超越法定行使权利的界限，对其他主体的合法权益造成破坏和侵害，理解这一概念应当注意以下四点：

1. 违法是违反法律的行为

违法行为所违反的必然是法律，而不是道德、政策、纪律等其他社会规范。违反其他社会规范的行为，尽管也可能会受到某种处罚或制裁，但这种处罚或制裁一定不是法律意义上的，否则就会混淆道德、政策、纪律与法律之间的差异，导致对行为性质的认识错误，进而导致滥用法律的恶劣后果。

2. 违法行为是违反现行法律的行为

违法行为所违反的必须是现行法律，如果是对已经丧失了法律效力的“法律”的违反，当然就不能将其确定为违法行为。也就是说，行为所违反的法律，一定是具有现实法律效力的，而不是已经被废止的或者已经被宣布为无效的。

3. 违法行为是具有社会危害性的行为

社会危害性是违法的本质属性。一个社会的法律之所以要将某些行为规定为违法，最根本的原因就是这些行为具有对社会的危害性质。没有社会危害性的行为，任何法律不应也不会将其确定为违法行为。

4. 认定违法的标准不一样

在法治状态下，法律对权力行为和非权力行为的要求是不一样的，认定违法的标准也是不一样的，在法治社会，一切权力行为都必须有法律上的根据，否则就是违法，即“法不授权即不自由”。而一切非权力行为，即一般公民或者一般法人的行为，他们只要没有违反法律的禁止性规定和义务性规定(他们的行为也许不符合法律的规定，甚至法律本身就没有相关的规定)，就不是违法行为，即“法不禁止即自由”。

(二)违法的构成要件

一般地说，违法由以下五个要件构成：

(1)违法以违反法律为前提。

行为违反法律，是对法律的蔑视和否定，是对现行法律秩序的破坏。因此要通过追究法律责任、施加法律制裁否定违法，恢复法律秩序。以法律为准绳，既是准确追究违法，否定非法的重要条件，也是避免枉法、防止专横的重要保证。刑法规范，尤其是刑法分则中的“罪状”部分，实际上是义务性法律规范，其中大多数是禁止性规范。公民、国家机关工作人员、法人或单位没有避免刑法禁止的行为，或者没有刑法命令去做的行为，就是对刑法的违反，同时也是对刑法的触犯，因此应当依刑法承担刑事责任。

(2)违法必须是某种违反法律规定的行为。

这里讲的行为包括积极的作为或消极的不作为。违法的作为是指做出了法律所禁止的行为。违法的不作为是指没有做法律所要求的行为。不论是作为的违法还是不作为的违法，都具有客观性，都不同于人们单纯的思想活动。因为人的思想如果不通过行为表现出来就不会产生危害社会的影响。并且，人的思想是主观的、难以认定的，以思想作为违法行为而惩罚，必然导致罪刑擅断，非法司法。因此，在立法和执法、司法工作中，必须严格区分思想问题和违法犯罪行为的界限，确认违法必须以人的行为作为客观依据。

(3)违法必须是在不同程度上侵犯法律上所保护的社会关系的行为。

行为的违法性与行为的社会危害性具有密切联系，后者是前者的基础。人们制定并实施法律，是为了通过建立一定的法律秩序，进行社会控制、保障并促进社会发展，维护人们的利益。如果一个行为并不侵犯法律所保护的社会关系，没有侵犯社会、国家、集体或个人的合法利益，就不构成违法。

(4)违法一般必须有行为人的故意或过失。

故意和过失在不同的法律领域中具有不同的意义。在刑事法律领域，行为人故意或过失的心理状态是判定其主观恶性的重要依据，也是区别罪与非罪、此罪与彼罪、罪轻与罪重的重要依据。在民事法律领域，故意和过失被统称为过错，是构成一般侵权行为的要素。在行政法律领域，实行“过错推定”的方法，“一般只要行为人实施了违法行为就视其为主观有过错，不必再深究其主观因素了，法律另有规定的除外。”

(5)违法者必须具有法定责任能力或法定行为能力。

(三)违法的种类

违法行为按其性质不同，可分为五种：一是违宪行为，简称“违宪”，是指有关国家机关制定的法律、法规和规章以及国家机关、政党、社会组织或具有特定地位的公职人员的活动，与宪法的规定相违背或者相冲突，应当承担宪法责任的行为；二是民事违法，是指违反民事法律规范，应该追究民事法律责任的行为；三是行政违法，是指违反行政法律规范，应当承担行政责任的行为；四是经济违法，是指违反经济法律规范，应该承担经济法律责任的行为；五是刑事违法，是指触犯刑法，应受刑罚惩处的行为。

(四)违法行为与其他行为的区别

从违法行为的构成要素来看，我们应当注意违法行为与其他一些行为的区别：首先是违法行为与违反道德的行为及其他虽不合法但也并不违法的行为的区别。许多违法行为，特别是犯罪行为，同时也是违反道德的行为。但是，并非所有违法行为都是违反道德的行为，因为有些违法行为并不涉及道德评价的问题。同样，有些违反道德的行为并不构成违法行为，还有一些行为，虽不合法但也并不违法，处于法律调整之外，也不能与违法行为相混同；其次是违法行为与法律上无效行为的区别。违法行为当然不能发生行为人实施违法行为时所希冀的为法律所肯定的有效结果，但是，不能认为法律上无效的行为都是违法行为，有些法律上无效的行为虽然没有法的效力，但也并不构成违法，比如无民事行为能力人实施的民事行为。

二、犯罪

(一)犯罪的概念和特征

常常有很多人认为违法就是犯罪，其实违法和犯罪是两个不同的概念，二者既有联系又有区别。违法包括了犯罪，犯罪是最严重的一种违法行为，犯罪行为必然是违法行为，但违法行为不一定是犯罪行为。从犯罪理论上讲，犯罪就是具有刑事责任能力的人或单位违反刑事法律，给社会造成严重危害并应当受到刑罚处罚的行为。我国刑法第 13 条对犯罪下了一个定义：“一切危害国家主权、领土完整和安全，分裂国家、颠覆人民民主专政的政权和推翻社会主义制度，破坏社会秩序和经济秩序，侵犯国有财产或者劳动群众集体所有的财产，侵犯公民私人所有的财产，侵犯公民的人身权利、民主权利和其他权利，以及其他危害社会的行为，依照法律应当受刑罚处罚的，都是犯罪，但是情节显著轻微危害不大的，不认为是犯罪”。这个定义是对我国社会上形形色色的犯罪所作的高度概括，是我们认定罪与非罪的基本依据。从这个定义引申开来，犯罪作为一种社会行为具有以下三大特征：

1. 严重社会危害性

行为具有社会危害性，是犯罪固有的最基本的特征。社会危害性是指犯罪行为对刑法所保护的社会关系造成损害的特性。社会危害性与损害、损失是有一定区别的，有些行为看似有损害发生，但是其与社会利益相符，也并没有侵害到刑法所保护的社会关系，就不是犯罪，如正当防卫、紧急避险等。而且，与一般的违法行为不同，犯罪所要求的社会危害性需达到一定的严重程度，情节显著轻微危害不大的行为，虽然具有社会危害性，也不能认定为犯罪。例如，小偷小摸，数额不大的，不能认定为盗窃罪；同学之间打架，没有打伤或伤得很轻微的，不能认定为故意伤害罪，等等。所以，没有社会危害性的，不认为是犯罪。社会危害性没有达到相当程度的也不是犯罪。不过，虽然严重的社会危害性对认定犯罪具有决定性的意义，但却不是犯罪唯一的特征。

2. 刑事违法性

判断某一行为是否具有社会危害性，很大程度上以是否违反刑法为标准，因为刑法规定了危害性的范围和具体内容，所以，刑事违法性是犯罪的法律特征，立法者通过刑事违法性，将社会危害性纳入刑罚的范畴，使某一行为与刑法规范发生联系。在一定意义上来说，刑事违法性是由社会危害性决定的，社会危害性是第一性的，刑事违法性是第二性的，行为不是因为违法才具有危害性，而是因为具有危害性才违法。

3. 刑罚当罚性

任何违法行为都要承担相应的法律后果，民事违法行为承担民事责任，行政违法行为接受行政处罚，而作为刑事违法行为的犯罪，所要承担的法律后果就是刑罚的处罚。如果一个行为不应当受到刑罚处罚，也就意味着它不是犯罪。不过，不应受刑罚与不需要刑罚处罚是两回事。前者是指行为本身不构成犯罪，不存在受刑的问题，后者是指行为人的行为虽已构成犯罪，本应受刑，但考虑到具体情况，如情节轻微、有自首立功情节、行为人尚未成年等，从而免予刑事处罚。一个非罪，一个为罪，两者不能混淆。

总之，犯罪的以上三个特征是紧密结合的，是任何犯罪必要的基本特征，三者缺一不可，也是区别于其他违法行为的根本性依据。不过，在司法实践中不能仅仅凭社会危害性、刑事违法性和刑罚当罚性来判断某一行为是否构成犯罪。在实践中，判断罪与非罪、此罪彼罪的直接依据是犯罪的构成。

(二)犯罪的构成要件

所谓犯罪构成要件，就是指依照我国刑法的规定，决定某一具体行为的危害性及其程度而为该行为构成犯罪所必需的一切客观和主观要件的有机统一。根据我国刑法，任何一种犯罪的成立都必须具备四个方面的构成要件，即犯罪客体、犯罪客观方面、犯罪主体以及犯罪主观方面。

1. 犯罪的客体

犯罪客体是指刑法所保护而为犯罪所侵犯的社会主义的社会关系，是构成犯罪的必备要件之一。行为之所以构成犯罪，首先就在于侵犯了一定的社会关系，而且侵犯的社会关系越重要，对社会的危害性也就越大。

犯罪客体可以划分为三个层次，即：(1)犯罪的一般客体，是指一切犯罪共同侵犯的客体，即我国刑法所保护的社会关系的整体，是刑法所保护客体的最高层次，也是一切犯罪的犯罪客体的共性。(2)犯罪的同类客体，是指某一类犯罪行为所共同侵害的刑法所保护的社会关系的某一方面。它是对犯罪行为侵害具有相同或相近的性质的社会关系的科学分类，也是刑法分则中划分不同犯罪种类的主要依据。(3)犯罪的直接客体，是指某一种犯罪行为所直接侵害的刑法所保护的某种具体的社会关系，是决定犯罪性质最重要的因素，也是司法实践中借以区分罪与非罪、此罪与彼罪的关键。

2. 犯罪的客观方面

所谓犯罪的客观方面，是指刑法所规定的、说明犯罪行为对刑法所保护的社会关系造成侵害的客观外在事实特征。一定的犯罪在客观方面必须具备相应的条件，这些条件称为犯罪客观方面的要件，其具体表现为危害行为、危害结果以及行为时间、地点、手段、对象等。其中，危害行为是一切犯罪在客观方面都必须具备的要件，也是唯一一个为所有犯罪都必备的要件。危害结果是大多数犯罪成立的客观方面的必备要件，特定的行为时间、地点、手段、对象则只是某些犯罪成立在客观方面必需的条件，故而，我们一般称危害行为为必要的客观方面的要件，称危害结果、行为时间、地点、手段、对象等为选择要件。

3. 犯罪的主体

犯罪的主体，是指具备刑事责任能力，实施危害社会的行为并且依法应当承担刑事责任的人。犯罪主体中的人，包括自然人和单位。其中，单位是指以单位的名义从事犯罪行为并承担刑事责任的犯罪主体。在我国刑法中，单位犯罪居少数，且由于其本身权利主体的特殊性，仅能对其处以财产罚(罚金)，同时往往还要对相关责任人员适用刑罚，因此，犯罪主体中最主要和最常见的是自然人主体。自然人作为犯罪主体，关键性的问题在于刑事责任能力的认定。所谓刑事责任能力，是行为人对自己行为所具备的刑法意义上的认知和控制能力。我国刑法中的第 17~18 条主要从年龄和精神状况上对刑事责任能力予以认定。从年龄上分为：(1)完全不负刑事责任的年龄，即不满 14 周岁(不含 14 周岁)的自然人，对所有犯罪均不承担刑事责任； (2)相对负刑事责任的年龄，即已满 14 周岁不满 16 周岁(不含 16 周岁)的自然人，仅对故意杀人、故意伤害致人重伤或死亡、强奸、抢劫、贩卖毒品、放火、爆炸、投毒等犯罪

(俗称“八大罪”)，承担刑事责任；(3)完全服刑事责任的年龄，即已满16周岁的自然人，对所有犯罪均要承担刑事责任；(4)相对减轻刑事责任的年龄，即已满14周岁不满18周岁的自然人，因其未成年，虽要承担相应的刑事责任，但刑法规定对其应当从轻、减轻处罚，并且不适用死刑。从精神状况上分为：(1)完全无刑事责任的精神病人，即不能辨认或控制自己行为造成危害，并经法医确认的精神病人不负刑事责任；(2)完全负刑事责任的精神病人，即精神正常时的精神病人或大多数非精神病性的精神障碍人，应当承担刑事责任；(3)减轻刑事责任精神病人，即尚未完全丧失辨认或控制能力的精神病人，应当负刑事责任，但可以从轻或减轻处罚。此外，我国刑法第19条还规定，又聋又哑的人或盲人犯罪，可以从轻、减轻或者免除处罚。

4. 犯罪的主观方面

犯罪的主观方面，是指犯罪主体对自己行为及其危害结果所抱的心理态度，包括主观罪过以及犯罪的目的、动机等因素。犯罪的主观罪过是指犯罪人在心理态度上的主观过错，分为故意和过失。犯罪的故意，即明知自己的行为会发生危害社会的结果，并且希望或者放任这种结果发生构成犯罪的心理态度。明知会发生而希望发生，称为直接故意。明知会发生而放任发生，称为间接故意。前者的主观恶性比后者大，所以量刑一般也要重。犯罪的过失是指已经预见到自己的行为会产生危害后果而轻信能够避免或应当预见自己的行为会产生危害后果而没有预见，从而导致严重的危害性结果发生的心理态度。前者称为过于自信的过失，主观恶性相对较大。后者称为疏忽大意的过失，主观恶性相对较小。故意或过失是所有犯罪在主观方面的必要要件，但从横向比较的角度看，过失犯罪的性质要轻于故意犯罪，故刑罚上也相对较轻，且过失犯罪都要求造成严重的危害结果时才追究刑事责任，故意犯罪则未必。所谓犯罪目的，是指犯罪人希望通过犯罪来达到某种危害结果的心理态度。犯罪动机，是指刺激犯罪人实施犯罪行为以达到犯罪目的的内心起因。犯罪目的是结果，较为具体。而犯罪动机则是动因，较为抽象。例如，故意杀人的目的就是置人于死地，而动机却可为情、为财、为仇或一时激愤等，所以两者应该严格区别。此外，犯罪目的是构成某些犯罪必要的构成要件，而犯罪动机则不是犯罪主观方面的构成要件，仅是量刑情节。

(三)正当行为

正当行为，是指客观上造成一定损害结果，形式上符合某些犯罪的客观要件，但实质上既不具备社会危害性，也不具备刑事违法性，因而不承担刑事责任的行为，如正当防卫、紧急避险、执行职务或命令、职业冒险行为、被害人承诺或自愿，等等。

1. 正当防卫

正当防卫是指为了使国家、公共利益、本人或他人的人身、财产和其他权利免于正在进行的不法侵害，而对不法侵害者实施的制止其不法侵害且没有超过必要限度的损害行为。正当防卫不仅是一种免于刑事处分的行为，而且是一种公民的权利以及和犯罪作斗争的有力武器。不过，由于正当防卫本身也会造成损害，因此，这种行为注定不能任意施行。因此，法律对于正当防卫的条件作出了严格的界定：

(1)防卫意图。

我国刑法中，规定了正当防卫的实施必须是“为了使国家、公共利益、本人或他人的人身、财产和其他权利免受正在进行的不法侵害”，意味着正当防卫的前提是处于防卫的意图，即要出于制止不法侵害的，保护合法权益的认识和目的。对于那些出于非法目的的防卫挑拨、互相斗殴、保护非法利益实施防卫的行为，不能认定为正当防卫。

(2)防卫起因。

即针对现实存在并且发生了的不法侵害。也就是说，不法侵害本身是违法的，并且已经存在和发生，具有现实性。对主观臆测而事实上不存在的“不法侵害”实施的防卫称为“假想防卫”，不是正当防卫。

(3)防卫对象。

正当防卫的目的在于制止不法侵害，而不法侵害由不法侵害人实施，因此，正当防卫的对象只能是不法侵害人。防卫行为如果损害的是第三人的利益，则称为“防卫第三人”，不能认定为正当防卫。

(4)防卫时间。

正当防卫的施行时间有严格的限制，只能是不法侵害人已经着手实施不法侵害且尚未结束。对尚未发生的不法侵害实施防卫称为“事前防卫”，对已经结束的不法侵害实施防卫称为“事后防卫”，这些也不属于正当防卫。

(5)防卫限度。

即正当防卫不能超过必要的限度而给不法侵害人造成重大损害。换言之，防卫行为仅限于制止不法侵害所必需，否则，称为“防卫过当”，同样不能认定为正当防卫。不过，考虑到防卫人在面对不法侵害时不可能精确计算防卫所需要的限度，所以我国刑法一方面规定防卫过当“应当减轻或者免除处罚”，另一方面在刑法第 20 条第 3 款中规定了特殊防卫权：“对正在进行行凶、杀人、抢劫、强奸、绑架以及其他严重危及人身安全的暴力犯罪，采取防卫行为，造成不法侵害人伤亡的，不属于防卫过当，不负刑事责任。”

2. 紧急避险

紧急避险是指为了使国家、公共利益本人或者他人的人身、财产和其他权利免受正在发生的危害，不得已而采取的损害另一合法权益、保护更多合法权益的行为。紧急避险与正当防卫一样，都是刑法规定的正当行为。但两者之间在法定条件上有所不同。要构成紧急避险，需要满足以下条件：

(1)避险意图。

行为人对正在发生的危险有明确的认识，在主观上希望以避险手段保护较大合法权益的心理状态。也就是说，要有正确的避险认识和避险目的。

(2)避险起因。

紧急避险的启动是由于损害危险发生，危险的来源可能是不法侵害，也可能是自然灾害、动物侵袭、饥渴疾病等，这一点与正当防卫不同。

(3)避险时间。

紧急避险实施时是损害危险正在发生或迫在眉睫，对合法权益已形成或即将形成紧迫而直接的危险。

(4)避险对象。

紧急避险针对的是第三人的合法权益，即便是对于不法侵害同样如此。如果损害的对象是不法侵害人本人，则可能构成的是正当防卫，而非紧急避险。

(5)避险限度。

紧急避险也不能超过必要的限度，造成不必要的损害。但与正当防卫不同，紧急避险中要求其所造成的损害必须小于所避免的损害，也即为保护一个合法权益而损害的另一合法权益不能等于甚至大于所保护的权益。不过，与防卫过当一样，避险过当也应当减轻或免除处罚。

(四)刑罚

刑罚是刑法规定的由国家审判机关依法对犯罪人适用的限制或剥夺其某种权益的强制性方法。这类强制性方法，正是体现刑法严厉性的关键所在，是实现刑法功能与刑事责任的最重要的手段。因此，从古至今刑罚历来为立法者们所重视和关注。随着人类文明的进步，刑罚本身也在不断地发展。纵观当今世界各国的刑法制度，刑罚的种类大体上可以分为生命刑(以生命权利为施刑对象)、自由刑(以人身自由权利为施刑对象)、财产刑(以财产权利为施刑对象)和资格刑(以某种资格为施刑对象)四种，在我国的刑罚制度中都有体现。不过，我国刑罚的体系较有特色，是将这四种刑罚划分为主刑和附加刑两大类。

1. 主刑

主刑是对犯罪适用的主要刑罚，其特点在于只能单独适用，相互之间不能附加适用。我国刑法中的主刑有：管制、拘役、有期徒刑、无期徒刑和死刑。

(1)管制。

它是我国独创的一种刑罚方法，是指对犯罪分子不予关押，但限制其一定自由，交由公安机关执行和群众监督改造的刑罚方法。根据刑法第 39 条的规定，管制期间犯罪人必须遵守以下规定：遵守法律、法规，服从监督。未经执行机关批准，不得行使言论、出版、集会、结社、游行、示威自由的权利。可以根据犯罪情况，同时禁止犯罪分子在执行期间从事特定活动，进入特定区域、场所，接触特定的人。对判处管制的犯罪分子，依法实行社区矫正。管制的期限为 3 个月以上 2 年以下，数罪并罚时不得超过 3 年。管制是我国主刑体系中的最轻刑。

(2)拘役。

拘役是短期剥夺犯罪分子的自由，就近执行并实行劳动改造的刑罚方法。它是我国刑罚体系主刑中仅次于管制的次轻刑。之所以这样说，一是管制是限制人身自由，而拘役是剥夺人身自由；二是拘役的刑期较短，期限为 1 个月以上 6 个月以下；三是据由公安机关就近执行，不需移送监狱，每月可以回家 1~2 天，且可以酌量发给报酬。所以，拘役仅适用于犯罪性质轻微、人身危险性较小的犯罪分子。

(3)有期徒刑。

它是剥夺犯罪分子一定期限的人身自由，强迫其劳动并接受教育改造的刑罚方法。有期徒刑的特点在于期限长、幅度广，其刑期最短为 6 个月，最长为 15 年，数罪并罚时可达 20 年，跨度相当大，可以适用于大多数的犯罪行为。因此，有期徒刑是刑罚体系中运用最为普遍的刑罚方法。

(4)无期徒刑。

无期徒刑是剥夺犯罪分子终身自由，强制其参加劳动并接受教育和改造的刑罚方法。它是我国刑罚中仅次于死刑的次重刑，适用于那些罪行严重，但不必判处死刑又需要与社会永久隔离的犯罪分子，同时还要附加剥夺政治权利终身。不过，由于有减刑措施的存在，我国司法实践中很多犯罪分子并没有被关押到死，所以，判处无期徒刑并不意味断了犯罪分子的自新之路。

(5)死刑。

这是最为严厉的刑罚措施，以剥夺犯罪分子的生命作为施刑的方法，同时还要附加剥夺政治权利终身。死刑的存废，在当今国际上存在激烈的争论，但在我国目前国情下适用死刑具有合理性，因此新刑法中仍然保留了某些可以判处死刑的条文。不过，生命毕竟只有一次，所以死刑的运用必须谨慎。根据我国刑法，死刑只能适用于那些罪行极其严重的犯罪分子，且对犯罪时未成年的和审判时怀孕的犯罪分子均不能适用。此外，我国刑法中还规定了死缓制度作为死刑的补充。所谓“死缓”，即指对于那些应当判处死刑但又不是必须立即执行的犯罪分子，可以同时宣告缓期两年执行，两年期满后，如果没有故意犯罪的，减为无期或有期徒刑的制度。这也是我国为防止施刑过重过宽，体现人道主义的重要措施。

2. 附加刑

附加刑也称从刑，是补充主刑适用的刑罚方法，其特点在于既可以附加于主刑适用，又可以独立适用。目前，我国的附加刑有罚金、没收财产、剥夺政治权利和驱逐出境。

(1)罚金。

罚金是财产刑之一，是指人民法院判处犯罪分子向国家上缴一定数额金钱的刑罚方法。罚金的适用方式有：选处罚金，即与主刑并列，选择两者之一予以适用。单处罚金，即对犯罪分子只能判处罚金，目前其只对单位犯罪适用。并处罚金，即与主刑附加适用。选处或单处罚金，即罚金可以附加适用，也可以单独适用。罚金的执行机关是法院，数额和处罚方法由刑法规定。

(2)没收财产。

没收财产与罚金一样，同属于财产刑中之一，是指将犯罪分子的所有财产或部分财产强制无偿收归国有的刑罚方法。其执行机关也是人民法院。但与罚金不同，没收财产只能附加于主刑适用，而不能单处，它也是我国刑罚中唯一一个不能单处的附加刑。

(3)剥夺政治权利。

是指剥夺犯罪分子参加国家管理和政治活动权利的刑罚方法，属于资格刑的一种。根据刑法第 54 条的规定，被剥夺的政治权利包括：选举权和被选举权。言论、出版、集会、结社、游行、示威自由的权利。担任国家机关职务的权利。担任国有公司、企业、事业单位和人民团体领导职务的权利。剥夺政治权利可以单处，也可以并处，但对危害国家安全的犯罪分子、被判处死刑和无期徒刑的犯罪分子必须附加剥夺政治权利。

(4)驱逐出境。

这也是资格刑的一种，是指强迫犯罪的外国人离开中国国(边) 境的刑罚方法。该种刑罚只能适用于外国籍人或无国籍人，不能适用于中国公民。

三、违法与犯罪的防范

一段时期以来，我国大学生违法犯罪增多引起了社会的广泛关注，高校学生作弊、偷窃、打架等违纪案例不在少数，大学生受到派出所的治安警告处罚也不是个别现象，乃至发生云南大学马加爵特大杀人案，清华大学刘海洋用硫酸泼伤黑熊，天津大学生马晓明因成绩太差被学校劝退、自感无法交代而杀死父亲和奶奶等一系列大学生犯罪的案件。大学生是祖国的未来，民族的希望，承载着社会太多的关注和厚爱，是“天之骄子”，在大学生中发生违法犯罪的行为有其多方面的原因，其中有社会大环境对人产生的负面影响、信仰缺失导致大学生功利主义倾向、家庭溺爱助长了孩子唯我独尊的优越感等。预防大学生犯罪是全社会的责任，是对人才培养的珍惜。每个大学生犯罪案件都是学校、社会、家庭和个人等多方面原因综合作用的产物。因此减少和预防大学生犯罪，需要社会各界的广泛关注和全社会的共同努力，才能取得明显效果。预防大学生犯罪与预防其他犯罪具有相似性，最根本的措施还在于防患于未然，针对其犯罪原因，实行综合治理，形成一种有利于大学生全面发展的环境，才能收到治本的效果。

(一)完善立法，预防大学生违法犯罪

许多国家都是采取法律的手段规范大学生的行为，以达到预防犯罪的目的。而且在这方面都做了较为详细的规定。有关部门要在进一步完善立法的基础上，制定切实可行的防范措施，使预防大学生违法犯罪工作真正做到有法可依。

(二)加强学校教育，预防大学生违法犯罪

1. 加强对大学生政治素质的教育培育，增强公德意识

对大学生政治素质进行教育培养，引导大学生正确认识社会，树立正确的人生观、价值观。

杨叔子院士说：“育人要育有人性的人。”大学生正处在人生成长的关键时期，大学期间对于一个人世界观、人生观和价值观的形成至关重要。在让大学生能够学到现代科学知识、技能和理论的同时，教会他们为人之道，使他们真正成为心智与人格全面发展的有用之材，是高校教育中一个不容忽视的课题。

2. 开展道德教育，增强道德意识

道德是以舆论的形式存在和发挥作用的。培养青年大学生的道德意识、道德情感、道德行为，必须在社会活动和集体生活中进行。大学生在接受外界影响的同时也给予外界以影响，在这个过程中，逐渐地使个体的言论、情感、行为等方面同化于社会上正确的舆论。因此，从道德方面预防犯罪，一定要抓住有利时机和积极因素，针对大学生的特殊情况，提高他们的辨别能力，使他们分清美与丑和善与恶。要使他们生活在道德舆论与榜样行为的力量较强的集体中，以增强积极的影响，削弱消极的因素。

3. 加强对大学生的心理教育和引导，培养良好的心理素质

针对大学生心理发展不够成熟的特点，学校要有意识地开展心理健康知识讲座，开设心理咨询机构，减少不必发生的悲剧。帮助大学生形成健康向上的心理，当前尤为重要的是：第一，引导大学生控制情绪，消除其人格障碍，学会宽容，提高大学生承受和应对挫折的能力；第二，注意引导大学生建立和谐的人际关系。大学生要放弃偏激和自卑心理，笑对人生，热情生活，多交朋友，使自己的心里常常处于轻松愉快之中；第三，注意引导大学生正确处理恋爱与性问题。当前在校的大学生应该树立正确的恋爱观，应该以友情为重，不应过早确立恋爱关系。学校应该加强性教育和性道德的教育，建立大学生心理健康中心，并利用它指导和帮助大学生以严肃的态度对待爱情，正视恋爱关系，保持稳定的情绪及健康的心理。

4. 通过多种形式强化对大学生的法制教育，增强大学生法律意识

学校要采取多种形式，进行全面教育。这就要求我们的学校首先要高度重视对学生的法制教育，要从刚入校门着手，结合道德品质与行为规范教育，结合校园内的案例讲危害，向学生灌输正确的世界观、人生观和价值观。尤其是针对大学生中不知法、不懂法、缺乏法律意识的现象，要强化法制教育，使大学生知法、懂法、守法，指导大学生正确理解权利与义务的关系，在履行义务的前提下，合法行使自己的权利，帮助大学生形成遵法守法、依法办事、同违反宪法和法律以及破坏法制的行为作斗争的思想意识。在法制教育中，要从诱发因素抓起，从不良心理需要抓起，教育大学生自觉纠正和防止个人需求中的不合理倾向，变不正常的心理需求为合理、高尚的需要。

5. 要对大学生进行挫折教育，提高大学生应对挫折的能力

大学生一般都是从学校到学校的成长过程，社会阅历较浅，加上是同时代青年中的佼佼者，优越感强烈，往往难以承受挫折的打击，有些学生在经历一两次挫折后就一蹶不振，产生这样或那样的心理问题，心理问题多了、久了，就容易走上弯路。所以，很有必要对大学生进行挫折教育，要使他们认识到人

生的道路并不是一帆风顺的，要有从失败中重新站起来的勇气与力量，要用自信去迎接人生中的坎坷。

(三)加强校园内部管理和校园文化建设

1. 要建立健全学校各项管理制度，增强约束机制

要加强对学生学习、生活的管理，建立健全各项规章制度，形成健康向上的校园环境。要根据大学生中存在问题的特点，理顺管理、教育中的各种关系。要赏罚分明，使大学生知道什么应该做、什么不应该做，从而增强自我约束的能力，自觉遵守法律、法规以及校纪、校规。

2. 要做好校园治安综合治理工作

学校治安综合治理工作是社会治安综合治理的重要一环，学校各部门要按照“谁主管，谁负责”的原则，各负其责，要把维持校园良好秩序与积极向上的校园风气作为一项大事来抓，以促进大学生健康成长和预防大学生违法犯罪。要加强对校内商业摊点以及文化娱乐场所的管理，杜绝“黄”“赌”“毒”，对违法犯罪活动要严厉打击，做到防患于未然。

3. 优化社会环境，净化社会风气

首先，政府应当在经济发展、提高综合国力和人民生活水平的前提下，保证各项政策的稳定性，坚定不移地进行反腐倡廉工作，使人们生活在安定的政治环境和充满生机活力的经济环境中，防止大学生形成信仰型犯罪心理、物欲型犯罪心理。其次，净化文化环境，树立良好的社会风尚，禁止传播并取缔各种淫秽和宣传暴力的读物及视听材料，防止大学生萌生性犯罪和盗窃、抢劫的犯罪心理。最后，加强法制建设和执法人员队伍建设，使“法律面前人人平等”得到真正意义上的实现。刑罚应当公正、适当、及时，不宜畸轻畸重。

4. 重视家庭教育，做好家庭教育工作

家庭是培养子女个性品质的基础，家长的道德品行对子女的榜样力量是巨大而深刻的。作为学生家长，除了给子女做好榜样外，还应积极配合社会、学校做好子女的教育工作。既要关心子女在校的生活、学习，也要与学校、老师密切配合，加强对子女的品德教育，不能认为只要成绩好就行了。要多与子女谈心，重视他们的心理、情绪变化，发现问题及时化解。要营造一个充满爱的家庭氛围，使子女充分享受到爱的温暖。但爱要适度，不能溺爱。对于违法的大学生，家长要进行跟踪教育，帮助他们做好思想转化工作，消除他们尚未稳固的犯罪心理结构。

总之，大学生违法犯罪问题是关系整个社会的大问题，只有靠整个社会的

关注，整个社会的依托，在政策、法律、经费等方面的共同协调下，从解决法制教育、校园教育入手，减少大学生违法、犯罪。把政策、法律、经费、研究等工作纳入规范化、制度化、法制化轨道，在全社会做到建网络、筑防线、抓联动、保稳定。有的放矢地帮教失足大学生，从源头上消除不稳定因素，把一切问题控制解决在萌芽状态之中。

第三节 加强道德修养 自觉遵守校纪校规

一、道德与法律的辩证关系

法与道德属于上层建筑的不同范畴。

道德是生活在一定物质生活条件下的自然人关于善与恶、光荣与耻辱、正义与非正义、公正与偏见、野蛮与谦逊等观念、原则以及规范的总和，或者说是一个综合的矛盾统一体系。法律是由国家制定、 认可并由国家保证实施的，反映特定物质生活条件所决定的统治阶级(或人民)意志，以权利和义务为内容，以确认、保护和发展统治阶级(或人民)所期望的社会关系、社会秩序和社会发展为目的的行为规范体系。

道德与法律是社会规范最主要的两种存在形式，是既有区别又有联系的两个范畴。二者的区别至少可归结为：

1. 产生的条件不同

原始社会没有现代意义上的法律，只有道德规范或宗教禁忌，或者说氏族习惯。法律是在原始社会末期，随着氏族制度的解体以及私有制、阶级的出现，与国家同时产生的。而道德的产生则与人类社会的形成同步，道德是维系一个社会最基本的规范体系，没有道德规范，整个社会就会分崩离析。

2. 表现形式不同

法律是国家制定或认可的一种行为规范，它具有明确的内容，通常要以各种法律渊源的形式表现出来，如国家制定法、习惯法、判例法等。而道德规范的内容存在于人们的意识之中，并通过人们的言行表现出来。它一般不诉诸文字，内容比较原则、抽象、模糊。

3. 调整范围不尽相同

从深度上看，道德不仅调整人们的外部行为，还调整人们的动机和内心活动，它要求人们根据高尚的意图而行为，要求人们为了善而去追求善。法律尽管也考虑人们的主观过错，但如果没有违法行为存在，法律并不惩罚主观过错本身，即不存在“思想犯”。从广度上看，由法律调整的，一般也由道德调整。当然，也有些由法律调整的领域几乎不包括任何道德判断，如专门的程序规则、票据的流通规则、政府的组织规则等。在这些领域，法律的指导观念是便利与效率，而非道德。

4. 作用机制不同

法律是靠国家强制力保障实施的。而道德主要靠社会舆论和传统的力量以及人们的自律来维持。

5. 内容不同

法律是以权利义务为内容的，一般要求权利义务对等，没有无权利的义务，也没有无义务的权利。而道德一般只规定了义务，并不要求对等的权利。比如说，面对一个落水者，道德要求你有救人的义务，却未赋予你向其索要报酬的权利。向被救起的落水者索要报酬往往被视为不道德的行为。

道德与法律又是相互联系的。它们都属于上层建筑，都是为一定的经济基础服务的。它们是两种重要的社会调控手段，自人类进入文明社会以来，任何社会在建立与维持秩序时，都不能不同时借助于这两种手段，只不过有所偏重罢了。两者是相辅相成、相互促进、相互推动的。其关系具体表现在以下几个方面：

其一，法律是传播道德的有效手段。道德可分为两类：第一类是社会有序化要求的道德，即社会要维系下去所必不可少的“最低限度的道德”，如不得暴力伤害他人、不得用欺诈手段谋取利益、不得危害公共安全等；第二类包括那些有助于提高生活质量、增进人与人之间紧密关系的原则，如博爱、无私等。其中，第一类道德通常上升为法律，通过制裁或奖励的方法得以推行。而第二类道德是较高要求的道德，一般不宜转化为法律，否则就会混淆法律与道德，结果是“法将不法，德将不德”。法律的实施，本身就是一个惩恶扬善的过程，不但有助于人们法律意识的形成，还有助于人们道德的培养。因为法律作为一种国家评价，对于提倡什么、反对什么，有一个统一的标准。而法律所包含的评价标准与大多数公民最基本的道德信念是一致或接近的，故法的实施对社会道德的形成和普及起到重大作用。

其二，道德是法律的评价标准和推动力量，是法律的有益补充。首先，法律应包含最低限度的道德。没有道德基础的法律，是一种“恶法”，是无法获得人们的尊重和自觉遵守的。其次，道德对法的实施有保障作用。“徒善不足以为政，徒法不足以自行”。执法者的职业道德的提高，守法者的法律意识、道德观念的加强，都对法的实施起着积极的作用。最后，道德对法有补充作用。有些不宜由法律调整的，或本应由法律调整但因立法的滞后而尚“无法可依”的，道德调整就起了补充作用。

其三，道德和法律在某些情况下会相互转化。一些道德，随社会的发展，逐渐凸显出来，被认为对社会是非常重要的并有被经常违反的危险，立法者就有可能将之纳入法律的范畴。反之，某些过去曾被视为不道德的因而需用法律加以禁止的行为，则有可能退出法律领域而转为道德调整。

总之，法律与道德是相互区别的，不能相互替代、混为一谈，也不可偏废，所以单一的法治模式或单一的德治模式不免有缺陷。法律是一种最严厉的社会规范，然而调整和规范的范围是有限的。道德是一种靠社会成员的自觉性来遵守的自律性规范，它调整规范的面较大，但约束社会成员自觉遵守的力量是有限的。让强有力的约束力和有限的规范调整范围与有限的社会约束力和较大的规范调整范围结合互相补充，相得益彰，效果较佳。完备的法律和严格的执行，法正律清，对于巩固统治阶级的统治地位，维护安定，保障群众生活安宁都有重要的作用。崇高的道德和良好的社会风貌，对于培养共产主义道德和情操，鼓励人们自觉遵纪守法，讲究社会公德，遵守职业道德，注重个人道德，倡导精神文明，预防和减少扰乱统治秩序、扰乱社会秩序、扰乱社会经济秩序、扰乱社会管理秩序的行为发生，都是很有好处的。由于他律与自律的质的规定性，决定了法制建设与道德建设不可能齐头并进而保持同步。在这种情况下，两者的协调发展应是法律与道德的相互补充、相互促进与相互推动。从一定意义上说，即是法律的道德化与道德的法律化。

二、坚持全员全过程全方位育人，加强高校思想政治工作

中共中央、国务院《关于加强和改进新形势下高校思想政治工作的意见》提出，坚持全员全过程全方位育人（以下简称“三全育人”）。

（一）牢牢把握立德树人这一根本任务

习近平总书记指出，培养什么人，是教育的首要问题。并强调“培养德智体美劳全面发展的社会主义建设者和接班人，加快推进教育现代化、建设教育强国、办好人民满意的教育”。大学之本在于培养德才兼备、全面发展的人才，人才培养是大学最基本、最关键的职能。因此，学校的所有工作都要以立德树人为根本出发点和落脚点，要高度重视并牢牢把握立德树人这一中心环节，牢固树立育人为本的教育评价观、教师职业观和共同育人观，不断引导人财物各方面资源回归育人本位，统筹推进学生全面发展。

(二)紧紧抓住思想政治这一生命红线

习近平总书记指出，“人才培养体系涉及学科体系、教学体系、教材体系、管理体系等，而贯通其中的是思想政治工作体系。加强党的领导和党的建设，加强思想政治工作体系建设，是形成高水平人才培养体系的重要内容”。高校要深刻理解和把握这一重要论述，着力在坚定理想信念、厚植爱国主义情怀、加强品德修养、增长知识见识、培养奋斗精神、增强综合素质上下功夫，教育引导学生争做“爱国、励志、求真、力行”的时代新人。

(三)处处体现“三全育人”这一鲜明导向

“三全育人”以把学生培养成具有正确的世界观、人生观和价值观，具有坚实的专业技能和较好的科学文化艺术素养的高素质人才为目标，为新时代高校党建和思想政治工作改革创新提供了鲜明导向。落实“三全育人”，关键在于整合协同学校各项教育工作、各项育人元素，发掘一切校内外资源，打造全方位、立体式的育人时空，形成素质修炼的“大熔炉”。这就需要学校切实绘好“三全育人”施工图，系统规划、整体推进，瞄准各种体制机制顽瘴痼疾深化改革，构建一体化育人体系，切实形成育人合力。

三、提高大学生道德修养的途径与方法

随着全球经济化不断发展，我国社会主义市场经济体系的全面形成，各种思想文化的相互激荡，先进科学技术的崛起，面对知识经济的巨大冲击，青年学生如何准确把握前进的方向，怎样才能把自己培养成社会主义事业的有用之才和可靠接班人，除了遵纪守法外，对自身来说就是要以社会主义道德观规范自己，从自律的角度管好自己，做一个道德高尚的社会主义大学生。青年大学生要以正确的、积极的、健康的思想来指导自身，以规范的道德体系来约束自己，培养高尚的道德情操和良好的道德规范。

(一)进一步加强政治理论的学习，树立正确的世界观、人生观、价值观

德智体美，德育为先。加强学习政治理论课，社会科学课，哲学课，军事理论课，通过理论学习，提高相关课程的教育质量，把枯燥的理论联系生动的教学形式和方法，切入实际，从根本上改善教学效果，优化教学环境，通过深入的学习，我们必须充分认识祖国的国情，悠久的历史文化和良好传统，继承

中华民族的优良美德，激发自身的爱国主义情感，明确自己的社会责任，树立崇高的理想与信念，以及凡事以国家利益为重的思想，懂得人民是历史创造者，人民是最可亲可爱的人，把全心全意为人民服务作为自己的行动指南和道德追求，了解社会主义的过去、现在和将来，认清中国特色社会主义的光明前途，懂得只有社会主义才能救中国，才能发展中国的真理，把为社会主义事业奋斗终生作为自己的毕生目标和追求。人生有限，事业无涯，中华民族历来有积极进取、乐观向上、厚德载物、自强不息的人生态度，积极高尚的世界观、人生观、价值观，使得青春得以延续，宝贵的生命得到永生。只有树立正确的世界观、人生观，价值观，才能在纷繁复杂的现实生活中保持清醒的头脑，明辨是非，把握人生成才的方向。才能坚持党的基本路线和基本纲领，坚定共产主义信念。也才能正确对待成才道路上所面临的各种境遇，不断排除成才道路上的障碍，勇往直前。

(二)优化校风、班风建设

风气是一种无形的精神力量，它对于处于这个风气中的群体行为方式、思维方式等都有着重大的影响。然而，风气也是依托于群体而存在的，它的形成受制于群体之中个体的行为、思想等，风气是学生在实践中逐渐形成的具有心理制约作用的行为风尚，是同学们思想作风、行为修养、治学态度、守纪观念以及精神面貌的综合反映和外在表现，营造良好的校风、班风来管理人，从而使身处其中的每一个人都能体会到来自这种良好风气的影响，起到“润物细无声”的效果。所以良好的风气对于大学生的行为道德规范起着至关重要的作用。

高校可以根据实际情况制定学生行为规范，形成长效机制，持之以恒，真正做到思想上重视，措施上落实，制度上保证，效果上体现。我们应该自觉抵制校园不文明、不健康的行为，真正把学生行为规范落到实处，成为自己的行为准则。

(三)建设体现社会主义特点、时代特征和学校特色的校园文化，构建和谐校园

辩证唯物主义告诉我们：人的行为必有其内因和外因，外因通过内因影响其行为，虽然一个人的具体行为是由内因决定的，但内因的形成有赖于外因的长期作用。加之大学生阅历浅，社会经验不足，相对来说外因对他们的作用显得更加突出。古人云“近朱者赤，近墨者黑”，这正说明了一个人的道德品质

在很大程度上是受所处的环境影响而形成的。由此可见，人的良好道德心理也是人在所处的社会环境中积极因素作用以及舆论导向下逐步形成的。一个好的校园环境能使大学生积极向上，形成良好的思想道德理念和道德品质。反之，也会让人精神颓废，意志消沉，道德沦丧。加强大学生的文化素质教育，开展丰富多彩，积极向上，吸引力强，形式多样的学术、科技、教育、文艺和娱乐活动，把道德修养和智育、美育、体育有机地结合起来，使学生们在活动中规范自己的道德体系。可以依托共青团、学生会、班级、社团等组织充分调动大学生自我教育、自我规范的积极性和主动性。

(四)学习优秀党员的优良作风，加强精神文明建设

高校应该加强党建建设，加强学生党员的培养工程，真正让学生党员起到先进性作用，以点带面，带动其他同学共同进步。中国共产党的最终目标的实现，需要几代人甚至十几代人的共同努力，需要广大的人民群众加入这一伟大的事业中，尤其是青年大学生，党的事业需要青年，青年大学生更需要党，青年大学生应为社会发展贡献力量，要实现自身的理想和价值也需要一个正确的领路人和领导者，历史选择了共产党，这就是我们应该仰赖的领导者。我们可以通过党建咨询、党章学习小组、团组织生活和政治辅导员的个别谈心等形式的活动的开展，了解党的性质、历史和现状，激发对党的热爱，在政治上确立一个明确的目标，积极向党组织靠拢，深入贯彻党的十六届四中全会的精神，真正提高思想觉悟和政治素养，“未入党的门，先做党的人”。

(五)充分发挥社会实践这一“第二课堂”的作用

“纸上得来终觉浅，绝知此事要躬行”，这句话充分说明了实践的重要性。社会实践也是规范道德体系的一个重要环节，大学生要走出校园，走出社区，走向社会这个大课堂，走向基层，到工厂和农村去，到工人农民群众中去，参加社会调查、志愿服务、公益活动等一系列的实践活动，高校可以和就近企事业单位签署长期社会实践基地项目，提供给学生社会实践的平台，组织一系列的志愿者服务活动，让学生们在实践中脚踏实地、艰苦奋斗、锐意进取，眼光放远、心胸放宽、竭诚服务、甘于奉献，为个人的成长进步、为将来的建功立业奠定良好的基础，通过实践增强自身的社会责任感和历史使命感，奉献自己的爱心，增加自己的社会经验与阅历，进一步提高自身的觉悟、意识与能力，开阔自己的视野，自觉抵制社会上的不良风气、违规行为，在实践中自我教育，自我管理，自我服务，自我规范，自我完善。

大学生道德修养是一项系统工程，必须坚持理论与实践相结合的原则，深入加以研究，道德修养教育的生命力在于不断适应新的形势，不断吸收新的经验，不断充实新的研究成果，只要我们坚持这样做，大学生道德修养这一系统工程必将取得长足的成效。

后 记

世界正经历百年未有之大变局。2020 年初暴发的新冠肺炎疫情席卷全球，至今仍绵延不绝，此起彼伏。中国虽首当其冲，却率先企稳，一枝独秀。这场疫情将长久而深刻地影响历史的发展进程，国际形势也将因此发生复杂而剧烈的变化。

在刻录历史的当口，身处全球最先遭受疫情袭击的城市——武汉，我们经历了困顿和煎熬，也亲历和见证了这场艰苦卓绝的抗疫斗争全过程，并与全国人民一道分享了抗疫初胜的喜悦和荣光。

感触最深的是，本《大学生安全教程》编修启动不久，即赶上疫情暴发。疫情之下，人们正常的生活秩序受到前所未有的冲击。城市停摆、企业停工、学校停课，编修组织工作也一度陷于停顿。但我们在各方、特别是各位作者的鼓励和支持下，全力投入编修组织工作中来。经过大家的共同努力，终于在今年 4 月 15 日召开了《大学生安全教程》送审稿审稿会，并通过了送审稿，使编修工作得以画上完满的句号。

特别感动的是，从疫情暴发、到取得阶段性成果、再到转入常态化防控阶段，这期间时间跨度较长，疫情起伏也对人的精神精力牵扯较大。加上编修的大多数作者是保卫战线的同仁及领导，长时间一线抗疫，十分辛苦。但大家都能克服困难，积极配合，于百忙中分出精力，抢抓进度。对提出的编修意见及时进行修改完善，保证了编修工作的进度和质量。在此，我们对大家付出的辛勤劳动表示诚挚的感谢！

需要说明的是，在这次编修分工上，我们注重强调“两个尽力保持不变”：一是尽力保持原有章节作者不变，突出对原有作者的尊重；二是尽力保持原有章节对应编修负责单位不变，体现编修组织工作的承接性、连贯性、延续性。回溯本源，回望初心，我们也一并向所有为《大学生安全教程》历次编著、修订付出心血的领导、专家和作者同志们表达深深的敬意！

此次新版《大学生安全教程》各章作者确定为：第一章武汉大学汪新科、邓应元、徐雄伟、操光亮、刘扬；第二章武汉大学田贵华、中南民族大学王依依；第三章武汉大学钟青林、徐雄伟、涂建军；第四章上海大学尤丽芬、赵俊，上海外国语大学龚凡；第五章复旦大学林杰、李欣；第六章武汉大学余兴友、徐雄伟、邓应元、江波；第七章华中科技大学袁国祥、杨莹，湖北大学蒋良才、石光红、祝逸明；第八章武汉理工大学孙鹏程、胡莹，湖北工业大学黄水情、胡军、黄辉；第九章武汉大学赖海雄；第十章南京大学戴长顺、陈进、张智、赵澔，南京航空航天大学周栋栋；第十一章北京大学安国江、廖安；第十二章东南大学宋涛、华为国、王玉军；第十三章电子科技大学王俊、姜蕴纯、余魅、戴军。此次编修统稿为武汉大学邓应元、徐雄伟。

在编修过程中，我们参考了同行专家、学者的有关著作、论文，吸取了许多有益的成果，谨致诚挚的谢意。对于书中可能存在的不妥之处，恳请专家、学者和广大读者不吝赐教、批评指正。

《大学生安全教程》(第三版)编委会

2021 年 5 月 20 日